Bibliografische Information der Deutschen Nationalbibliothek:

Die Deutsche Nationalbibliothek verzeichnet diese Publikation in der Deutschen Nationalbibliografie; detaillierte bibliografische Daten sind im Internet über http://dnb.d-nb.de abrufbar.

Impressum:

Lektorat: Johanna Andrees

Copyright © 2015 ScienceFactory

Ein Imprint der GRIN Verlag GmbH

Druck und Bindung: Books on Demand GmbH, Norderstedt, Germany

Coverbild: Saida Shigapova @Shutterstock.com

Indonesien
Die muslimische Demokratie

Inhaltsverzeichnis

Claudia Draemann (2007): Wechselnde Interpretationen religiöser Freiheiten nach Einführung der Pancasila in Indonesien **7**

    1 Einleitung 8

    2 Die Einführung der Pancasila in Indonesien – ein historischer Überblick 10

    3 Toleranz von religiösen Freiheiten – die besondere gesellschaftliche und religiöse Situation in Indonesien 12

    4 Religiöse Freiheiten unter der alten Ordnung 18

    5 Religiöse Freiheiten unter der neuen Ordnung 23

    6 Schlussfolgerungen 27

    Literaturverzeichnis 29

Annegret Vogel (2012): Terrorismus in Indonesien. Politische und ökonomische Folgen der Bali-Anschläge 2002 .... **33**

    1 Einleitung 34

    2 Definition Terrorismus 37

    3 Indonesien zwischen Autoritarismus und Demokratie 39

    4 Folgen der Anschläge auf Bali 2002 43

    5 Schlussfolgerung 47

    Literaturverzeichnis 49

Frank Lutz (2007): Regionale Autonomie als Folge politischer Entwicklungen in Indonesien seit 1998 .... **53**

    1 Einleitung 54

    2 Klärung zentraler Begriffe 56

    3 Zur Entstehung des zentralistischen Staatsaufbaus in Indonesien 60

    4 Dezentralisierung und Regionale Autonomie seit 1998 70

    5 Fallstudie 1: Dezentralisierungsprozesse am Beispiel von Banyumas 88

    6 Fallstudie 2: Dezentralisierungsprozesse am Beispiel von Tapanuli 106

    7 Fallstudie 3: Dezentralisierungsprozesse am Beispiel von Sulawesi Selatan ... 129

    8 Schlussbetrachtung und Ausblick 145

    Literaturverzeichnis 149

    Anhang 158

Katharina Werner (2009): Die Rolle des Islam im religiösen Pluralismus Indonesiens **167**

    1 Einleitung 168

    2 Begriffliche Abgrenzungen 169

    3 Religiöser Pluralismus und Toleranz in Indonesien 170

    4 Historische Hintergründe 176

    5 Der indonesische Islam 182

    6 Islamismus und islamistische Strömungen in Indonesien 188

    7 Die Debatte um die Einführung der Shari'ah 193

    8 Das Anti-Pornographiegesetz 195

    9 Fazit 198

    Literaturverzeichnis 199

Einzelbände **202**

Wechselnde Interpretationen religiöser Freiheiten nach Einführung der Pancasila in Indonesien

Claudia Draemann, 2007

1 Einleitung

Indonesien ist nicht nur eines der bevölkerungsreichsten Länder der Erde, sondern auch hinsichtlich seiner geographischen, sozialen, politischen und wirtschaftlichen Situation eines der vielseitigsten. Seit seiner ersten Besiedlung vor ca. 500.000 Jahren zeigte sich, dass die geographische Lage und die damit verbundenen Interessen der eigenen Bevölkerung und die der übrigen Länder der Erde zu einer ständigen Auseinandersetzung um Rechte und Freiheiten, sowohl in persönlichen als auch öffentlichen Bereichen, führten. Dies spiegelte sich in Belagerungen durch Piraten, wirtschaftlichen Einflussnahmen durch andere Länder im Zuge der Kolonialisierung (z. B. durch die Niederlande), in zahlreichen politischen Umbrüchen, aber auch in der Vielfältigkeit seiner religiösen Gruppierungen wider, die versuchten, sich miteinander zu arrangieren.[1]

Bis zum heutigen Tage gibt es in Indonesien eine weltweit einzigartige Verfassung (Pancasila), die festlegt, dass alle Menschen in Indonesien ihre eigenen spezifischen religiösen Freiheiten leben dürfen und sollen. Bis zur Verabschiedung dieser Verfassung sind der Staat und die Bevölkerung einen weiten Weg gegangen. Auch nach der Einführung der Pancasila ist kein Ende des Weges in Sicht. Darmadi, ein Forscher des Center for the Study of Islam and Society (PPIM) in Jakarta, klagt an, dass aktuell im Jahr 2006 die Menschen nicht in der Lage sind, ihre Religionen frei auszuüben. Brennende Kirchen, zerstörte Moscheen und wütender Mob, der Gläubige angreift, sind nur einige Beispiele für eine nicht funktionierende Demokratie, die Religionsfreiheit nicht immer zulässt.[2] Der „International Religious Freedom Report 2006" des U.S. State Department für Indonesien stellt diesbezüglich fest, dass die indonesische Regierung manchmal Diskriminierungen religiöser Gruppierungen toleriert, den Missbrauch dieser Gruppen durch private Akteure zulässt und es versäumt, Täter zu bestrafen.[3] Die Forderung nach einem stärkeren indonesischen Staat scheint berechtigt zu sein.[4]

---

[1] Vgl. Botschaft der Republik Indonesiens in Berlin (2007), http://www.botschaft-indonesien.de/de/indonesien/geschichte.htm.

[2] Vgl. Darmadi (2006), S. 1.

[3] Vgl. U.S. State Department (2006), S. 1.

[4] Vgl. Darmadi (2006), S. 3.

Diese Seminararbeit beschäftigt sich mit der Fragestellung, inwieweit sich die Interpretationen religiöser Freiheiten der wichtigsten religiösen Gruppierungen nach der Einführung der Pancasila in Indonesien verändert haben.

Dazu werden im zweiten Kapitel zunächst die grundlegenden Fakten zur Einführung der Pancasila in Indonesien vorgestellt. Kapitel 3 beschreibt die besondere religiöse und soziale Situation, um zu erklären, inwieweit Toleranz von religiösen Freiheiten eine bedeutende Rolle in Indonesien spielt. Kapitel 4 zeigt anschließend die Sichtweisen der wichtigsten religiösen Gruppierungen unter der alten Ordnung der Pancasila, um im folgenden Kapitel 5 die Unterschiede im Vergleich zur neuen Ordnung der Pancasila aufzuweisen.

Kapitel 6 gibt einen Ausblick auf Maßnahmen, die zu einer aktuellen Gewährleistung der Religionsfreiheit führen würden.

2 Die Einführung der Pancasila in Indonesien – ein historischer Überblick

2.1 Wesentliche Inhalte der Pancasila

Im Zuge der Unabhängigkeit Indonesiens von der kolonialen Herrschaft im Jahre 1945 entschieden die Gründungsväter der Republik Indonesien, dass kein islamischer Staat auf dem Archipel entstehen sollte. Religionszugehörigkeit war ein wichtiges Thema und deswegen sollte die neue Republik neben der größten Religionsgruppe, den Muslimen, auch Hindus und Christen religiöse Rechte gewähren. Der erste Präsident der neuen Republik, Sukarno, formulierte die Pancasila-Ideologie. Sie gewährt allen großen internationalen Religionen wie dem Islam, Christentum, Hinduismus und Buddhismus einen legalen und akzeptierten Status.[5] Pancasila bedeutet „fünf Prinzipien", die in der Präambel der Verfassung formuliert sind.[6] Die fünf Prinzipien dienen als Grundphilosophie, die die demokratische Ausrichtung der Republik gewährleistet. Sie lauten:

1. Glaube an den einen Gott
2. Gerechter ziviler Humanismus
3. Einheit Indonesiens
4. Demokratie
5. Soziale Gerechtigkeit.[7]

Sukarnos Formulierung der Pancasila war einfach, jedoch durchdacht und komplex in Bezug auf die Wertschätzung der ideologischen Bedürfnisse der neuen indonesischen Nation. Die Pancasila entstand nicht durch eine besondere ethnische Orientierung einer religiösen Gruppe, sondern definierte die Basiswerte einer indonesischen politischen Kultur.[8]

2.2 Unterschiedliche zeitliche Bedeutung der Pancasila

Die Pancasila-Ideologie wurde nicht sofort am Tag der Unabhängigkeitserklärung am 17. August 1945 von allen Glaubensrichtungen akzeptiert. In der ersten Periode, von 1945 bis 1955, wurde sie als notwendiger Kompromiss zwischen

---

[5] Vgl. Steenbrink (1999), S. 281.

[6] Vgl. Efimova (1996), S. 55.

[7] Vgl. Embassy of the Republic of Indonesia in Washington D.C. (2007), S. 1.

[8] Vgl. U.S. Library of Congress (2007c), http://countrystudies.us/indonesia/86.htm.

Muslimen und Christen verstanden. Die Muslime wollten einen islamischen Staat. Die Christen drohten, die junge Republik zu verlassen. Der Kompromiss beinhaltete nicht eine strikte islamische, sondern eine säkulare Ausrichtung. Deswegen wurden manche Prinzipien recht vage formuliert wie z. B. der Glaube an einen Gott.[9] Es wird u.a. nicht spezifiziert, welche Gottheit der einzige Gott ist oder wie soziale Gerechtigkeit für alle Indonesier erreicht werden kann.[10]

Während der letzten zehn Jahre der Sukarno-Administration (1995 bis 1965) wurden neben der Pancasila noch weitere andere ideologische Doktrinen verabschiedet, offenbar um die kommunistische Partei mit in der Regierungskoalition an der der Seite der muslimischen Partei zu halten.

Mit dem gescheiterten kommunistischen Putsch im Jahre 1965 gelangte Suharto an die Regierungsmacht und die Pancasila wurde als eine der effektivsten Waffen gegen den Kommunismus eingesetzt. Er wurde im Namen der Pancasila gebannt. Dies führte dazu, dass in den 1970er Jahren und den frühen 1980er Jahren die Ideologie der Pancasila sich zu einer Pseudoreligion bzw. einer offiziellen zivilen Religion entwickelte. 1984 wurde die Pancasila per Gesetz als einzige Basis für alle sozialen und politischen Organisationen bestimmt. Alle religiösen Organisationen hatten die nationale Ideologie in ihre Charta aufzunehmen. Die Regierung erklärte während dieser Debatten, dass die Pancasila keine Religion, sondern nur eine politische Philosophie darstellte.

Seit 1984 hat die Debatte über die Pancasila nur wenige neue Impulse erhalten. Im Jahre 1989 wurde ein Gesetzentwurf über islamische religiöse Gerichte akzeptiert. Nicht-Muslime protestierten gegen dieses Gesetz, da es beinhaltete, dass eine Institution in Indonesien existierte, die nur der muslimischen Gemeinschaft diente. Unter Suharto neigte die Politik zu mehr Begünstigungen für den Islam, z. B. durch Vergabe von Schlüsselpositionen, die zuvor von Christen besetzt waren, an Muslime.

Trotzdem ist die grundsätzliche politische Haltung die, dass Religion kein politisches Thema und die indonesische Nation unter der Pancasila vereint sein soll. Darum feiern an jedem 17. eines Monats alle Schulen, Krankenhäuser und Regierungsbüros den Unabhängigkeitstag mit einem besonderen Ritual.[11]

---

9 Vgl. Steenbrink (1999), S. 281.
10 Vgl. Kim (1998), S. 357.
11 Vgl. Steenbrink (1999), S. 281-282.

3 Toleranz von religiösen Freiheiten – die besondere gesellschaftliche und religiöse Situation in Indonesien

3.1 Die gesellschaftliche Situation in Indonesien

Indonesien ist der größte Archipel der Welt. Die Landfläche beträgt 2,02 Millionen qkm, die größte Ausdehnung beträgt im Nord-Süden 1.870 km und im West-Osten 5.100 km. Die Gesamtlänge der Küsten beträgt 81.350 km. Durch die spezielle geographische Lage und Zerstreutheit der einzelnen Landesteile erhält Indonesien eine sehr besondere soziale und gesellschaftliche Struktur.

Die nachfolgende Karte zeigt Indonesiens geographische Lage bei Malaysia, den Philippinen und Australien.

Graphik 1: Indonesien[12]

Mit circa 240 Millionen Einwohnern ist Indonesien das viertbevölkerungsreichste Land der Welt. Die dichteste Besiedlung findet sich auf Java (etwa 120 Millionen Einwohner auf 6,6 % der Gesamtfläche). Die Wachstumsrate beträgt circa 2 % jährlich.[13]

Die Bevölkerungsverteilung ist ungleichgewichtig. Java oder Madura sind stark überbevölkert. Dort leben ca. 60 % der indonesischen Bevölkerung auf weniger als 7 % der Landfläche. Die Hauptstadt Jakarta gehört mit ca. 8 Millionen Ein-

---

12 Vgl. CIA (2007): Karte von Indonesien,
   https://www.cia.gov/cia/publications/factbook/maps/id-map.gif.

13 Vgl. Auswärtiges Amt (2007), http://www.auswaertiges-amt.de/diplo/de/Laender/Indonesien.html.

wohnern zu den größten Metropolen der Welt. Das Gebiet Jabotabek, ein Akronym, das sich aus Jakarta, Bogor, Tangerang und Bekasi (die drei Jakarta umgebenden Städte) zusammensetzt, ist mit 25 Millionen Einwohnern eines der größten Ballungsgebiete Indonesiens.[14]

Die Zergliederung des Landes und die große territoriale Ausdehnung haben zu einer extrem heterogenen ethnischen und gesellschaftlichen Zusammensetzung des indonesischen Volkes geführt. Die Hauptmerkmale dieser starken Pluralität beschreibt Bayuni wie folgt:

Rasse: Es gibt zwei vorherrschende Gruppen, die Malay im Westen und Melanesen im Osten Indonesiens.[15] Zu den Minderheiten gehören Chinesen (circa 4 Millionen), Inder, Araber, Europäer.[16]

Ethnische/Kulturelle Gruppierungen: Es gibt hunderte von ethnischen und sub-ethnischen Gruppierungen, die ihre eigenen Kulturen und Traditionen pflegen. Die Javaner sind die größte Gruppe. Andere Hauptgruppen sind z. B. Batak, Acehnesen und Minang in Sumatra, Sundanesen, Maduresen und Balinesen, Bugis und Medanonesen in Sulawesi.

Sprache: Es gibt fast 400 verschiedene Sprachen und Dialekte, die in Indonesien gesprochen werden. Bahasa Indonesisch ist die Landessprache, die bei offiziellen Anlässen und Funktionen angewendet wird. Die meisten Menschen sprechen im Alltag jedoch ihre Muttersprache.

Religion: Die wichtigsten Religionen der Welt sind in Indonesien vertreten. Sie existieren nebeneinander und oftmals an der Seite von vielfältigen Glaubensrichtungen des Animismus.

Es gibt nicht viele Länder der Erde, die in diesem Ausmaß vielfältig sind. Während diese Vielfältigkeit Indonesien sehr bereichert, ist sie aber auch Anlass für zahlreiche gewalttätige Konflikte, Spannungen, Vorurteile und gegenseitigem Argwohn.[17]

Eines der zentralen Konfliktpotentiale ist, dass einzelne Gruppierungen untereinander religiöse Freiheiten nicht immer tolerieren.

---

14 Vgl. Inwent (2007), http://www.inwent.org/v-ez/lis/indones/seite1.htm.
15 Vgl. Bayuni (2007), http://www.thejakartapost.com/community/ina4.asp.
16 Vgl. Auswärtiges Amt (2007), http://www.auswaertiges-amt.de/diplo/de/Laender/Indonesien.html.
17 Vgl. Bayuni (2007), http://www.thejakartapost.com/community/ina4.asp.

3.2 Die religiöse Situation in Indonesien

Die indonesische Verfassung garantiert die Freiheit der Religionen. Die Regierung erkennt jedoch nur fünf Glaubensrichtungen an. Der Islam ist die größte Gruppe mit 88 %, gefolgt vom Protestantismus mit 5 %, Katholizismus mit 3 %, Hinduismus mit 2 % und Buddhismus mit 1 %.[18]

Folgende Graphik veranschaulicht die regionale Verteilung der einzelnen Religionsgruppen:

Graphik 2: Karte der Religionen in Indonesien[19]

Nach Angaben des U.S. State Departments verteilt sich die Bevölkerung laut der letzten Umfrage des Indonesischen Zentralen Statistik Büros (BPS) im Jahr 2000 auf folgende Religionsgruppen:

88,2 % Muslime, 5,9 % Protestanten, 3,1 % Katholiken, 1,8 % Hindu, 0,8 % Buddhisten, und 0,2 % andere. Einige Gruppierungen argumentieren, dass die Zählung die Anzahl nicht-muslimischer Einwohner unterschätzt. Ebenfalls berücksichtigt die Zählung keine Atheisten.[20]

---

[18] Vgl. Bayuni (2007), http://www.thejakartapost.com/community/ina4.asp.

[19] Vgl. UNDP (2007), http://www.undp.or.id/general/maps/Map_religions.jpg.

[20] Vgl. U.S. State Department (2007), S. 1.

Das indonesische Religionsministerium veröffentlicht hingegen folgende Angaben zur Verteilung der Religionsgruppen auf die Bevölkerung[21]:

Tabelle 1: Bevölkerung nach Religionsgruppen im Jahr 2005

Religionsgruppe	Muslime	Protestanten	Katholiken	Hindu	Buddhisten	Gesamt
Anzahl in der Bevölkerung	182.083.594	12.964.795	6.941.884	4.586.754	2.242.833	208.819.860
%-Anteil	87,2 %	6,2 %	3,3 %	2,2 %	1,1 %	100 %

Muslime in Indonesien

Die meisten Muslime folgen der sunnitischen Interpretation des Islams. Grundsätzlich existieren zwei Orientierungen, die der „Modernisten" und die der „Traditionalisten".

Die „Modernisten" hängen eng der skriptischen orthodoxen Theologie an, wobei sie moderne Lehrinhalte und Konzepte einschließen. Zu erwähnen ist hier die Reformschule der „Madrasa", die säkulare Themen in ihre Lehre aufnahm. Die vorwiegend javanesischen „Traditionalisten" folgen oftmals charismatischen religiösen Lehrern und organisieren sich in islamischen Internatsschulen.[22] Die führende soziale Organisation der „Modernisten" nennt sich Muhammadiyah und umfasst nach eigenen Angaben ca. 30 Millionen Anhänger. Die größte soziale Organisation der „Traditionalisten" heißt Nahdlatul Ulama (NU) und hat nach eigenen Angaben 40 Millionen Anhänger.[23]

Christen in Indonesien

Die Christen in Indonesien gehören den protestantischen und katholischen Glaubensrichtungen an. Die Protestanten kamen während der niederländischen Kolonialzeit ungefähr im 16. Jahrhundert nach Indonesien.[24] Den größten Anteil der protestantischen Bevölkerung haben die Provinzen Papua und Nord-Sulawesi. Dort sind 60 % und 64 % der Bevölkerung protestantischen Glaubens.[25] Nach der Ankunft der Portugiesen im 16. Jahrhundert verbreitete sich der

---

[21] Vgl. Departemen Agama Republik Indonesia (2007), http://www.depag.go.id/index.php?menu=page&pageid=17.

22 Vgl. U.S. Library of Congress (2007a), http://countrystudies.us/indonesia/37.htm.

23 Vgl. U.S. State Department (2007), S. 1.

24 Vgl. North Sulawesi Tourism Promotion Board (NSTPB) (2007), http://www.north-sulawesi.org/colonialism.html.

25 Vgl. Departemen (2007), http://www.depag.go.id/index.php?menu=page&pageid=17.

katholische Glaube auch in Indonesien. Missionare beider Glaubensrichtungen haben sich in den vergangenen Jahrhunderten immer wieder bemüht, den christlichen Glauben in Indonesien zu verbreiten. Als Suharto im Jahre 1965 an die Macht kam, legte die indonesische Regierung fest, dass jeder Einwohner Indonesiens eine Glaubenszugehörigkeit nachweisen musste. Aufgrund der Sanktionen bei Nicht-Befolgung traten viele Atheisten den christlichen Kirchen bei, sodass sich deren Mitgliederzahl überproportional erhöhte.[26]

Hindus in Indonesien

Hindus in Indonesien sind hauptsächlich auf Bali zu finden. Dort machen sie mehr als 93 % der Bevölkerung aus. Der balinesische Hinduismus zeichnet sich dadurch aus, dass der traditionelle hinduistische Glaube an Wiedergeburt und Reinkarnation nicht betont wird, stattdessen aber vielfältige lokale und angestammte Glaubensrichtungen verknüpft. Es finden sich weniger Schriften und Gesetze. Die Religion ist tief verwoben mit Kunst und Ritualen.[27]

Buddhisten in Indonesien

Buddhismus ist Teil des Glaubens in der chinesischen Gemeinschaft in Indonesien. Nach einer Schätzung im Jahre 1987 betrug der Anteil der Buddhisten an der Bevölkerung weniger als 1 %. Allerdings stieg die Zahl aufgrund des unsicheren Status des Konfuzianismus, der offiziell von der Regierung toleriert wurde, aber nicht im Ministerium für religiöse Angelegenheiten vertreten wurde. In den Jahren nach 1965 wurden 90 Klöster gebaut. Obwohl zahlreiche Sekten sich den buddhistischen Doktrinen in unterschiedlicher Weise annähern, sind Kernelemente die Anerkennung der Vier Edlen Wahrheiten und des Achtfachen Pfades. Die buddhistische Lehre weist Wege aus Leid und Unvollkommenheit zu Harmonie und Glück. Die wesentlichen Merkmale und Übungen dieses spirituellen Weges sind ethisches Verhalten, Meditation und tiefe Einsicht.[28]

Der International Religious Freedom Report 2006 des U.S. State Departments zeigt, dass die indonesische Regierung grundsätzlich die Freiheit der Religionen respektiert. Einschränkungen der Religionsfreiheit konzentrieren sich auf bestimmte religiöse Aktivitäten und auf nicht anerkannte Religionen. Dabei tolerierte die Regierung manchmal Diskriminierungen gegen und Beschimpfungen

---

26 Vgl. U.S. Library of Congress (2007b), http://countrystudies.us/indonesia/38.htm.
27 Vgl. U.S Library of Congress (2007i). http://countrystudies.us/indonesia/39.htm.
28 Vgl. U.S Library of Congress (2007h). http://countrystudies.us/indonesia/40.htm.

von religiösen Gruppen durch private Aktivisten. Täter wurden oftmals nicht bestraft. Die Mehrheit der Bevölkerung konnte in hohem Maß Religionsfreiheiten ausüben.

Nachdem der Konfuzianismus ebenfalls als offizielle sechste Religion durch die Regierung im Jahre 2006 anerkannt wurde, hat sich bei dieser Religionsgruppe auch der Grad der Religionsfreiheit verbessert.

Die Öffentlichkeit respektiert grundsätzlich die Religionsfreiheit. Allerdings gab es während der Berichtszeit des International Religious Report extremistische Gruppen, die mit Hilfe von Gewalt und Einschüchterung 34 kleine ungenehmigte Kirchen und wenigstens sieben Ahmadiyya[29] Gebäude zur Schließung veranlassten.[30]

---

29 Einige Regierungsmitglieder und muslimische Organisationen lehnen die Interpretationen des Islams der Ahmadiyya ab. Daraus resultieren oftmals Diskriminierungen und Beschimpfungen der Anhänger der Ahmadiyya.

30 Vgl. U.S. State Department (2007), S. 1.

4 Religiöse Freiheiten unter der alten Ordnung

Die sogenannte alte Ordnung bezieht sich auf die Regierungszeit von Sukarno, der im Jahre 1945 die Unabhängigkeitserklärung verlas und 1955 mit seiner Partei PNI zum ersten unabhängigen Präsidenten gewählt wurde. Er führte Indonesien bis zum Jahre 1965 in einer Präsidentschaft, die zwar demokratische Prinzipien beinhaltete, jedoch noch sehr stark militärisch geprägt war.[31]

Dieses Kapitel beschäftigt sich mit den unterschiedlichen religiösen Gruppierungen und ihren verschiedenen Sichtweisen hinsichtlich religiöser Freiheiten während Sukarnos Regierungszeit. Die Regierung der alten Ordnung spezifizierte die Verfassung nicht hinsichtlich ihrer religiös-politischen Ausrichtung in Bezug auf die Religionsfreiheit. Grund hierfür war, dass das Machtgleichgewicht zwischen Nationalisten, Kommunisten und Muslimen aufrecht erhalten werden sollte. Jene Gruppierungen hatten unterschiedliche ideologische Positionen bzgl. religiöser Fragestellungen. Die Nationalisten waren umfassender in ihrer Auslegung von religiösen Freiheiten, während die Kommunisten indifferente Ansichten hatten. Die islamischen Gruppierungen hingegen definierten religiöse Freiheiten immer in Bezug auf die Vereinbarkeit mit islamischen Ideen. Somit wollte die Regierung neue Unruhen vermeiden, die den aktuellen Status Quo stören könnten. Die offizielle Religionspolitik der Regierung war somit einfach: Religionsfreiheit wurde garantiert und die Menschen sollten tolerant gegenüber Anhängern anderer Religionen sein.[32]

4.1 Die muslimische Sichtweise

Das Prinzip der Pancasila „Glaube an einen Gott" entsprach nicht den Bestrebungen von muslimischen Politikern, einen islamischen Staat zu errichten. Es war mit der islamischen Auffassung nicht vereinbar, die nur einen Schutz für den Islam beanspruchte. Deswegen wurde am 22. Juni 1945 bei der Formulierung der Präambel zur Verfassung ein Kompromiss diskutiert (die sogenannte Jakarta Charter), nach dem „sich der indonesische Staat auf den Glauben an einen allmächtigen Gott gründet mit der Pflicht für die Anhänger des Islams, den Bestimmungen der Shariah Folge zu leisten". Dieser Kompromiss wurde zunächst verabschiedet, jedoch am 18. August 1945 nach der Proklamation der Unabhängigkeit wieder aus der Verfassung gestrichen.[33] Es gab im Jahre 1959

---

[31] Vgl. U.S. Library of Congress (2007d), http://countrystudies.us/indonesia/17.htm.
[32] Vgl. Kim, S. 360.
[33] Vgl. Titaley (2006), S. 132.

und später immer wieder heftige Debatten über die Wiedereinführung dieses Passus, der sich Sukarno widersetzte.[34] Extreme islamistische Gruppierungen führten in den 1950er Jahren die sogenannte Darul-Islam-Rebellion durch. Dabei kämpfen die Milizen von Darul Islam gegen die Regierung in Jakarta. Dies hatte schätzungsweise 15.000 bis 20.000 Tote zur Folge. Erst 1962 wurde die Rebellion endgültig niedergeschlagen.[35]

In einem Punkt war das erste Prinzip für islamische Gruppierungen akzeptabel: Es negierte nicht den islamische Grundsatz des „Tauhid"[36], nach dem es nur den Glauben an einen einzigen Gott „Allah" gibt. Allerdings war das Prinzip zu umfassend formuliert, sodass andere religiöse und nicht-religiöse Gruppierungen auch unter den Schutz der Pancasila fielen. Die Pancasila konnte islamischen Gruppierungen somit nicht als Instrument dienen, um z. B. christliche Missionarstätigkeiten einzuschränken.[37]

Eine weitere islamische Auffassung war, dass Kebatinan-Gruppierungen nicht als Religion akzeptiert werden sollten. Dies führte dazu, dass islamische Gruppierungen Druck auf die Regierung ausübten, Religion rechtmäßig in Gesetzesform zu definieren. Im Jahre 1952 schlug der muslimische Minister für Religionsangelegenheiten vor, dass eine heilige Schrift, Propheten, gemeinschaftliche Lehren und internationale Anerkennung Kriterien für die Definition von Religion in Indonesien sein sollten. Im Jahre 1959 bei der Wiedereinführung der Verfassung wurde der Vorschlag vorgetragen, jedoch abgelehnt.[38]

Christliche Missionarstätigkeiten waren nach islamischer Auffassung ein absoluter Verstoß gegen die Pancasila. Diese äußerten sich beispielsweise dadurch, dass christliche Frauen muslimische Männer heirateten, die dann zum Christentum übertraten.

Islamische Gruppierungen schafften es während der Regierungszeit der alten Ordnung nicht, islamische Regeln zur Ausübung des religiösen Lebens in der Verfassung zu verankern, Kebatinan-Gruppierungen rechtlich auszugrenzen und die Missionarstätigkeiten der christlichen Gruppierungen einzuschränken. Sie

---

[34] Vgl. Dahm (2003), S. 206f.
[35] Vgl. Symonds (2003), http://www.wsws.org/de/2004/jan2004/jem2-j15.shtml.
[36] Vgl. Enzyklopädie des Islam (2007), http://www.eslam.de/begriffe/e/einheit.htm.
[37] Vgl. Kim (1998), S. 362.
[38] Vgl. Kim (1998), S. 363.

hatten zusätzlich eine schwache Verhandlungsposition gegenüber der Regierung. Diese Unzufriedenheit führte vermehrt zu Gewalt.[39]

4.2 Die Sichtweise der christlichen Gruppierungen

Die Christen interpretierten Religionsfreiheiten in der Pancasila unter der alten Ordnung im weitesten Sinne. Es beinhaltete, dass Religion frei gewählt und sowohl einzeln als auch in der Gemeinschaft gewechselt werden konnte. Unter Religion in diesem Sinne verstanden sie Lehre, Praktizieren, Gottesanbetung und Befolgung der Gebote. Darunter fiel auch die Verbreitung des Glaubens durch missionarische Aktivitäten. Die Christen intensivierten ihre missionarischen Tätigkeiten insbesondere bei islamischen Gläubigen. Die Zahl der Anhänger der römisch-katholischen Kirche in Java verdoppelte sich fast in den Jahren von 1953 zu 1965. Auch die verschiedenen protestantischen Kirchen hatten Zuwachsraten von 20 % pro Jahr. Die Folge waren erhebliche Konflikte zwischen christlichen und islamischen Gruppierungen.[40]

4.3 Die Sichtweise der Kebatinan-Gruppierungen

Kebatinan ist der Name für ein Glaubenssystem, das aus einer Vielzahl von ursprünglichen indonesischen religiösen Elementen mit Einflüssen aus Hinduismus, Buddhismus und Islam besteht. Dieser Glaube betont die menschliche Spiritualität. Die Kebatinan-Gruppierungen akzeptieren das erste Prinzip der Pancasila „Glaube an einen Gott". Sie forderten somit den gleichen Status wie andere vom Staat Indonesien anerkannte Religionen wie Islam, Christentum, Hinduismus und Buddhismus. Die Forderung der islamischen Gruppierungen nach Kriterien, die Religion definierten, lehnten die Kebatinan ab. Sie argumentierten, dass nur Anhänger einer Religion bestimmen könnten, ob sie einen Gott, ein heiliges Buch und Propheten besitzen. Folglich müsste Religionsfreiheit das Recht jedes Indonesiers beinhalten, an die Religion zu glauben, an die er glauben möchte.[41]

4.4 Die kommunistische Sichtweise

Sukarno führte 1959 die 1945 Verfassung wieder ein. Diese Verfassung räumte ihm weitreichende Möglichkeiten ein, die drei politischen Kräfte (die indonesische kommunistische Partei (PKI), die Armee und sich selbst) zu bündeln. In der

---

[39] Vgl. Kim (1998), S. 364f.

[40] Vgl. Kim (1998), S. 363f.

[41] Vgl. Kim (1998), S. 363.

ersten Hälfte der 1960er Jahre orientierte er sich „links". Insbesondere seine Innenpolitik kennzeichnete sich durch den Versuch, einen Ausgleich zwischen den Kommunisten und der Armee zu schaffen. Seine Außenpolitik sollte ihn als Führer der neuen Welt, frei von Kaltem Kriegs Antagonismus, darstellen.[42] Sukarno selbst war der Ansicht, dass die Verehrung des Göttlichen und die Projektion der eigenen Wünsche auf dieses in der Geschichte stets ein fester Bestandteil des indonesischen Lebens waren. Deswegen war es unumgänglich, dies bei der Entwicklung der indonesischen Nation zu berücksichtigen. Sukarno wendete sich der marxistischen Evolutionstheorie zu, die er als Grundphilosophie für die Vereinigung der Indonesier zu einer Nation betrachtete. Dort wurde der vielfältige Gottesglaube im geschichtlichen Verlauf mit der Entwicklung von Produktionskräften gleichgestellt. Die menschliche Entwicklung wird in fünf Stufen eingeteilt. In der ersten Stufe lebten die Indonesier als Jäger und Sammler und glaubten an Geister, die mit den Naturressourcen wie z. B. Flüsse, Bäume etc. verbunden waren. In der zweiten Entwicklungsstufe domestizierten die Menschen Tiere und verehrten diese als Götter. In der dritten Stufe war der Ackerbau zentraler Lebensmittelpunkt. Die Verehrung der Tiere machte der Verehrung von anthropomorphischen Gottheiten Platz, wie z. B. der javanesischen *Dewi Sri*. Die vierte Stufe kennzeichnete sich durch Arbeitsteilung, Massenproduktion und Handel. Die Menschen entwickelten ein Gottesbild, welches Gott unfassbar und unsichtbar machte. Die fünfte und letzte Stufe basierte auf der Industrie. Hier betrachteten die Menschen sich selbst als Gott, da sie selbst Dinge schaffen konnten, die sie in den Stufen zuvor Gott zuschrieben. In den 1950er befanden sich nach Sukarno die meisten Indonesier in den der dritten Stufe, während einige in der vierten und nur ganz wenige in der fünften Stufe verweilten. Nach diesem Paradigma werden Animismus, Polytheismus, Monotheismus, Kommunismus und Atheismus zusammengefasst als Theismus. Auf einem Parteitreffen äußerte sich Sukarno wie folgt: „I am a Marxist myself, besides being a believer in God". Es ist nicht klar, in welchem Grad sich Sukarno mit dieser Idee identifizierte. Sicher ist, dass religiöser Relativismus und nationale Einheit die politische Arena durchdrang. Es wurde eine Umwelt geschaffen, in der Religionsfreiheit im weitesten Sinn ermöglicht werden sollte. Die kommunistische Partei stimmte der Pancasila zu.[43] Durch diesen Schritt erhielten sie mehr Schutz durch Präsident Sukarno. Ihr Verhältnis zur Pancasila blieb jedoch ambivalent, da sie

---

[42] Vgl. The Jarkarta Post (2001), S. 2.

[43] Vgl. Kim (1998), S. 361f.

atheistisch geprägt waren. Des Weiteren stärkten sie ihre Position gegenüber den Muslimen, die die Pancasila als Ideologie mit ketzerischen Absichten betrachteten. Die Muslime fühlten sich provoziert, da sie den Marxismus als nicht vereinbar mit dem ersten Prinzip der Pancasila betrachteten. Sie warfen den Kommunisten des Weiteren Opportunismus vor.[44]

Die Macht der PKI in Javas Städten weitete sich in den frühen 1960er Jahren aus. Sukarnos Aufruf, Landreformen durchzuführen, wurde von der PKI in einer aktiven Politik (aksi sepihak) umgesetzt. Grundbesitzer wurden enteignet und das Land an arme Javaneser, an Bewohner im nördlichen Sumatra und an balinesische Bauern verteilt. Dies erfolgte nicht ohne Gewalt. Alte Rivalitäten zwischen orthodoxen Muslimen (santri) und gemäßigten Muslimen, die die PKI unterstützten, brachen auf. Die PKI entwickelte sich mit zwei Millionen Mitgliedern zur größten kommunistischen Partei in einem nicht-kommunistischen Land.[45]

---

[44] Vgl. Hiorth (2007), http://www.themronline.com/200207m2.html.

[45] Vgl. U.S. Library of Congress (2007e), http://countrystudies.us/indonesia/19.htm.

5 Religiöse Freiheiten unter der neuen Ordnung

Die neue Ordnung bezieht sich auf die Regierungszeit von Suharto, der nach einem Putschversuch der Kommunistischen Partei (PKI) am 30. September 1965 an die Macht kam. Suharto war General und Kommandant der Strategischen Reserve Kommandantur der Armee und erhielt die Staatsmacht im bekannt gewordenen Brief des 11. März 1966.[46] Die genauen Hintergründe des Putschversuchs sind nicht klar. Auch die Rolle der PKI, des amerikanischen CIAs und der chinesischen Regierung, die das indonesische Militär unterstützte, sind nur bruchstückhaft an die Öffentlichkeit gelangt.[47] Fakt ist, dass der fehlgeschlagene Putsch zu massiven Angriffen von Muslimen auf PKI Sympathisanten führte. Es gab Hunderttausende[48] von Toten und der Kommunismus wurde fast ausgerottet.[49]

5.1 Veränderungen und Entwicklungen im Vergleich zur alten Ordnung

Die Regierungszeit der neuen Ordnung zeichnet sich dadurch aus, dass muslimische Gruppierungen stärker mit der Regierung über ihre Interessen verhandelten. Sie wollten ihre Ziele, die sie unter der alten Ordnung identifiziert hatten, nun erreichen. Ein wesentliches Ziel war, die Aktivitäten von christlichen Missionaren einzuschränken. Nach Schätzungen waren mehr als zwei Millionen Kommunisten in dieser Umbruchsperiode zum Christentum konvertiert, um sich vor Verfolgungen zu schützen. Dies führte zu einer offenen Konfrontation zwischen Muslimen und Christen, bei der z. B. Kirchen beschädigt wurden. Präsident Suharto berief daraufhin eine Religionskonferenz (*Musyawarah antar Agana*) ein. Dort sprach er sich für eine klare Regierungsposition zur Religionsfreiheit und zu Beziehungen zwischen Religionen aus. Er stellte heraus, dass die Konflikte auf einem Missverständnis zwischen Muslimen und Christen beruhten, für das die Kommunisten verantwortlich sein sollten. Gleichzeitig demonstrierte er, dass die Regierung die Vorbehalte der Muslime gegenüber christlichen Missionarstätigkeiten akzeptierte. Demnach sollten Christen ihre Missionarstätigkeiten gegenüber Atheisten und Polytheisten einschränken.[50]

---

[46] Vgl. The Jakarta Post (2001), S. 2.

[47] Vgl. U.S. Library of Congress (2007f), http://countrystudies.us/indonesia/21.htm.

[48] Nach Angaben der Jakarta Post liegen die Schätzungen bei 300.000 bis 500.000 PKI Mitgliedern, die zu Tode kamen. Vgl. The Jakarta Post (2001), S. 2.

[49] Vgl. Kim (1998), S. 365.

[50] Vgl. Kim (1998), S. 365f.

In den 1970er Jahren akzeptierte die Regierung in zwei Beschlussfassungen (Decree No. 70 und 77) Vorschläge, die Lukman Harun, politischer Vertreter der muslimischen Gruppierungen[51], gemacht hatte:

- Das Missionieren unter Anhängern einer anerkannten Religion wird verboten.
- Ausländische Missionare werden verboten.
- Das Religionsministerium koordiniert ausländische Unterstützung für religiöse Institutionen.
- Die Regierung reguliert Religionspropaganda und den Kirchenbau.[52]

Im Jahre 1983 wurden weitere fünf ethische Verhaltensrichtlinien auf dem Yogykarta Treffen vereinbart:

1. Bei dem Bau von neuen Glaubensstätten wird die Anzahl der Menschen, die die Stätte nutzen und die Entfernung zu einer bereits existierenden Glaubensstätte einer anderen Religion berücksichtigt.
2. Proselytismus darf nicht auf eine Person oder eine Gruppe gerichtet sein, die bereits einer anderen Religion angehören.
3. Die ideale Heirat ist zwischen Mann und Frau anzustreben, die der gleichen Religion angehören. Die Heirat zwischen Mann und Frau, die unterschiedlichen Religionen angehören, ist zu vermeiden und vorzubeugen. Sollte dies doch geschehen, muss Hilfe gewährt werden, dass beide Partner ihre Religionslehren leben können.
4. Eine Begräbnisstätte, die durch die Regierung bereit gestellt wird, ist für jedermann geöffnet ungeachtet seiner Religionszugehörigkeit.
5. Grundsätzlich sind Gedenkfeiern für heilige Feiertage einer bestimmten Religion von denjenigen zu halten und zu begleiten, die dieser Religion angehören. Jene Personen, die einer anderen Religion angehören, können an der Feier teilnehmen, wenn der Besuch Familienbande, Verwandtschaftsbeziehungen und den Gemeinschaftssinn stärkt.

Zweck dieser Beschlussfassungen war, dass die Menschen selbst bestimmen sollten, mit welchen Menschen und mit welchen religiösen Identitäten sie verkehren wollten. Dies können sie allerdings nur tun, wenn sie wissen welche reli-

---

[51] Vgl. Khan (2007), http://www.salaam.co.uk/knowledge/biography/viewentry.php?id=1041.
[52] Vgl. Kim (1998), S. 367.

giöse Zugehörigkeit die andere Person hat. Diese Verhaltensrichtlinien verlagern allerdings auch die Ausübung religiöser Verantwortungen vom Individuum auf die Gemeinschaft bzw. den Staat. Dabei war der Gedanke, je mehr Richtlinien und Regeln für das religiöse Leben existieren, desto mehr Religionsfreiheit könne gesichert werden.[53]

Im Jahre 1985 gab es eine Gesetzesvorlage, die forderte, dass alle politischen Parteien und Vereinigungen ihre Unterstützung für die Pancasila und ihre ideologische Fundierung erklären sollten. Diese Erklärung war insbesondere für muslimische Gruppierungen heikel, da sie ihre Identität angriff. Die Regierung verlangte, dass muslimische Parteien nicht exklusiv sein und nicht-muslimische Mitgliedschaften erlauben sollten. Dies führte zu Aufständen unter den Muslimen. Ziele waren der buddhistische Borobudur Tempel, der Palast der Sunan auf Surakarta, Gemeindeverwaltungen in Jakarta und der Hauptsitz der indonesischen Staatsradios.[54]

Nach dem Fall von Suharto ist die Religionsfreiheit weiter gefährdet. In den letzten Jahren wurden Hunderte von religiösen Gedenkstätten zerstört und religiöse Gemeinschaften gezwungen, ihre Gottesanbetungen einzustellen. Eifrige religiöse Gruppierungen kämpfen offen für die Einführung von religiösen Gesetzen.[55]

Auch das Verhältnis zwischen christlichen und muslimischen Glaubensrichtungen, speziell Sekten, und der Regierung ist schwierig. Überwachungen von Sekten und Inhaftierungen von Sektenführern werden durchgeführt. Noch immer sind 120 Glaubensrichtungen und Sekten in West-Java verboten. Der Indonesische Rat der Ulemas (MUI) könnte nach Auffassung von Suwarni mehr dafür arbeiten, dass Konzepte für einen religiösen Pluralismus in der Gesellschaft integriert werden. Hier wäre eine Lehre in Schulen, die religiöse Toleranz beinhaltet, sinnvoll.[56]

---

[53] Vgl. Kim (1998), S. 368f.

[54] Vgl. U.S. Library of Congress (2007g), http://countrystudies.us/indonesia/24.htm.

[55] Vgl. Magnis-Suseno (2007), http://www.thejakartapost.com/Archives/ArchivesDet2.asp?FileID=20061229.M09.

[56] Vgl. Suwarni (2005), http://www.thejakartapost.com/Archives/ArchivesDet2.asp?FileID=20050725.D09.

5.2 Der christlich-muslimische Dialog

Der Fall von Yogyakarta zeigt, dass früher nicht überall in Indonesien religiöse Differenzen zwischen Muslimen und Christen Basis für soziale Konflikte waren. Dort wurden die religiösen Unterschiede nicht wirklich als trennend empfunden. Der Fall zeigt, dass auch Gemeinschaft und Integration zwischen den beiden Gruppen möglich war. Erst durch die stärkere muslimische Entwicklung eines festgelegten Rahmens und einer klaren Linie, die zwischen Muslimen und Christen seit den 1980er Jahren gelegt wurde, änderten sich die Beziehungen entscheidend. Die Teilnahme von Christen am Fastenmonat in der Gemeinschaft von Muslimen war nicht mehr erwünscht. Das Verhalten beruhte auf dem Verständnis, dass harmonische Beziehungen und Religionsfreiheiten erst durch Distanz zu anderen Religionsgruppen erreicht werden können.

Grund war hierfür, dass christliches Eingreifen in das religiöse Leben der Muslime befürchtet wurde. Beispielsweise waren die Muslime der Ansicht, dass die Christen sie von ihren religiösen Aktivitäten ablenkten und sie animierten, Alkohol zu konsumieren. Dies stellte nach ihrer Auffassung einen Verstoß gegen die Religionsfreiheit dar.

Ziel der Christen sei es, durch lockere Beziehungen zu Muslimen, die sich im Job, in ökonomischer Unterstützung, gemischten Ehen und die Ausbildung in christlichen Schulen äußerten, Muslime zum Christentum zu konvertieren. Islamische Führer sahen in dieser Situation nur die Möglichkeit, ihre Gemeinschaft zu schützen, indem Abgrenzung als notwendig eingeführt werden musste.[57]

Es gibt heute im Jahre 2006 wieder positive Meldungen über eine regionale Annäherung von Muslimen und Christen. Auf den Maluku-Inseln haben örtliche traditionelle Führer (*Latupatis*) einen Rat einberufen, der die muslimischen und christlichen Gemeinschaften versöhnen soll, die bisher in einen blutigen Konflikt verwickelt waren. Katholische Schulen wurden bereits wieder geöffnet und es wird erwartet, dass ein Ende des Konflikts erwartet wird. Dies sind positive Signale, die weitere Entwicklungen zur Folge haben werden.[58]

---

[57] Vgl. Kim (1998), S. 370f.
[58] Vgl. Darmadi (2006), S. 2.

6 Schlussfolgerungen

Heute ist die Frage der Religionsfreiheit aktueller denn je. Immer wieder gibt es Publikationen, die feststellen, dass Freiheitsrechte bezüglich des Denkens, des Bewusstseins und der Religion – Fundamente einer pluralistischen und demokratischen Gesellschaft – in Indonesien nicht geschützt werden. Insbesondere die Verantwortung der Regierung unter Präsident Yudhoyono, der seit Oktober 2004 das Land regiert, wird immer wieder bemängelt und massiv eingefordert.[59] In den vergangenen Jahren stand Indonesien auf der Liste der zu beobachteten Länder, die gegen religiöse Freiheiten verstießen. Aufstände und Konflikte sind an der Tagesordnung. Darmadi warnt vor dem Einfluss religiöser Extremisten, die eine wachsende politische Macht darstellen.[60] Der International Religious Freedom Report 2006 gibt an, dass in seinem Berichtsjahr 22 Menschen durch die Jemaah Islamiyah[61], eine terroristische Gruppe, getötet und mehr als 100 Menschen verletzt wurden. Diese Anschläge erfolgten in den Touristengebieten in Kuta und Jimbaran auf Bali.[62] Sie wurden von extremen islamistischen Gruppierungen durchgeführt, die im Namen der Religion Gewalt und Druck ausübten. Syafii, ein früherer Vorsitzender der zweitgrößten muslimischen Organisation Muhammadiyah, ist hingegen der Ansicht, dass extreme und militante Gruppierungen nur ein zeitlich begrenztes Phänomen darstellen. Er schlussfolgert, dass, wenn Indonesien seine akuten, inneren sozio-ökonomischen Probleme lösen kann, kein Raum mehr für Radikalismus vorhanden sein wird.[63] In der Öffentlichkeit wird die Regierung als zu schwach wahrgenommen. Sie sei zu langsam und milde im Umgang mit Verbrechern und Schuldigen. Es wird gefordert, dass die Regierung sowohl bei kleinen Verbrechen als auch bei organisierten terroristischen Verbrechen Recht durch- und umsetzt und Religionsfreiheiten gewährleistet. Sollte dies gelingen, wird das Vertrauen in die Regierung erheblich verbessert werden. Ansätze für eine andere Entwicklung sind absehbar. Im September 2006 exekutierte die Regierung drei Personen, die für schuldig be-

---

[59] Vgl. Galingging (2005), S. 1.

[60] Vgl. Darmadi (2006), S. 1-3.

[61] Detaillierte Informationen zur Jemaah Islamiyah findet sich in einer dreiteiligen Serie auf der World Socialist Web Site www.wsws.org geschrieben von Peter Symonds, erschienen am 14./15. und 16. Januar 2004.

[62] Vgl. U.S. State Department (2006), S. 7.

[63] Vgl. Wahyuni (2007), S. 1-2.
http://www.thejakartapost.com/Archives/ArchivesDet2.asp?FileID=20070116.H07.

funden wurden, religiöse Gewalt ausgeübt zu haben.[64] Laut Magnis-Suseno sind drei Punkte von Bedeutung: 1. Die Regierung muss die Pancasila in ihre Politik als zentrale moralische Grundlage integrieren. 2. Gewalt darf nicht weiter als Vorwand dienen und die Regierung muss dies deutlich machen. 3. Die Regierung muss der Polizei volle Unterstützung bei notwendigen Maßnahmen gegen fanatische Gruppen geben.[65]

Aber nicht nur die Regierung, sondern auch die religiösen Führer stehen in der Verantwortung, religiösen Spannungen vorzubeugen.[66] Magnis-Suseno vertritt die Ansicht, dass Intellektuelle und moderate Führer endlich laut und deutlich ihre Zustimmung für einen gerechten und zivilisierten Humanismus gemäß der Pancasila äußern sollten. Dies sollte auch eine klare Ablehnung von Gewalt und diskriminierenden Normen in der Gesellschaft implizieren. Der inter-religiöse Dialog sollte deswegen intensivst fortgesetzt werden.[67]

Diese Fortschritte würden Religionsfreiheit und somit dem Schutz des Individuums gewährleisten. Letztlich liegt die Verantwortung, religiöse Harmonie zu leben, in der Verantwortung eines jeden einzelnen Indonesiers.[68]

---

[64] Vgl. Darmadi (2006); S. 1f.

[65] Vgl. Magnis-Suseno (2007), http://www.thejakartapost.com/Archives/ArchivesDet2.asp?FileID=20061229.M09.

[66] Vgl. Darmadi (2006); S. 1f.

[67] Vgl. Magnis-Suseno (2007), http://www.thejakartapost.com/Archives/ArchivesDet2.asp?FileID=20061229.M09.

[68] Vgl. Darmadi (2006); S. 1f.

Literaturverzeichnis

Auswärtiges Amt (2006): Indonesien, http://www.auswaertiges-amt.de/diplo/de/Laender/Indonesien.html vom 14. März 2007.

Bayuni, Endy M. (2007): Building a Pluralist Nation, http://www.thejakartapost.com/community/ina4.asp, zugegriffen am 16. März 2007.

Botschaft der Republik Indonesien in Berlin (2007): Geschichte Indonesiens, http://www.botschaft-indonesien.de/de/indonesien/geschichte.htm zugegriffen am 14. März 2007.

CIA (2007): Karte von Indonesien, https://www.cia.gov/cia/publications/factbook/maps/id-map.gif. zugegriffen am 10. März 2007

Dahm, Bernhard (2003): Multireligiösität in Indonesia, in: Lehmann, Hartmut (Hrsg.) (2003): Multireligiösität im vereinten Europa – Historische und juristische Aspekte, Göttingen, 2003, S. 201-214.

Darmadi, Dadi (2006): Freedom of Religion Remains Major Challenge for Country in: The Jakarta Post of December 29, 2006, http://www.thejakartapost.com/Archives/ArchivesDet2.asp?FileID=200612 29.M10, zugegriffen am 10. März 2007.

Departemen Agama Republik Indonesia (2007): Jumlah Penduduk Menurut Agama Tahun 2005 - Number of Population by Religion Year 2005, http://www.depag.go.id/index.php?menu=page&pageid=17, zugegriffen am 24. März 2007.

Efimova, Larissa M. (1996): The State Ideology Pancasila as a Manifestation of Religious Revivalism in Contemporary Indonesia, in: Temenos 32, 1996, S. 55-63.

Election World (2007): A Short History of Indonesia, http://www.electionworld.org/history/indonesia.htm zugegriffen am 17. März 2007

Embassy of the Republic of Indonesia in Washington D.C. (2007): Constitution of Indonesia, http://asnic.utexas.edu/asnic/countries/indonesia/ConstIndonesia.html zugegriffen am 17. März 2007

Enzyklopädie des Islam (2007): Einheit (Tauhid), http://www.eslam.de/begriffe/e/einheit.htm zugegriffen am 26. März 2007.

Galingging, Ridarson (2005): MUI Fatwa Negates Freedom of Religion, Human Rights in: The Jakarta Post, August 12, 2005, http://www.thejakartapost.com/Archives/ArchivesDet2.asp?FileID=200508 12.E02 zugegriffen am 29. März 2007.

Hiorth, Finngeir (2007): Atheism in Indonesia, http://www.themronline.com/200207m2.html zugegriffen am 29. März 2007.

Inwent (2007): Landesüberblick, http://www.inwent.org/v-ez/lis/indones/seite1.htm vom 14. März 2007.

Khan, Nauman M. (2007): Biographical Data Lukman Harun, http://www.salaam.co.uk/knowledge/biography/viewentry.php?id=1041 zugegriffen am 29. März 2007.

Kim, Hyung-Jun (1998): The Changing Interpretations of Religious Freedom in Indonesia, in: Journal of Southeast Asian Studies 29/2, 1998, S. 357-373.

Magnis-Suseno, Franz (2006): Will pluralism recover in Indonesia? In: The Jakarta Post, December 29, 2006, http://www.thejakartapost.com/Archives/ArchivesDet2.asp?FileID=200612 29.M09 zugegriffen am 29. März 2007.

North Sulawesi Tourism Promotion Board (NSTPB) (2007): History - Colonialism & Independence, http://www.north-sulawesi.org/colonialism.html zugegriffen am 24. März 2007.

O.V. (2007): Official Says Indonesia Has Freedom of Religion http://www.thejakartapost.com/Archives/ArchivesDet2.asp?FileID=200002 23.A02 zugegriffen am 29. März 2007.

Steenbrink, Karel A. (1999): The Pancasila Ideology and an Indonesian Muslim Theology of Religions, in: Waardenburg, Jacques (1999): Muslim Percepetions of other Religions – A Historical Survey, New York, Oxford University Press, 1999, S. 280-296.

Symonds, Peter (2003): Politische Wurzeln und Perspektiven von Jemaah Islamiyah, http://www.wsws.org/de/2004/jan2004/jem2-j15.shtml zugegriffen am 26. März 2007.

Suwarni, July Tri (2005): Bandung Scholar Defends Freedom of Religion http://www.thejakartapost.com/Archives/ArchivesDet2.asp?FileID=200507 25.D09, zugegriffen am 29. März 2007.

The Jarkarta Post (2001): Indonesian History – Indonesia, a Nation in Transition, http://www.thejarkartapost.com/history/history.asp. zugegriffen am 26. März 2007.

Titaley, John A. (2006): Asian Models of Religious Diversity: The Uniqueness of Indonesian Religiosity, in: Pye, Michael / Franke, Edith / Wasim, Alef Theria / Mas´ud, Abdurrahman (2006): Religious Harmony – Problems, Practice and Education, Berlin, New York, 2006, S. 129-136.

U.S. Library of Congress (2004): Indonesia Country Profile, http://lcweb2.loc.gov/frd/cs/profiles/Indonesia.pdf zugegriffen am 24. März 2007.

U.S. Library of Congress (2007a): Indonesia Country Profile – Islam, http://countrystudies.us/indonesia/37.htm in: Frederick / William H., Worden / Robert L.: (1993), Indonesia: A Country Study., Washington: GPO for the Library of Congress, http://countrystudies.us/indonesia/ zugegriffen am 24. März 2007.

U.S. Library of Congress (2007b): Indonesia Country Profile – Christianity, http://countrystudies.us/indonesia/38.htm in: Frederick / William H., Worden / Robert L.: (1993), Indonesia: A Country Study., Washington: GPO for the Library of Congress, http://countrystudies.us/indonesia/ zugegriffen am 24. März 2007.

U.S. Library of Congress (2007c): Indonesia Country Profile – Pancasila, http://countrystudies.us/indonesia/86.htm in: Frederick / William H., Worden / Robert L.: (1993), Indonesia: A Country Study., Washington: GPO for the Library of Congress, http://countrystudies.us/indonesia/ zugegriffen am 24. März 2007.

U.S. Library of Congress (2007d): Indonesia Country Profile – INDEPENDENCE, 1950-65, http://countrystudies.us/indonesia/17.htm, in: Frederick / William H., Worden / Robert L.: (1993), Indonesia: A Country Study., Washington: GPO for the Library of Congress, http://countrystudies.us/indonesia/ zugegriffen am 24. März 2007.

U.S. Library of Congress (2007e): Indonesia Country Profile – Sukarno and the PKI, http://countrystudies.us/indonesia/19.htm, in: Frederick / William H.,

Worden / Robert L.: (1993), Indonesia: A Country Study., Washington: GPO for the Library of Congress, http://countrystudies.us/indonesia/ zugegriffen am 24. März 2007.

U.S. Library of Congress (2007f): Indonesia Country Profile – The Coup, http://countrystudies.us/indonesia/21.htm, in: Frederick / William H., Worden / Robert L.: (1993), Indonesia: A Country Study., Washington: GPO for the Library of Congress, http://countrystudies.us/indonesia/ zugegriffen am 24. März 2007.

U.S. Library of Congress (2007g): Indonesia Country Profile – The Pancasila, http://countrystudies.us/indonesia/24.htm, in: Frederick / William H., Worden / Robert L.: (1993), Indonesia: A Country Study., Washington: GPO for the Library of Congress, http://countrystudies.us/indonesia/ zugegriffen am 24. März 2007.

U.S. Library of Congress (2007h): Indonesia Country Profile – Buddhism, http://countrystudies.us/indonesia/40.htm, in: Frederick / William H., Worden / Robert L.: (1993), Indonesia: A Country Study., Washington: GPO for the Library of Congress, http://countrystudies.us/indonesia/ zugegriffen am 24. März 2007.

U.S. Library of Congress (2007i): Indonesia Country Profile – Hinduism, http://countrystudies.us/indonesia/39.htm, in: Frederick / William H., Worden / Robert L.: (1993), Indonesia: A Country Study., Washington: GPO for the Library

U.S. State Department (2006): International Religious Freedom Report 2006 für Indonesien, http://www.state.gov/g/drl/rls/irf/2006/71341.htm, zugegriffen am 10. März 2007.

UNDP (2007). Karte der Religionen von Indonesien, http://www.undp.or.id/general/maps/Map_religions.jpg vom 10. März 2007.

Wahyuni, Sri (2007): History Shows Religious Pluralism is Secure in Indonesia: Academics in: The Jakarta Post, January 16, 2007, http://www.thejakartapost.com/Archives/ArchivesDet2.asp?FileID=200701 16.H07 zugegriffen am 29. März 2007.

Terrorismus in Indonesien. Politische und ökonomische Folgen der Bali-Anschläge 2002

Annegret Vogel, 2012

1 Einleitung

1.1 Problemstellung

Die Attentate auf die Ferieninsel Bali am 12. Oktober 2002, bei denen 202 Menschen, vor allem Touristen, ums Leben kamen,[69] gelten als verheerendster terroristischer Anschlag in der Geschichte Indonesiens.[70] Zwei Bomben detonierten in und vor Nachtklubs in der Stadt Kuta. Kurz darauf kam es zu einer weiteren Explosion in der Nähe des US-Konsulats in der Inselhauptstadt Denpasar, die nur einen Sachschaden verursachte.

Verantwortlich für die Attentate wird das radikal-islamische Terrornetzwerk Jemaah Islamiyah (JI) gemacht, dem eine Verbindung zu al-Qaida nachgesagt wird.[71] Als Angriffsziel gibt Imam Samudra, ein verurteilter Drahtzieher der Bombenanschläge, die Vereinigten Staaten und ihre Alliierten im Afghanistankrieg an. Die hohe Opferzahl von Australiern, bei denen Bali ein beliebtes Reiseziel ist, wird mit den Bestrebungen Australiens zur Unabhängigkeit Osttimors von Indonesien gerechtfertigt. Samudra entgegnet denen, die den Terrorakt im Islam als unerlaubt beschreiben, da er in einem muslimischen Staat verübt wurde: „[G]lobalization has changed the character of the conflict between Muslims and non-Muslims [...]."[72] Der Islam werde auf globaler Ebene attackiert und die muslimischen Reaktionen sollten sich in der gleichen Weise nicht auf die besetzten Territorien beschränken.[73]

Das Ereignis trifft Indonesien in der kritischen Übergangsphase zur Demokratie und schädigt das internationale Ansehen,[74] sowie die schon durch die Ostasienkrise 1997/98 stark angegriffene Wirtschaft des Landes. Auch begünstigt die

---

[69] Siehe Effner, Henning: Bombenanschlag auf Bali. Hat die Terrororganisation Jemaah Islamiyah wieder zugeschlagen? In: Kurzberichte aus der internationalen Entwicklungszusammenarbeit (2005), S. 1.

[70] Vgl. Aschauer, Wolfgang: Tourismus im Schatten des Terrors. Eine vergleichende Analyse der Auswirkungen von Terroranschlägen (Bali, Sinai, Spanien), Wien 2008, S. 185.

[71] Vgl. Bolte, Patrick u.a.: Politischer Islam, Separatismus und Terrorismus in Südostasien. Indonesien, Malaysia, Philippinen, SWP-Studie Berlin 2003, S. 42.

[72] Acharya, Arabinda: The Bali Bombings: Impact on Indonesia and Southeast Asia, in: http://www.eurasianpolicy.org/files/publications/AcharyaTheBaliBombings.pdf (abgerufen am 16.03.2010).

[73] Vgl. ebd.

[74] Vgl. Esderts, Hans-Joachim: „Terror in Paradise". Der Anschlag von Bali, in: Kurzberichte aus der internationalen Entwicklungszusammenarbeit (2002), S. 1.

innenpolitische Instabilität, verbunden mit einer schwachen Regierung, das Aufkommen von religiös motivierter Gewalt.[75]

Vor diesem Hintergrund stellt sich die Frage, welche Folgen die Anschläge von Bali mit sich tragen. Wie gestalten sich die politischen und ökonomischen Konsequenzen der terroristischen Aktionen für Indonesien mit Hinblick auf den Transitionsprozess?

1.2 Aufbau

Um das Attentat von Bali 2002[76] als terroristischen Akt einzuordnen, scheint es zunächst sinnvoll den Begriff des „Terrorismus" zu definieren. Folgend wird der Demokratisierungsprozess, in dem sich Indonesien befand (und immer noch befindet), hinsichtlich politischer, wirtschaftlicher und sozialer Gesichtspunkte beschrieben. Dabei wird auch auf die politische Gewalt und islamistische Gruppierungen, insbesondere die JI, eingegangen.

Nach der Hinführung werden konkrete Folgen der Bali-Attentate für Indonesien untersucht. Neben den ökonomischen Auswirkungen, mit dem Schwerpunkt auf der touristischen Entwicklung, werden die politischen Reaktionen analysiert. Das besondere Augenmerk liegt hierbei auf den wechselseitigen Beziehungen mit den anderen ASEAN-Staaten.

1.3 Forschungsstand

Der Gegenstand der Bali-Anschläge wird in Fachzeitschriften umfassend diskutiert.[77] Zahlreiche Autoren haben die Ereignisse auf Bali zum Anlass genommen, sich mit der Verbindung des indonesischen Terrorismus zu al-Qaida zu befassen.[78] Monographien behandeln jeweils nur Teilaspekte,[79] bzw. es erfolgt eine Einordnung in die Gesamtthematik der islamistischen Gruppierungen in

---

[75] Vgl. Bolte, Politischer Islam, S. 9-10.

[76] Die Arbeit beschränkt sich auf die Anschläge von 2002. Drei Jahre später war Indonesien erneutes Ziel terroristischer Gewalt, der 23 Menschen zum Opfer fielen.

[77] Siehe Acharya und Bolte, Patrick u.a.: Bomben auf Bali. Republik ohne Richtung: Indonesien nach den Terroranschlägen, in: SWP-Aktuell 40 (2002) sowie Tätzsch, Kathryn: Konflikte im Kontext der indonesischen Innen- und Sicherheitspolitik und der weltpolitischen Großwetterlage, in: Vierteljahresschrift für Sicherheit und Frieden 21 (2003) 2, S. 90-99.

[78] Siehe Acharya, Amitav/Acharya, Arabinda: The Myth of the Second Front: Localizing the 'War on Terror' in Southeast Asia, in: The Washington Quarterly 30 (2007) 4, S. 75-90 und Wagener, Martin: Südostasien als Operationsgebiet von Al Khaïda, in: Internationale Politik 58 (2003) 2, S. 35-42.

[79] Siehe Aschauer.

Südostasien.[80] Zum Begriff des Terrorismus besteht eine Fülle an Literatur.[81] Lücken bestehen bei der Untersuchung der Auswirkungen der Terroranschläge. Zwar ist die Strafverfolgung der Täter und ihre Beziehung zum Terrornetzwerk ausreichend konstatiert worden,[82] aber es mangelt an Analysen, welche Folgen die Anschläge für die globalen diplomatischen und wirtschaftlichen Beziehung Indonesiens hatten.

---

[80] Hierzu Abuza, Zachary: Political Islam and violence in Indonesia, London 2007.

[81] Hilfreich für die Arbeit waren vor allem Münkler, Herfried: Terrorismus als Kommunikationsstrategie. Die Botschaft des 11. September, in: Internationale Politik 12 (2001), S. 11-18 und Straßner, Alexander: Sozialrevolutionärer Terrorismus: Typologien und Erklärungsansätze, in: Ders. (Hrsg.): Sozialrevolutionärer Terrorismus, Wiesbaden 2009, S. 9-33.

[82] Hierzu Abuza und Jones, David Martin u.a.: Looking for the Pattern: Al Qaeda in Southeast Asia – The Genealogy of a Terror Network, in: Studies in Conflict and Terrorism 26 (2003) 6, S. 443-457.

2 Definition Terrorismus

Eine allgemeingültige Definition des Begriffs Terrorismus zu finden, ist aus normativen Gesichtspunkten faktisch unmöglich und unter inhaltlich-strukturellen Bezügen nur schwer zu leisten.[83] Unstrittig ist aber, dass Terrorismus weniger auf die physischen Folgen der Gewalt, die Zahl der Getöteten, die verursachten materiellen Schäden oder den Zusammenbruch der Infrastruktur abzielt. Vielmehr bezweckt er, nach der Ausführung oder Androhung eines Gewaltaktes, die psychischen Effekte, die Verbreitung von Angst und Schrecken,[84] aber auch Sympathie und Unterstützungsbereitschaft,[85] wie bereits in den 70er Jahren revolutionär formuliert wurde. Walter Laqueur schreibt, dass Terrorismus „[…] die Anwendung von Gewalt oder die Androhung von Gewalt [ist], beabsichtigt, um Panik in einer Gesellschaft zu säen, die Regierenden zu schwächen oder zu stürzen, oder einen politischen Wechsel herbeizuführen."[86] Daraus tritt noch ein anderer Aspekt hervor: Terrorismus ist gegen das System gerichtet und wird nur von einer extrem risikobehafteten, kleinen Gruppierung ausgeübt, die insgesamt eine relativ geringe Anzahl an Opfern fordert.[87] Die ausgeübte Gewalt an einer oder mehreren Personen hat in der Regel symbolische Funktion anstatt persönlicher Motive.[88] Der Terrorismus agiert gegen die staatliche Organisation und stellt gewissermaßen den „Terror von unten" dar. Terroristen nutzen gezielt das Mittel der Gewalt, häufig in Form von Anschlägen,[89] um ihre politischen Ziele gegen ein als repressiv empfundenes politisches System durchzusetzen. Sie suchen unter der Finte der Legitimität als „Freiheits- und Widerstandskämpfer" gegen das verhasste Regime vorzugehen, da der Begriff des Terroristen selbst negativ konnotiert ist.[90] Der Terrorismus unterscheidet sich außerdem von anderen bewaffneten Konflikten dadurch, dass er die Maxime der Kriegsführung völlig missachtet, z. B. durch den Angriff der Zivilbevölkerung und dadurch,

---

[83] Vgl. Straßner, S. 13.

[84] Vgl. Münkler, S. 11.

[85] Waldmann, Peter: Terrorismus. Provokation der Macht, 2. Aufl., Hamburg 2005, S. 10.

[86] Laqueur, Walter: Postmodern Terrorism: New Rules for an Old Game, in: Foreign Affairs 75 (1996) 5, S. 24.

[87] Vgl. Straßner, S. 12.

[88] Vgl. ebd., S. 17.

[89] Nach den jährlich herausgegebenen Bundesverfassungsschutzberichten des Bundesminister des Inneren.

[90] Vgl. Straßner, S. 13.

dass er die zivilen Ressourcen des Gegners eigennützig für seine Ziele gebraucht.

Die Waffen des Terrorismus sind eng mit der Wirkung der Massenmedien verknüpft. Die terroristischen Strategien können ohne den Verstärkungseffekt der Öffentlichkeit nicht gelingen. Erst durch die Medienrevolution, die zur globalen Informationsdichte führte, wurde der Terrorismus zur „langfristig angelegte[n] politisch-militärische[n] Strategie"[91]. Auffällig ist, dass dieser so genannte „CNN-Faktor"[92], also die Verbindung von öffentlicher Aufmerksamkeit und politischem Agieren, nur in Demokratien funktioniert. Begründet wird dies durch die dortige hohe Kommunikationsdichte im Vergleich zu autoritären Regimes.[93]

Der religiös motivierte Terrorismus, als Form des Terrorismus, unterschieden nach dem Aspekt der Motivation und Zielsetzung,[94] weitet die Feinddefinition beachtlich aus. Die Angegriffenen unterliegen keinen positions- oder handlungsbezogenen Schranken mehr, woraus eine höhere Opferzahl resultiert.[95] Religiös motivierte Terrorgruppen leiten ihre Legitimation aus ihrer tief religiösen und transzendenten Haltung her.[96] Sie benötigen keine Fremdgruppen zur Legitimation und setzen dadurch dem Gewaltgebrauch keine Grenzen.[97]

---

[91] Münkler, S. 11.

[92] Ebd.

[93] Vgl. ebd., S. 16-17.

[94] Andere Formen sind u.a. der ethnisch-nationalistische, der sozial-revolutionäre und vigilantistische Terrorismus.

[95] Vgl. Münkler, S. 14-15.

[96] Vgl. Straßner, S. 19.

[97] Vgl. Münkler, S. 15.

3 Indonesien zwischen Autoritarismus und Demokratie

Indonesien war unter der Führung Suhartos als autoritäres Regime konstruiert.[98] Das indonesische Militär, Eliten von Beamten und einflussreiche Wirtschaftsvertreter bildeten eine Einheit, die auf dem Prinzip der „patrimoniale[n] Symbiose"[99] basierte. Das Parlament war von Pseudodemokratie geprägt.[100] Während der Asienkrise 1997/98 und in Folge der von Suharto beabsichtigten Assimilation der chinesischen Minderheit kam es zu immensen Kapitalabflüssen und zum Wegzug sino-indonesischer Fachkräfte. Während die Einführung eines Mehrparteiensystems 1998 als demokratieförderndes Element verzeichnet werden kann, steckte die Wirtschaft in einer enormen Krise: Über 40 Millionen Indonesier waren 1998 arbeitslos, das Wirtschaftswachstum stockte bei drei Prozent und die ausländischen Direktinvestitionen kamen bei kursierender Korruption zum Erliegen.[101] Da der Präsident die vom Internationalen Währungsfonds geforderten Staatstrukturanpassungen nicht durchführen wollte, kam es infolge von Subventionsstreichungen zu Preiserhöhungen. Es setzen blutige Proteste ein, die letztendlich im Rücktritt Suhartos im Mai 1998 resultierten.

Mit seinem Nachfolger Habibie begann ein Demokratisierungsprozess. Erste freie Wahlen wurden 1999 abgehalten, bei denen Wahid als Sieger hervorging, gefolgt von Megawati Sukarnoputri, Tochter des ersten indonesischen Präsidenten Sukarno, im Jahr 2001. Reformversuche in Politik, Wirtschaft und Justiz mussten immer wieder Rückschläge erleiden.[102] So scheiterte die Privatisierung von Staatsbetrieben mehrfach „am Widerstand traditioneller Eliten".[103] Megawatis mangelhafte Durchsetzungskraft zeichnete sich auch in der vorherrschenden Wirtschaftskriminalität ab.[104] Die mit den Reformgesetzen einsetzende Dezentralisierung und die damit verbundene Abspaltung Osttimors 1999, führten zu Konflikten über Unabhängigkeitsbestrebungen unter anderem in den Provinzen Aceh und Papua. Die proklamierte Menschenrechtspolitik wird nicht hinrei-

---

[98] Vgl. Tätzsch, S. 90.

[99] Ebd.

[100] Vgl. Köberlein, Marc: Parteien und Machtstrukturen in der Neuen Ordnung, in: http://indonesiaportal.de/artikel/politik-indonesien/geschichte/macht-suharto.html (abgerufen am 18.03.10).

[101] Vgl. Bolte, Bomben, S. 2.

[102] Vgl. Bolte, Politischer Islam, S. 11.

[103] Bolte, Bomben, S. 3.

[104] Vgl. ebd.

chend ausgeübt und die weiterhin mangelnde Unabhängigkeit der Justiz trägt nicht zur Aufarbeitung der Gewalttaten aus der Suharto-Ära bei.[105]

Die Sicherheitskräfte in Indonesien spielen seit der Machterhebung Suhartos 1965 im innenpolitischen Machtgefüge eine bedeutsame Rolle. „[F]ür die Eskalation kommunaler und religiöser Gewalt" sollen seit 1999 Teile der Nationalen Armee verantwortlich sein. Außerdem konnten sie Posten als Gouverneure, Parlaments- und Kabinettmitglieder erringen. Die dadurch gebotene Möglichkeit, Finanzquellen für ihre Zwecke zu gewinnen und somit Milizen aufzubauen, sicherte der Armee ihren innenpolitischen Einfluss.[106]

Keiner Regierung seit 1998 war es gelungen, für eine nachhaltige Verbesserung der Lebensqualität zu sorgen. Demokratischer Fortschritt, wie die Presse- und Meinungsfreiheit, war de facto nur einer intellektuellen Oberschicht vorbehalten. Die ökonomische Regeneration gelang nur sehr langsam.[107] Vor allem die schwere Korruption hat für eine katastrophale Armutslage in Indonesien gesorgt.[108] Kritiker sprechen von einer Renaissance der „Neuen Ordnung" Suhartos, jedoch unter einer richtungslosen Führung ohne Durchsetzungskraft.[109]

In Indonesien existiert eine kaum überschaubare Anzahl an islamistischen Gruppierungen. Sind sie in Organisation und Einflussgrad sehr heterogen ausgeprägt, verfolgen sie gemeinsam das Ziel, den Islam stärker in Politik und Gesellschaft zu verankern.[110] Einige von ihnen entstanden unter dem Suharto-Regime, geschaffen von Sicherheitskräften, und haben die Verbindung zu bestimmten polizeilichen, geheimdienstlichen oder militärischen Fraktionen bis heute aufrechterhalten.[111]

---

[105] Vgl. Mertes, Karl: Politische Konflikte in Indonesien, in: DGB Bildungswerk (Hrsg.): Länderprofil Indonesien. Demokratischer Aufbruch, gesellschaftlicher Wandel und Folgen der Globalisierung, Düsseldorf 2007, S. 18.

[106] Vgl. Bolte, Politischer Islam, S. 11.

[107] Vgl. Flor, Alex: Einheit ohne Gemeinsamkeiten, in: DGB Bildungswerk, Länderprofil Indonesien, S. 38.

[108] Vgl. Keller, Anett: Deutsch-indonesische Entwicklungszusammenarbeit, in: DGB Bildungswerk, Länderprofil Indonesien, S. 71.

[109] Vgl. Bolte, Bomben, S. 3.

[110] Vgl. Schmuck, Christoph: Islamismus in Südostasien, in: http://www.bpb.de/themen/SY46ZD,0,0,Islamismus_in_S%FCdostasien.html (abgerufen am 20.03.10).

[111] Vgl. Bolte, Bomben, S. 2.

Die bekannteste unter ihnen ist die Jemaah Islamiyah (arabisch für Islamische Gemeinschaft) mit etwa 200 Mitgliedern.[112] Die terroristische Organisation feindet ausdrücklich die Säkularisierung und die Gewährung grundlegender demokratischer Rechte an.[113] Sie verfolgt das Ziel, einen islamischen Staat, wenigstens bestehend aus Indonesien, Malaysia, Singapur, Thailand, Brunei und den südlichen Philippinen, aufzubauen.[114] Ihre Ursprünge liegen in der 1972 gegründeten Koranschule Al-Mukmin in Ngruki, Zentraljava.[115] Die Ostasienkrise konnte die JI zu Propagandazwecken nutzen, indem sie Christen und Chinesen für die Misere verantwortlich machte. Sie wird für über 50 Bombenanschläge seit 1999 in Indonesien beschuldigt,[116] die in den Attentaten von Bali 2002 gipfelten. Nach derzeitigem Kenntnisstand sind keine al-Qaida-Zellen in Südostasien aktiv. Jedoch besteht die Annahme, dass die JI als Bindeglied zwischen nationalen bzw. regionalen Terrorismus und al-Qaida agiert.[117] Personelle Kontakte konnten vereinzelt nachgewiesen werden.[118] Die Polizei konnte bemerkenswerte Fahndungserfolge gegen die Jemaah Islamiyah verzeichnen. Unter anderem wurde der ehemalige Afghanistan-Kämpfer und als Mitglied der Führungsriege der JI, Mitkoordinator der Bali-Anschläge Riduan Isamuddin („Hambali") verhaftet.[119]

Neben den gewaltenvollen islamistischen Gruppierungen bestehen in Indonesien auch gewaltablehnende Formen des Islamismus, wie in Form von Parteien. Die Partai Keadilan Sejahtera (Gerechtigkeits- und Wohlfahrtspartei, PKS) hat zwar in den letzten Jahren die Forderungen nach der Einführung der Schari'a aus ihrem Wahlkampf genommen, Kritiker gehen aber davon aus, „that the PKS's

---

[112] Vgl. ebd.

[113] Vgl. Effner, S. 3.

[114] Vgl. Acharya, The Bali Bombings, S. 1.

[115] Vgl. Abuza, S. 38.

[116] Siehe Effner, S. 2.

[117] Vgl. Bolte, Politischer Islam, S. 42.

[118] Vgl. Bolte, Bomben, S. 2.

[119] Vgl. Jones, S. 450.

shift of focus is tactical rather than genuine."[120] Bei den Parlamentswahlen 2009 konnte das islamische Lager einen Stimmenanteil von 25 Prozent erreichen.[121]

---

[120] Abuza, S. 25.

[121] Siehe Köberlein, Marc: Die indonesischen Parlamentswahlen, in: http://indonesiaportal.de/artikel/indonesien-politik/wahlen-2009.html (abgerufen am 20.03.10).

4 Folgen der Anschläge auf Bali 2002

4.1 Politisch

Nach dem 11. September 2001 war Megawati das erste islamische Staatsoberhaupt, das der Bush-Administration Unterstützung in der antiterroristischen Koalition zusagte. Die Sicherheitskräfte gingen gegen antiamerikanische Proteste zunächst jedoch nur halbherzig vor, da sich die indonesische Regierung in einem Dilemma zwischen internationalen Sicherheitsaspekten und der eigenen, mehrheitlich moslemischen Wählerschaft wie auch den Politikern befand.[122] Nachdem der US-Präsident George W. Bush im Frühjahr 2002 in Südostasien die „zweite Front" im Kampf gegen den Terrorismus eröffnet hatte, begann eine intensive Kooperation zwischen den ASEAN-Staaten unter dem Einbezug der USA, inklusive Informationsaustausch, Abkommen und Erklärungen, die terroristische Aktivitäten bekämpfen sollten.[123]

Mit den Attentaten auf Bali im selben Jahr wurden Maßnahmen seitens der Regierung in Jakarta erwartet.[124] Megawati kommentierte unmittelbar mit „einer Bedrohung der nationalen Sicherheit"[125]. Die Regierung ordnete Notstandgesetze an, die es erlaubten, Verdächtige auch ohne Gerichtsverfahren bis zu sechs Monate zu inhaftieren. Die Gefahr des Missbrauchs, besonders in einem korrupten Land wie Indonesien, rief Proteste zahlreicher Menschenrechtsorganisationen wach.[126]

Im Ausland wuchs der Druck auf die indonesische Regierung, gegen die radikalfundamentalistischen Gruppierungen zu operieren. Einerseits konnten beachtliche Erfolge verzeichnet werden: Allein in Indonesien wurden mehr als 200 in Verdacht stehende JI-Mitglieder festgenommen. Die Anti-Terror-Ermittlungen respektierten Menschenrechte und Gesetze, was im Hinblick auf die autoritäre Vergangenheit nicht als Normalfall gelten kann.[127] Anderseits war der indonesische Sicherheitsapparat nicht in der Lage, die JI an der Fortführung von Bom-

---

[122] Vgl. Bolte, Bomben, S. 3.
[123] Vgl. ebd., S. 3-4.
[124] Vgl. Bolte, Politischer Islam, S. 23.
[125] Ebd.
[126] Vgl. Tätzsch, S. 90.
[127] Vgl. Abuza, S. 60.

benanschlägen zu stoppen.[128] Die größte Schwäche der Anti-Terror-Bemühungen war der beharrliche Widerwille, der sozialen Organisation der Jemaah Islamiyah nachzugehen. Eine Anti-Terror-Strategie, die auf der „Enthauptung" der Terrororganisation basiert, wird scheitern. Sie muss die Quellen der Rekrutierung beseitigen, um eine effektive Chance auf Auflösung der JI zu erlangen.[129]

Obwohl seit den Anschlägen von Bali eine intensivierte Kooperation zwischen den ASEAN-Staaten zu verzeichnen ist, wird in Indonesien die Ambivalenz bezüglich der globalen Vernetzung fortgesetzt. Trotz gegenteiliger Beweise streitet Indonesien weiterhin jegliche Verknüpfung zwischen dem regionalen Islam und al-Qaida ab. Die 35-seitige Anklageschrift des Nachtklubbombenlegers Amrozi unterschlägt die Erwähnung seiner Mitgliedschaft zur JI.[130] Der Prozess um Abu Bakar Ba'asyir war eines der sicherheitspolitisch sensibelsten Themen in Indonesien. Unter dem Druck der USA und der ASEAN inhaftierten indonesische Kräfte Ba'asyir nach den Anschlägen 2002. Das Gericht befand ihn schuldig, der Kopf der JI zu sein, jedoch nicht, im Zusammenhang mit einer terroristischen Aktion zu stehen.[131] Er wurde zu einer dreieinhalbjährigen Haftstrafe verurteilt und kam im Juni 2006 wieder frei.

Die eher passive Haltung Megawatis gegenüber den radikalen Muslimen gründet auf der Furcht vor unbeherrschbaren Auseinandersetzungen zwischen radikalen und liberalen Muslimen.[132] Denn der Großteil der indonesischen Bevölkerung bekennt sich zum moderaten Islam. Dies verdeutlichen auch die Reaktionen der beiden muslimischen Massenorganisationen Nahdlatul Ulama und Muhammadiyah. In Folge der Bali-Anschläge setzten sie sich für ein Vorgehen gegen die radikal-islamischen Splittergruppen und für den gemäßigten Islam, vor allem im Hinblick auf Parteikontroversen, ein.[133]

Im Juli 2004 entschied das indonesische Verfassungsgericht, dass der Paragraph, der den rückwirkenden Gebrauch des Anti-Terror-Gesetz von 2003 erlaubt, um

---

[128] Chronologie der Bombenanschläge siehe Effner, S. 3.

[129] Vgl. Abuza, S. 60.

[130] Vgl. Jones, S. 451.

[131] Vgl. Abuza, S. 61-62.

[132] Vgl. Esderts, S. 3.

[133] Vgl. Melzer, Judith: Islam in Indonesien. Tolerante Tradition vs. zunehmende Radikalisierung, in: DGB Bildungswerk, Länderprofil Indonesien, S. 28.

die Attentäter von Bali zu verurteilen, verfassungswidrig war. Zwar wurden die Urteile gegen schon Inhaftierte nicht annulliert, jedoch ist es nicht mehr möglich, das Anti-Terror-Gesetz rückwirkend zu vollstrecken. Es darf nicht unbeachtet bleiben, dass diese Regelung die Festigung der Rechtsstaatlichkeit einschließlich den Schutz der Menschenrechte fördert.[134]

4.2 Ökonomisch

Die Bombenanschläge von Bali hatten einen signifikanten negativen Einfluss auf die regionale und nationale Wirtschaft des Landes. Indonesien litt schon vor den Attentaten unter nachlassenden ausländischen Direktinvestitionen. Der Abfluss von Kapital seit der Ostasienkrise rührt vor allem auf der politischen Instabilität, mangelhaften Rechtsstaatlichkeit, schlechten Infrastruktur und dem Sicherheitsrisiko.[135] Vor allem die Korruption bewirkt, dass das an Rohstoffen und idealen Agrarbedingungen reiche Land, eine derart schlechte Position im Entwicklungsstandard aufweist.[136] Die Ereignisse auf Bali verschlechtern die Sicherheitslage erheblich. Das Lloyd's Insurance Committee stufte Indonesien unmittelbar danach als Kriegszone ein.[137] Teuerungen der Versicherungsraten im internationalen Überseehandel schwächten die ohnehin schon gedrosselte Wettbewerbsfähigkeit zusätzlich. Der Internationale Währungsfond erließ die fälligen Kreditraten hingegen, um Indonesien finanziell zu stärken. Kurzfristige Auswirkungen des terroristischen Aktes in Indonesien waren der Rückgang der Rupiah und der Einbruch des Aktienmarktes.[138]

Besonders harte Einschläge musste die Tourismusbranche, als eine der Haupteinnahmequellen Indonesien,[139] erleiden. Die Insel Bali, in der die Zahl der internationalen Ankünfte 2001 noch 1,4 Millionen der 5,2 Millionen gesamtindonesischen Gäste betrug,[140] sank die Touristenzahl im November 2002 im Vergleich zum Vorjahr auf die Hälfte. In den ersten Wochen und Monaten nach den Anschlägen konnten Hotels phasenweise nur noch Auslastungsraten von zehn Prozent aufweisen. In den Wintermonaten pendelten die Verluste um die 30

---

[134] Vgl. Abuza, S. 61.
[135] Vgl. Esderts, S. 4.
[136] Vgl. Keller, S. 71.
[137] Vgl. Esderts, S. 4.
[138] Vgl. ebd., S. 4-5.
[139] Siehe Mertes, S. 19.
[140] Siehe Aschauer, S. 182.

Prozent, bis erst im vierten Quartal 2003 der Tourismus auf Bali sein altes Niveau wiedererlangen konnte.[141] Neben Bali können auch periphere Effekte auf die Tourismusbranche in Indonesien und Malaysia eruiert werden.

Sämtliche Wirtschaftszweige, die mit dem Tourismus verbunden sind, mussten erhebliche Einbuße verzeichnen. Einbruch der Passagierzahlen von Fluglinien nach Bali, drastische Umsatzverluste im Transportsektor, Einzelhandel und Kunstgewerbe führten zur Existenzbedrohung zahlreicher indonesischer Arbeiter. Schätzungen gehen davon aus, dass circa 150.000 Menschen als direkte Folge der Anschläge in die Arbeitslosigkeit gerieten. Daraus wächst die Gefahr, dass radikale islamische und politische Vereinigungen vermehrten Zulauf erfahren, da vor allem Koranschulen, als Quelle intolerantem Glaubens, im Gegensatz zum formalen Bildungsbereich kostenlosen Unterricht anbieten.[142]

---

[141] Siehe Aschauer, S. 190-191.
[142] Vgl. Esderts, S. 4.

5 Schlussfolgerung

In der vorliegenden Arbeit wurde untersucht, welche Konsequenzen die Anschläge auf Bali 2002 für die Politik und Wirtschaft Indonesiens hatten. Bei der Betrachtung wurde der zeitgeschichtliche Hintergrund des Landes beachtet.

Terrorismus wird dabei als Gewaltanwendung oder -androhung verstanden, die mit der Verbreitung von Angst und Schrecken die staatliche Ordnung schwächen will. Terroristische Aktionen können erst durch den Verstärkungseffekt der Medien gelingen. Der religiös motivierte Terrorismus sticht durch seine grenzenlose Gewalt, resultierend aus dem fundamentalen Glauben der Attentäter, hervor.

Mit der Ostasienkrise 1997/98 litt Indonesien unter einer immensen Schwächung der Wirtschaft. Demokratiefördernde Neuordnungsversuche scheiterten vielmals an der Bestechlichkeit von Politik und Justiz. Die Einnahme von einflussreichen Positionen in der Innenpolitik durch militärisches Personal schwächte die Reformfähigkeit des Landes zusätzlich. Eine signifikante Verbesserung der Lebensbedingungen trat für den Großteil der Bevölkerung nicht ein. In Indonesien agieren etliche gewaltsame und gewaltablehnende islamistische Gruppierungen, die die Stärkung des Islams im politischen und öffentlichen Leben verfolgen. Den Drahtziehern der Bali-Attentate, die Terrororganisation Jemaah Islamiyah, konnte neben der Verantwortung für dutzende Bombenschläge, der Kontakt zu al-Qaida nachgewiesen werden.

Die intensivierte Zusammenarbeit von ASEAN-Staaten und den USA seit 9/11 und der Deklaration der „zweiten Front" in Südostasien durch die amerikanische Regierung wurde auch nach dem Terror auf Bali fortgesetzt. Die Fahndung nach den Attentätern war durch schnelle Erfolge und die Achtung der Täterrechte charakterisiert. Die halbherzigen Anstrengungen, die JI zu zerschlagen, und die konsequente Nichterwähnung der Verbindungskette Bali – Jemaah Islamiyah – al-Qaida seitens der indonesischen Regierung gründen auf der Vorsicht, keine Konflikte zwischen radikalen und gemäßigten Muslimen hervorzurufen.

Die Bali-Anschläge erhöhten das Hemmnis für ausländische Investoren, Kapital in Indonesien aufzuwenden. Die schon vorher geschwächte Wirtschaft musste immense Einnahmeverluste durch das Wegbrechen von Touristen erleiden. Viele Arbeiter, die vom Tourismus oder dessen vernetzten Brachen leben, mussten um ihre Existenz bangen.

Die Lähmung der Wirtschaft und die Schädigung des internationalen Ansehens tragen dazu bei, dass der Drahtseilakt auf dem Weg zur Etablierung einer Demokratie in Indonesien ins Wanken geraten ist. Im Vorfeld der dritten freien Parlamentswahlen 2009 erklärte der indonesische Präsident Susilo Bambang Yudhoyono: „Lasst uns diesen Bestandteil der Demokratie mit Würde und Ruhe angehen."[143] Dass dennoch 1,4 Millionen Soldaten und Sicherheitskräfte eingesetzt wurden und grobe Fehler in den Wählerlisten passierten,[144] wirkt als groteske Antwort auf die Proklamation der Demokratie und zeigt, in welchen unausgereiften Status sich Indonesien noch befindet.

---

[143] Siehe Mühlmann, Sophie: Indonesien probt die bunte Demokratie, in: http://www.welt.de/diewelt/article3523290/Indonesien-probt-die-bunte-Demokratie.html (abgerufen am 25.03.10).

[144] Vgl. ebd.

Literaturverzeichnis

Selbstständige Literatur

Abuza, Zachary: Political Islam and violence in Indonesia, London 2007.

Aschauer, Wolfgang: Tourismus im Schatten des Terrors. Eine vergleichende Analyse der Auswirkungen von Terroranschlägen (Bali, Sinai, Spanien), Wien 2008.

Bolte, Patrick u.a.: Politischer Islam, Separatismus und Terrorismus in Südostasien. Indonesien, Malaysia, Philippinen, SWP-Studie Berlin 2003.

Waldmann, Peter: Terrorismus. Provokation der Macht, 2. Aufl., Hamburg 2005.

Beiträge aus Sammelbänden

Flor, Alex: Einheit ohne Gemeinsamkeiten, in: DGB Bildungswerk (Hrsg.): Länderprofil Indonesien. Demokratischer Aufbruch, gesellschaftlicher Wandel und Folgen der Globalisierung, Düsseldorf 2007, S. 30-39.

Keller, Anett: Deutsch-indonesische Entwicklungszusammenarbeit, in: DGB Bildungswerk, Länderprofil Indonesien, S. 70-75.

Melzer, Judith: Islam in Indonesien. Tolerante Tradition vs. zunehmende Radikalisierung, in: DGB Bildungswerk, Länderprofil Indonesien, S. 20-29.

Mertes, Karl: Politische Konflikte in Indonesien, in: DGB Bildungswerk, Länderprofil Indonesien, S. 6-19.

Straßner, Alexander: Sozialrevolutionärer Terrorismus: Typologien und Erklärungsansätze, in: Ders. (Hrsg.): Sozialrevolutionärer Terrorismus, Wiesbaden 2009, S. 9-33.

Beiträge aus Zeitschriften

Acharya, Amitav/Acharya, Arabinda: The Myth of the Second Front: Localizing the 'War on Terror' in Southeast Asia, in: The Washington Quarterly 30 (2007) 4, S. 75-90.

Bolte, Patrick u.a.: Bomben auf Bali. Republik ohne Richtung: Indonesien nach den Terroranschlägen, in: SWP-Aktuell 40 (2002).

Effner, Henning: Bombenanschlag auf Bali. Hat die Terrororganisation Jemaah Islamiyah wieder zugeschlagen? In: Kurzberichte aus der internationalen Entwicklungszusammenarbeit (2005).

Esderts, Hans-Joachim: „Terror in Paradise". Der Anschlag von Bali, in: Kurzberichte aus der internationalen Entwicklungszusammenarbeit (2002).

Jones, David Martin u.a.: Looking for the Pattern: Al Qaeda in Southeast Asia – The Genealogy of a Terror Network, in: Studies in Conflict and Terrorism 26 (2003) 6, S. 443-457.

Laqueur, Walter: Postmodern Terrorism: New Rules for an Old Game, in: Foreign Affairs 75 (1996) 5, S. 24-36.

Münkler, Herfried: Terrorismus als Kommunikationsstrategie. Die Botschaft des 11. September, in: Internationale Politik 12 (2001), S. 11-18.

Tätzsch, Kathryn: Konflikte im Kontext der indonesischen Innen- und Sicherheitspolitik und der weltpolitischen Großwetterlage, in: Vierteljahresschrift für Sicherheit und Frieden 21 (2003) 2, S. 90-99.

Wagener, Martin: Südostasien als Operationsgebiet von Al Khaïda, in: Internationale Politik 58 (2003) 2, S. 35-42.

Internet

Acharya, Arabinda: The Bali Bombings: Impact on Indonesia and Southeast Asia, in: http://www.eurasianpolicy.org/files/publications/AcharyaTheBaliBombings.pdf (abgerufen am 16.03.2010).

Köberlein, Marc: Die indonesischen Parlamentswahlen, in: http://indonesiaportal.de/artikel/indonesien-politik/wahlen-2009.html (abgerufen am 20.03.10).

Köberlein, Marc: Parteien und Machtstrukturen in der Neuen Ordnung, in: http://indonesia-portal.de/artikel/politik-indonesien/geschichte/macht-suharto.html (abgerufen am 18.03.10).

Mühlmann, Sophie: Indonesien probt die bunte Demokratie, in: http://www.welt.de/diewelt/article3523290/Indonesien-probt-die-bunte-Demokratie.html (abgerufen am 25.03.10).

Schmuck, Christoph: Islamismus in Südostasien, in:
http://www.bpb.de/themen/SY46ZD,0,0,Islamismus_in_S%FCdostasien.html (abgerufen am 20.03.10).

Regionale Autonomie als Folge politischer Entwicklungen in Indonesien seit 1998

Frank Lutz, 2007

1 Einleitung

„Bhinneka Tunggal Ika" – „Einheit in der Vielfalt" – schon aus dem Staatsmotto Indonesiens wird einer der Grundkonflikte des größten in einer Nation zusammengefassten Inselarchipels der Erde ersichtlich: Es herrscht ein Widerspruch zwischen der natürlichen Heterogenität des Landes, das aus rund 13.000 Inseln besteht, die von 300 verschiedenen Ethnien bewohnt werden, und seinem Anspruch, einen stabilen Einheitsstaat zu bilden. Weiterhin stellt sich die Frage nach der geeigneten Verwaltungsform für ein derartiges Land. Diese Frage wurde von den meisten der bisherigen Machthaber in einer eindeutigen Weise beantwortet: Indonesien verfügt über eine lange zentralistische Tradition, die mit den präkolonialen Königreichen auf dem Gebiet des heutigen Indonesiens begann, sich mit der Verwaltungsstruktur des niederländischen Kolonialreiches „Niederländisch-Indien" fortsetzte und im unabhängigen Indonesien unter der autoritären Herrschaft der ersten beiden Präsidenten Soekarno und Soeharto ihren vorläufigen Höhepunkt fand. Zwischenzeitliche Bemühungen, das Land zu dezentralisieren, wurden zumeist nur halbherzig durchgeführt und blieben im Ansatz stecken.

Der Sturz des Soeharto-Regimes im Jahre 1998 und die folgende Demokratisierung des Landes bildeten jedoch die bisher wohl größte Zäsur in der Geschichte des unabhängigen Indonesiens. Mehr als acht Jahre nach dem Sturz Soehartos scheint es, dass sich das Land von seinen autoritären Fesseln gelöst und sich ein stabiles demokratisches Regierungssystem etabliert hat. Zahlreiche Minderheiten, die jahrzehntelang unterdrückt worden waren, konnten sich endlich frei artikulieren und ihre Rechte einfordern. Dies machte auch eine umfangreiche Reform der Administration notwendig, die zuerst in zwei Dezentralisierungsgesetzen zum Ausdruck kam, die 1999 verabschiedet wurden und 2001 in Kraft traten. Durch einen umfassenden Macht- und Finanztransfer auf die lokalen Verwaltungen sollte der heterogenen Landesnatur Rechnung getragen und gleichzeitig ein Auseinanderbrechen des indonesischen Nationalstaats verhindert werden. Dezentralisierung bleibt im Indonesien der Post-Soeharto-Ära allerdings keineswegs auf die administrative Ebene beschränkt, sie kommt auch in einer Wiederbelebung lokaler Sprachen und Traditionen, aber auch in bedenklichen Entwicklungen, wie einer steigenden Zahl von blutigen Konflikten zwischen verschiedenen Bevölkerungsgruppen und einer wachsenden Radikalisierung einiger religiöser Gruppen zum Ausdruck. Vor dem Hintergrund solch immenser Probleme ist es sicherlich nicht verwunderlich, dass manche Beobachter bereits von einer „Balkanisierung" Indonesiens sprechen. Eine erste Reaktion der Zentralregierung auf diese Probleme bestand darin, mit Gesetz 32/2004 einige der eingeleiteten Dezentralisierungsreformen wieder rückgängig zu machen, um die Entwicklungen in dem gewaltigen Inselstaat einigermaßen unter Kontrolle halten zu können.

Umfangreich ist die Literatur, die zum Thema „Dezentralisierung in Indonesien" bereits erschienen ist. Die meisten dieser Arbeiten beschäftigen sich mit einem generellen Überblick über die wichtigsten bisherigen Dezentralisierungsprozesse, die in Indonesien stattgefunden haben, oder analysieren Konflikte in bestimmten Regionen, die im Zuge der wachsenden Dezentralisierung Indonesiens ausgebrochen sind. In den meisten Fällen wird der Fokus der Analyse dabei auf ökonomische und politische Faktoren gelegt.

Diese Arbeit soll sich mit einem wichtigen Teilphänomen der *otonomi daerah* – der neuen „regionalen Autonomie" – beschäftigen, nämlich mit der Neugründung von Verwaltungseinheiten (also Provinzen, Distrikten und kreisfreien Städten) – oftmals mit den Schlagwörtern *pemekaran* („Aufblühen") oder *pembentukan* („[Heraus-]Bildung") bezeichnet – die in den Jahren seit Ende der Soeharto-Herrschaft förmlich auszuufern schien. Den Fokus meiner Analyse möchte ich auf die jeweiligen Ursachen und Beweggründe für diese Prozesse legen. Dabei soll ein bisher noch etwas vernachlässigter Ansatz, der über die offiziell vorherrschenden politischen, administrativen und ökonomischen Erklärungsansätze hinausgehen möchte und vor allem nach sprachlichen, kulturellen, ethnischen, religiösen und historischen Faktoren hinter der Gründung neuer administrativer Einheiten sucht (vgl. z. B. Nothofer 2006), weiterverfolgt und kritisch hinterfragt werden. Anhand dreier Fallstudien, die sich mit entsprechenden Entwicklungen in den Regionen Banyumas, Tapanuli und Sulawesi Selatan (Sulsel) beschäftigen, sollen dazu die jeweiligen offiziellen Begründungsansätze der lokalen Politiker den Meinungsäußerungen aus der Bevölkerung, die sich z. B. in Internet-Foren finden, gegenübergestellt werden.

Die Fallstudien wurden mit Bedacht ausgewählt, da möglichst verschiedene Fälle miteinander verglichen werden sollen: Ein Dezentralisierungsprozess auf der indonesischen Hauptinsel Java wird Fällen auf den Inseln Sumatra und Sulawesi gegenübergestellt; die jeweiligen Begründungsansätze für die *pemekaran*-Prozesse sind untereinander z. T. sehr verschieden; und es werden zwei bisher friedlich verlaufene Prozesse einem Fall gegenübergestellt, in dem es zu Ausbrüchen von Gewalt kam. Darüber hinaus befinden sich die verschiedenen vorgestellten Fälle in einem unterschiedlichen Entwicklungsstadium mit unterschiedlichen Erfolgsaussichten. Besonders im Falle Sulsels, einer Region, in der die *otonomi daerah* besonders weitreichende und vielfältige Auswirkungen hatte, stellte sich dabei das Problem der Abgrenzung des Themenbereichs. Um den Rahmen dieser Arbeit nicht zu sprengen, habe ich mich auf *pemekaran*-Prozesse und damit in irgendeiner Weise zusammenhängende Konflikte auf dem (ehemaligen) Territorium der Provinz Sulsel beschränkt, während auf andere Folgen der Dezentralisierung, wie beispielsweise die Diskussion über die Einführung der Scharia, des islamischen Rechts, in Sulsel (vgl. z. B. Pradadimara/Burhaman 2002, Donohoe 2004), nicht weiter eingegangen wird.

Im Schlusskapitel dieser Arbeit sollen Gemeinsamkeiten und Unterschiede der verschiedenen Fälle herausgearbeitet werden, sodass ersichtlich wird, ob sich der von mir verfolgte Grundansatz dieser Arbeit zur Analyse von Dezentralisierungsprozessen in Indonesien generell eignet. In einem abschließenden Ausblick soll eine These über den Einfluss der *pemekaran*-Prozesse auf den nationalen Zusammenhalt aufgestellt sowie ein Szenario für die Zukunft des indonesischen Staates hinsichtlich seines administrativen Aufbaus und seiner nationalen Einheit entworfen werden.

2 Klärung zentraler Begriffe

Bevor auf Dezentralisierung, regionale Autonomie und Föderalismus im spezifischen Kontext Indonesiens eingegangen wird, soll zunächst eine kurze Definition dieser Termini erfolgen.

2.1 Dezentralisierung

Dezentralisierung lässt sich laut Bünte als ein „*Sammelbegriff*" charakterisieren, „*der sich auf Prozesse der Lockerung der Macht der Zentralregierung bezieht*" (Bünte 2003a: 566). Zur genaueren Unterscheidung der verschiedenen Ausprägungen von Dezentralisierung wird eine Einteilung in *administrative, fiskalische* und *politische* Dezentralisierung vorgenommen. Diese Einteilung möchte ich durch meinen eigenen Entwurf eines vierten Typus von Dezentralisierung ergänzen, nämlich die *kulturelle* Dezentralisierung.

2.1.1 Administrative Dezentralisierung

Unter *administrativer Dezentralisierung* wird die Verteilung von Verwaltungsaufgaben auf verschiedene zentrale und lokale Organisationen verstanden. Je größer die Verteilung auf unterschiedliche Ebenen der Verwaltungsstruktur, desto fortgeschrittener diese Form der Dezentralisierung (vgl. Bünte 2003a: 566).

Analog zur Einteilung, die vom Entwicklungsprogramm der Vereinten Nationen vorgenommen wurde, unterscheidet Bünte drei Stufen der administrativen Dezentralisierung: *Devolution, Delegation* und *Dekonzentration.*

Devolution bezeichnet dabei die weitreichendste Übertragung von Kompetenzen auf subnationale Ebenen der Verwaltungsstruktur. Merkmale der Devolution sind, dass die lokalen Einheiten über eine eigene – meist gesetzlich verankerte – Regelungskompetenz verfügen, also eigenständig Projekte planen und durchführen können und dürfen.

Bei der *Delegation* hingegen gibt die Zentralregierung Befugnisse an Organisationen ab, die außerhalb des politisch-administrativen Systems stehen. Aus diesem Grund ist mit dieser Form der administrativen Dezentralisierung nicht zwangsläufig eine Stärkung der lokalen Ebene verbunden.

Dekonzentration schließlich bezeichnet die Abgabe von Verwaltungsaufgaben an lokale Einheiten, die Teil der nationalen Verwaltung bleiben. Diesen Untereinheiten obliegt in den meisten Fällen nur die Implementierung von Entscheidungen, die weiterhin von der Zentralregierung getroffen werden. Somit führt Dekonzentration nicht zu einer stärkeren Partizipation der lokalen Ebene, sondern kann im Gegenteil sogar zu einer Stärkung des Zentralismus führen (vgl. Bünte 2003a: 566f.).

2.1.2 Fiskalische Dezentralisierung

Unter *fiskalischer Dezentralisierung* wird die *„finanzielle Stärkung lokaler Einheiten durch den Transfer von Steuern, Gebühren und staatlichen Transferleistungen"* verstanden (Bünte 2003a: 567). Voraussetzung dafür ist, dass die lokalen Einheiten über ihre finanziellen Ressourcen selbständig verfügen können. Zu diesem Zweck müssen die lokalen Einheiten Steuern und Gebühren selbst erheben können. Weitere Bedingungen für den Erfolg der fiskalischen Dezentralisierung sind die Etablierung eines gerechten Transfersystems zwischen den Regionen, das dazu beiträgt, ihre Lebensverhältnisse aneinander anzugleichen, sowie ein möglichst ausgewogenes Verhältnis zwischen der Abgabe politischer Macht und dem Machttransfer durch Kontrolle über finanzielle Ressourcen (*Konnexitätsprinzip*) (vgl. Bünte 2003a: 567, 2003b: 38ff.).

2.1.3 Politische Dezentralisierung

Unter dem Terminus der *politischen Dezentralisierung* schließlich versteht man die *„Übertragung politischer Macht auf gewählte Lokalregierungen"* (Bünte 2003a: 567). Die politische Partizipation des einzelnen Bürgers und der Einfluss der von ihm gewählten Repräsentanten sollen erhöht werden. Unabdingbare Voraussetzung dafür ist die Existenz subnationaler Einheiten, die den Bewohnern ihrer jeweiligen Region gegenüber rechenschaftspflichtig sind. Da eine Dezentralisierungsbewegung ohne die Berücksichtigung der politischen Komponente wirkungslos bleibt – wie auch Studien der Weltbank bestätigen – wird also das Prinzip der Devolution mit dem Demokratiekonzept verbunden (vgl. Bünte 2003a: 567).

2.1.4 Kulturelle Dezentralisierung

Unter *kultureller Dezentralisierung* soll eine durch die Zentralregierung geförderte stärkere Berücksichtigung regionalspezifischer Sprachen, Religionen und Traditionen verstanden werden. Sie kann sich beispielsweise darin zeigen, dass religiöse Minderheiten bei der freien Ausübung ihrer Religion unterstützt werden oder dass ethnischen Minderheiten das Recht zugebilligt wird, ihre eigene Sprache in Medien und bei Ortsbezeichnungen zu verwenden sowie in den regionalen Lehrplan aufzunehmen. Das Konzept der kulturellen Dezentralisierung beinhaltet auch, dass in der regionalen Verwaltung auf traditionelle Strukturen zurückgegriffen werden darf, was im Falle eines Vielvölkerstaates wie Indonesien von zentraler Bedeutung ist.

2.2 Regionale Autonomie

Regionale Autonomie bezeichnet das Ziel von Dezentralisierungsprozessen, also einen Zustand, in dem es den Regionen ermöglicht ist, über ihre Angelegenheiten selbständig zu entscheiden.

Region ist nicht nur als Sammelbegriff für alle unterhalb des Zentralstaates angesiedelten administrativen Ebenen zu verstehen, der auf Indonesien übertragen Provinzen *(propinsi),* Distrikte *(kabupaten),* kreisfreie Städte *(kotamadya),* Subdistrikte *(kecamatan)* oder auch Gemeinden *(kelurahan)* oder Dörfer *(desa)* bezeichnen kann, sondern auch als historisch gewachsene Einheit, deren Bewohner auf Grund einer gemeinsamen Sprache, Kultur oder Geschichte ein Gefühl der Zusammengehörigkeit verspüren, unabhängig davon, ob ihre Region auch unter administrativen Gesichtspunkten eine Einheit bildet.

Autonomie (griechisch: Selbstbestimmung, Selbstgesetzgebung) bezeichnet nach der politikwissenschaftlichen Definition *„das Recht und die Fähigkeit von Gemeinwesen, Vereinigungen und Institutionen, alle oder meist bestimmte Angelegenheiten durch eigene Gesetze bzw. Satzungen selbständig zu regeln"* (Drechsler/Hilligen/Neumann 2003: 82). Wichtig ist ferner die Unterscheidung zwischen Autonomie und Sezession, bei der im Gegensatz zur Autonomie eine Lostrennung vom Staat angestrebt wird. Allerdings können Autonomiebestrebungen in einer bestimmten Region langfristig ebenfalls deren vollständige Souveränität zur Folge haben, wie es im Fall Indonesiens bei Ost-Timor eingetreten ist (vgl. Drechsler/Hilligen/Neumann 2003: 82).

2.3 Föderalismus

Unter *Föderalismus* soll hier ein staatliches Organisationsprinzip verstanden werden, bei dem der Staat (Bund) aus Einzelstaaten aufgebaut ist. Diese Einzelstaaten werden entweder zu einem Bundesstaat (Föderation) zusammengeschlossen, in dem die oberste Souveränität beim Bund liegt, oder zu einem Staatenbund (Konföderation), in dem die Souveränität bei den einzelnen Gliedstaaten verbleibt. Beispiele für Bundesstaaten sind die Bundesrepublik Deutschland, Österreich, Kanada und die Schweiz, für Staatenbunde die Benelux-Staaten als Gesamtheit. In einem föderal aufgebauten Staat sollen den Einzelstaaten so viele Kompetenzen wie möglich übertragen werden, während der Bund nur die Aufgaben übernimmt, zu deren Verrichtung sich die Einzelstaaten nicht im Stande fühlen (vgl. Drechsler/Hilligen/Neumann 2003: 147f., 354ff., 930f.).

3 Zur Entstehung des zentralistischen Staatsaufbaus in Indonesien

Nachdem nun einige zentrale Begriffe geklärt worden sind, soll zunächst einmal die historische Entwicklung Indonesiens zum zentralistischen Einheitsstaat grob nachgezeichnet werden, bevor etwas ausführlicher auf die Dezentralisierungsbewegungen seit 1998 eingegangen wird.

3.1 Natürliche Gegebenheiten

Fast in jeder Hinsicht ist Indonesien ein sehr heterogenes Land. Wie eingangs bereits erwähnt, besteht der gewaltige Archipel aus rund 13.000 Inseln, die von insgesamt mehr als 300 verschiedenen Ethnien bevölkert werden. Auf diesem riesigen Gebiet leben Angehörige aller vier Weltreligionen, unter denen die Muslime mit einem Anteil von 87 Prozent an der Gesamtbevölkerung den weitaus größten Anteil stellen. Doch bilden auch die indonesischen Muslime keinen monolithischen Block: Nur eine Minderheit unter ihnen praktiziert eine orthodoxe Form des Islam, der Glaube der meisten indonesischen Muslime ist hingegen mit hinduistischen, buddhistischen und animistischen Elementen durchsetzt (vgl. Bünte 2003b: 59f.).

Die geographischen, ethnologischen und religiösen Gegebenheiten Indonesiens stellen sicherlich keine idealen Voraussetzungen für die Entstehung eines Nationalstaates dar, noch weniger eines zentralistisch regierten Einheitsstaates (vgl. Bünte 2003b: 61). Dass sich dieser dennoch herausbildete, kann nur historisch begründet werden. Aus diesem Grund soll an dieser Stelle zunächst ein historischer Abriss über die Entstehung des zentralistisch geführten Nationalstaats in Indonesien erfolgen.

3.2 Vorkoloniale Königreiche und ihr Staatsaufbau

Bevor die Niederländer ab dem späten 16. Jahrhundert begannen, eine Kolonialherrschaft auf dem Gebiet des heutigen Indonesiens zu errichten, hatte es im Archipel kein Königreich gegeben, das seinen Machtbereich auf das gesamte heutige indonesische Territorium ausdehnen konnte. Dennoch hatten sich bereits in dieser Zeit Vorstellungen über einen zentralistischen Staatsaufbau herausgebildet, die bis in die heutige Zeit hineinwirken.

Die grenzenlosen Machtbefugnisse des Herrschers gründeten sich auf die hinduistisch-buddhistische Kosmologie.[145] Danach galt der Palast des Herrschers

---

[145] Zwar war der Islam die offizielle Religion vieler der späten präkolonialen Reiche, doch blieb er stark mit hinduistischen und buddhistischen Elementen durchsetzt.

(kraton) als Mittelpunkt des Königreichs, der Herrscher selbst wiederum als Mittelpunkt des *kraton*. In der Praxis jedoch nahm die Macht des Herrschers mit zunehmender geographischer Entfernung vom *kraton* ab. Darum sahen sich viele der Monarchen gezwungen, zur besseren Kontrolle ihres Reiches regionale Herrscher[146] einzusetzen, die in ihren jeweiligen Regionen teilweise über beträchtliche Kompetenzen verfügten (vgl. Bünte 2003b: 61ff.). Bereits in dieser Zeit zeichnete sich also ein Konflikt zwischen dem unbeschränkten Herrschaftsanspruch der Zentralregierung und der Realität teilweise mächtiger Gegengewichte in den Regionen ab. Dieser Konflikt sollte sich – wenn auch später unter völlig veränderten Bedingungen – durch die gesamte indonesische Geschichte ziehen und von Zeit zu Zeit immer wieder neu aufflammen.

3.3 Die Etablierung des Zentralismus unter der niederländischen Kolonialherrschaft

Der entscheidende Grundstein für die Entstehung des indonesischen Nationalstaats mit seinem heutigen Territorium und seinem zentralistischen Herrschaftssystem wurde von der niederländischen Kolonialverwaltung gelegt. Diese bemühte sich von Beginn an um den Aufbau einer stark zentralistischen Herrschaftsstruktur in ihrer Kolonie Niederländisch-Indien. Zwar gab es zwischendurch Ansätze einer Dezentralisierung, diese blieben aber für breite Teile der Bevölkerung weitgehend wirkungslos.

An der Spitze der Kolonialverwaltung mit Sitz in Batavia, dem späteren Jakarta, standen der Generalgouverneur und ein ausschließlich mit Europäern besetzter Rat. Auf Java bestand zusätzlich auch eine lokale Verwaltung, die mit einheimischen *bupati* und ihren Beamten (*wedana*) besetzt war, jedoch lediglich für die Implementierung der von der Kolonialverwaltung beschlossenen Maßnahmen zu sorgen hatte. Auf diese Weise setzte die niederländische Kolonialregierung den traditionellen einheimischen Adel als Mittler zwischen Kolonialverwaltung und Bevölkerung ein, um ihre Kolonie besser kontrollieren zu können.

Zu ersten Dezentralisierungsbemühungen kam es zu Beginn des 20. Jahrhunderts im Rahmen der „ethischen Politik". Mit dem *Dezentralizatie Wet* (Dezentralisierungsgesetz) von 1903 wurde eine administrative Dezentralisierung mit dem Ziel einer Effizienzsteigerung durchgeführt. Zu diesem Zweck wurde eine neue dreistufige Verwaltungsgliederung geschaffen, wobei die lokale Ebene mit

---

[146] In der Regel wurden diese Regenten *bupati* genannt (vgl. Bünte 2003b: 63). Von diesem Titel wurde der administrative Terminus *kabupaten* abgeleitet.

mehr Aufgaben betraut wurde. Darüber hinaus begann man mit der Einrichtung von Kommunalverwaltungen und der Schaffung beratender Gremien in den *kabupaten* und *kotamadya*. Da jedoch die Mitgliedschaft in diesen Gremien lediglich der einheimischen Elite vorbehalten war, profitierte die breite Bevölkerung von diesen Reformen nicht, und die Reichweite der Dezentralisierung blieb sehr begrenzt. Ab dem Jahr 1922 unternahm die Kolonialverwaltung im Rahmen des „Gesetzes zur Regierungsreform" *(Bestuurshervormingswet)* mit der Schaffung der Provinzen (*propinsi*; auch: *provinsi*) als neuer Verwaltungseinheit zwischen Zentralregierung und *kabupaten* einen weiteren Versuch, ihre Kolonie zu dezentralisieren. Da die Provinzoberhäupter, die Gouverneure, jedoch ausschließlich der Zentralregierung gegenüber rechenschaftspflichtig waren, verblieb diese Dezentralisierungsbewegung auf der Ebene der Dekonzentration, eine politische Dezentralisierung erfolgte in keiner Weise. Insgesamt blieb das politische System Niederländisch-Indiens stark zentralistisch. Der Grundstein für den zentralistischen Einheitsstaat Indonesien war also bereits gelegt.

Auch in der japanischen Besatzungszeit von 1942 bis 1945 änderte sich daran nichts, da die Provinzen abgeschafft, die repräsentativen Organe der einheimischen Bevölkerung verboten und die gesamte Verwaltung in einer strengen Hierarchie dem Besatzungsregime untergeordnet wurde (vgl. Bünte 2003a: 567f., 2003b: 64ff., Schreiner 2000: 129).

3.4 Zentralismus und Dezentralisierung im unabhängigen Indonesien bis 1998

Die Jahre von 1945 bis 1998 bilden insofern eine Einheit, als Indonesien die Unabhängigkeit erlangt, sich aber nicht vom zentralistischen administrativen System aus der Kolonialzeit befreit hatte. Anders als seit 1998 wurde Indonesien im angesprochenen Zeitraum fast durchgehend autoritär regiert, abgesehen von einer relativ kurzen Phase der parlamentarischen Demokratie in den 1950er Jahren. Die mangelnde Bereitschaft, ein neues administratives System zu schaffen, die gleichzeitige Diskreditierung des Föderalismusgedankens aus einer antikolonialen Gesinnung heraus (vgl. Kapitel 3.4.1 dieser Arbeit), das Machtstreben der Präsidenten Soekarno und Soeharto und die Dominanz der Javaner in Politik, Administration und Kultur schufen ein Klima, das eine umfassende Dezentralisierung des Landes jahrzehntelang nahezu unmöglich machte. Im Folgenden soll nun die zunehmende Zentralisierung Indonesiens im Zeitraum zwischen der Ausrufung der Unabhängigkeit und dem Sturz Soehartos kurz nachgezeichnet werden.

3.4.1 Die Formierung des indonesischen Staates und die Absage an den Föderalismus

Obwohl Indonesien am 17. August 1945 seine Unabhängigkeit erklärt hatte, versuchten die Niederländer in den folgenden Jahren ihre Kolonialherrschaft zu reetablieren. Mit militärischer Gewalt und der Installation eines föderalen Staatengebildes unter niederländischer Führung auf den Außeninseln des Archipels sollte die Regierung der jungen Republik Indonesien mit Sitz auf Java in die Knie gezwungen werden. Dieses Unterfangen scheiterte jedoch, und die niederländische Regierung sah sich gezwungen, den Vereinigten Staaten von Indonesien (RIS = *Republik Indonesia Serikat*) im Dezember 1949 die volle Souveränität zu übertragen. Schon 1950 löste sich diese Föderation auf, und ihre Mitgliedsstaaten traten der Republik Indonesien bei – allerdings nur unter dem ausdrücklichen Versprechen der Zentralregierung, ein dezentrales Regierungssystem zu schaffen. Der Föderalismus jedoch war als mögliches Modell, die staatliche Verwaltung zu organisieren, fortan in Verruf geraten, da er stets mit der ehemaligen niederländischen Kolonialregierung in Verbindung gebracht wurde (vgl. Bünte 2003a: 568f. , 2003b: 70f.). Aus dieser Haltung ergeben sich bis zum heutigen Tage Konsequenzen, auf die in Kapitel 4.1 dieser Arbeit noch einmal kurz eingegangen werden soll.

3.4.2 Dezentralisierungsbemühungen und Rezentralisierung bis 1965

Da die Verwaltungsstruktur des indonesischen Staates unmittelbar auf der in der Kolonialzeit geschaffenen Administration aufbaute, war es nicht weiter verwunderlich, dass der indonesische Staat gemäß Artikel 1 des Grundgesetzes von 1945 als Einheitsstaat *(negara kesatuan)* gegründet wurde, der *„unterhalb der nationalen Ebene keine autonomen Gebietskörperschaften besitzen sollte, die ebenfalls Staatscharakter aufweisen"* (Bünte 2003a: 569, vgl. Schreiner 2000: 130). Andererseits jedoch enthielten die Gesetze 22/1948 der Republik und 44/1950 des ehemaligen föderalen Bundesstaates Ostindonesien ein starkes dezentrales Moment. So sah Gesetz 22/1948 die Einrichtung eines Parlaments in allen Regionen vor, das von der Bevölkerung gewählt werden sollte. Das Regionaloberhaupt *(kepala daerah)* war Vorsitzender des lokalen Regierungsrats (DPD = *dewan pemerintahan daerah)*, von dem es auch gewählt werden sollte, und gleichzeitig Repräsentant der Zentralregierung in den einzelnen Regionen, hatte also eine Doppelfunktion inne. De facto wurden jedoch keine Wahlen abgehalten, statt dessen wurde der *kepala daerah* von der Zentralregierung ernannt. Der dreistufige Verwaltungsaufbau mit *propinsi, kabupaten* bzw. *kotamadya* und Dörfern *(desa)* sollte indes laut Gesetz 22/1948 erhalten bleiben.

Beim Beitritt der föderalen Staaten zur Republik Indonesien war die Schaffung eines neuen Gesetzeswerkes beschlossen worden, das die Gesetze 22/1948 und 44/1950 ablösen sollte. Dieses Gesetzeswerk konnte in Folge zahlreicher Verzögerungen aber erst im Jahre 1957 als neues Gesetz 1/1957 in Kraft treten. Das Gesetz betonte noch einmal, dass das regionale Parlament vom Volk, der *kepala daerah* wiederum vom regionalen Parlament zu wählen sei. Außerdem wurden die Machtverhältnisse auf regionaler Ebene durch weitere Verordnungen eindeutig von der Exekutive zur Legislative hin verschoben, also von der Regierung zum Parlament. Zudem sollten den Regionen in einem neuen Finanzausgleich größere Ressourcen zugesichert werden, und es war ein großangelegter Transfer von Kompetenzen an die Regionen geplant, um dem Prinzip der *„größtmöglichen Regionalautonomie"* (zitiert nach Bünte 2003b: 74) gerecht zu werden.

Gesetz 1/1957 hätte einen großen Schritt in Richtung Dezentralisierung und regionaler Autonomie bedeutet, jedoch konnte es auch auf Grund aufkeimender regionalistischer und sezessionistischer Bewegungen, wie beispielsweise der *Darul Islam*[147]-Bewegung, niemals vollständig implementiert werden. Stattdessen kam es ab 1959 in Folge der Errichtung der „Gelenkten Demokratie" (*demokrasi terpimpin*) durch Präsident Soekarno, welche die demokratische Rechtsordnung praktisch außer Kraft setzte, zu einer erheblichen Rezentralisierung. Gesetz 1/1957 wurde durch den Präsidentenerlass 6/1959 wieder zurückgenommen (vgl. Schreiner 2000: 130). Stattdessen wurde das neue Gesetz 19/1965 verabschiedet, wonach der *kepala daerah* wieder von der Zentralregierung bestimmt wurde und sich nicht länger der Kontrolle durch den DPD ausgesetzt sah. Auch konnte das lokale Parlament (DPRD = *dewan perwakilan rakyat daerah*) ihn nicht mehr stürzen. Seine Doppelfunktion als Oberhaupt der Regionalregierung und Repräsentant der Zentralregierung blieb erhalten, die ausdrückliche Betonung seiner Pflicht, für die reibungslose Ausübung der Regierungsgeschäfte in seiner Region zu sorgen, band ihn aber stärker als zuvor an die Zentralregierung. Eine eigenständige Politik der Regionen war somit kaum noch möglich. Diese Rezentralisierungstendenzen setzten sich nach der Machtüber-

---

[147] Die *Darul Islam*-Bewegung unter der Führung von Sukarmadji Kartosuwirjo versuchte bereits seit 1948, die Errichtung eines unabhängigen islamischen Staates auf indonesischem Boden gewaltsam durchzusetzen. Zunächst operierte sie von Westjava aus, im Laufe der 1950er Jahre schlossen sich ihr auch Südsulawesi und Aceh an. Erst 1962 gelang der Zentralregierung mit der Festnahme Kartosuwirjos der entscheidende Schlag gegen diese Bewegung. Bis 1965 kam sie endgültig zum Erliegen (vgl. Bünte 2003b: 76, ICG 2003: 6f.).

nahme Soehartos im Jahre 1965 in verstärktem Maße fort. (zur Entwicklung bis 1965 vgl. Bünte 2003a: 569f., 2003b: 71ff.)

3.4.3 Die zunehmende Zentralisierung in der Soeharto-Ära

In den mehr als drei Jahrzehnten seiner Herrschaft errichtete Soeharto ein hochgradig zentralistisches System, dessen Macht sich auf die Unterdrückung durch das Militär und die Schaffung eines breiten Beamtenapparats gründete. Um die Loyalität der Bevölkerung bis auf die regionale Ebene zu gewährleisten und das Entstehen jeglicher Opposition zu unterbinden, leitete das Soeharto-Regime folgende Maßnahmen ein:

- Die lokale Ebene wurde durch das Verbot an die Parteien, unterhalb der *kabupaten*-Ebene außerhalb der Wahlkampfzeiten politisch aktiv zu werden, entpolitisiert.
- 1971 wurde mit der *Golkar* eine Regierungspartei geschaffen, der alle Beamten beitreten mussten. Dadurch sicherte sich die Regierung die Kontrolle über den gesamten Beamtenapparat. Zusätzlich wurde das Parteiensystem 1973 auf zwei Blöcke neben der *Golkar* reduziert.
- Das Militär bekam eine Doppelfunktion militärischer sowie soziopolitischer Aufgaben *(dwifungsi)*, die 1982 sogar gesetzlich vorgeschrieben wurde. Dies legitimierte die Vertretung des Militärs in lokalen Parlamenten, die durch die parallel zur Struktur des Staates bis zur Dorfebene hinunter verlaufende Struktur der Armee (Territorialstruktur) ermöglicht wurde.

Auch die beiden wichtigsten in der Soeharto-Ära verabschiedeten Gesetze zur Regionalautonomie 5/1974 (Dezentralisierungsgesetz) und 5/1979 (Gesetz über Dorfregierungen) dienten der Festigung der Autorität des Regimes.

Gesetz 5/1974 basierte auf dem Prinzip der „klaren und verantwortungsvollen Autonomie" *(otonomi yang nyata dan bertanggung jawab)* (Beier 1995: 126ff.). Regionale Autonomie war also nicht mehr allein Recht *(hak),* sondern in gleichem Maße Pflicht *(kewajiban)*: Die Regionen wurden dazu verpflichtet, die Entwicklungsanstrengungen im Rahmen ihrer Möglichkeiten mit größtmöglicher Effizienz durchzusetzen. Um dies zu erreichen, dürfe die Stabilität und Harmonie in den Beziehungen zwischen Zentrum und Regionen nicht gefährdet werden.

Bei der Verwaltungsorganisation wurde eine Einteilung in administrative *(wilayah administratip)* und autonome Regionen *(daerah otonom)* vollzogen. Den autonomen Regionen wurde nach dem Prinzip der Devolution eine Teilautonomie zugestanden, während für die administrativen Regionen lediglich eine Art Dekonzentration vorgenommen wurde und sie weiterhin von zentralstaatlichen Apparaten verwaltet wurden. Unterhalb der Zentralregierung waren als Verwaltungsebenen die Provinzen *(daerah tingkat I)* und die Distrikte *(daerah tingkat II)* mit jeweils teilautonomen Regierungen vorgesehen. Dagegen verfügten die Regierungen der Subdistrikte als Teil der Distriktregierungen über keinerlei Autonomie.

Innerhalb der Regionalregierungen wurden die Machtverhältnisse noch einmal von der Legislative zur Exekutive hin verschoben. Die Doppelfunktion des *kepala daerah* blieb erhalten, doch war er nur noch dem Innenministerium und nicht mehr dem DPRD gegenüber verantwortlich. Der *kepala daerah* wurde offiziell zwar vom DPRD gewählt, die Zentralregierung hatte aber auf den Auswahlprozess der Kandidaten einen so bedeutenden Einfluss, dass das Amt des Regionaloberhaupts letztendlich in der Regel von regimetreuen Personen bekleidet wurde. Der *kepala daerah* verfügte also über keinen wirklichen autonomen Handlungsspielraum.

Der Zentralismus der Soeharto-Ära zeigte sich auch in finanzieller Hinsicht: Über 90 Prozent der Steuern flossen direkt an das Zentrum, die Regionen blieben auf finanzielle Zuwendungen von Seiten der Zentralregierung angewiesen. Zudem übte diese noch einen starken Einfluss auf die Verwendung aus.

Zu einer politischen oder fiskalischen Dezentralisierung kam es also durch Gesetz 5/1974 nicht, die Dezentralisierung blieb auf ihre administrative Komponente beschränkt und wurde überwiegend im Sinne einer Dekonzentration durchgeführt.[148]

Gesetz 5/1979 schließlich vereinheitlichte die Dorfstrukturen und stellte sie unter Aufsicht des Innenministeriums. Damit wurde die Vielfalt der traditionellen Dorfgemeinschaften Indonesiens ignoriert und diese stattdessen einseitig von

---

[148] Schreiner sieht das Problem allerdings vor allem in der mangelhaften Implementierung des Gesetzes, das seiner Meinung nach *„einen effektiven Rahmen für Dezentralisierungsmaßnahmen abgegeben hätte."* Da aber *„zu viele Details Folgegesetzen und Ausführungsbestimmungen überlassen"* worden wären, die teilweise niemals formuliert oder verabschiedet worden wären, hätte das Gesetz *„das selbst gesteckte Ziel nicht erreichen"* können (Schreiner 2000: 130).

der javanischen Kultur geprägten Strukturen unterworfen. Dies ist als ein Beispiel für die „Javanisierung" zu betrachten, der javanischen Dominanz vor allem auf kulturellem Gebiet, die sich von der Unabhängigkeit Indonesiens an abgezeichnet hatte und in der Soeharto-Ära noch forciert wurde (zur Entwicklung in der Soeharto-Ära vgl. Bünte 2003a: 570f., 2003b: 78ff.).

Einen weiteren Dezentralisierungsansatz unternahm die Soeharto-Regierung mit dem *District Autonomy Pilot Programme* (DAPP) von 1995. Im Rahmen dieses Programms sollte für einige Sektoren, wie Gesundheit, Fischerei, Erziehung, öffentliche Arbeit, Viehzucht, heimische Industrie, Wohnungsbau, Verkehr und Tourismus, ein Aufgabentransfer von der Provinzebene auf 26 ausgewählte Distrikte durchgeführt werden. Da die politischen Entscheidungen sowie die Verfügung über die finanziellen Mittel jedoch bei der Zentralregierung verbleiben sollten, beschränkte auch dieses Programm sich auf eine rein administrative Dezentralisierung. Dadurch kam es wiederum zu keiner Verbesserung hinsichtlich der politischen Entscheidungsbefugnisse und der finanziellen Ausstattung der lokalen Regierungen. Zum Misserfolg des DAPP trug neben der mangelnden Bereitschaft zahlreicher Ministerien, Kompetenzen tatsächlich an die lokale Ebene abzutreten, auch der grundsätzliche Ansatz des Projekts bei, das in einem *Top-down*-Verfahren vom Innenministerium ohne Mitsprache der eigentlichen Betroffenen, der Distriktregierungen, durchgeführt wurde (vgl. Beier 1998: 24ff. , Bünte 2003b: 87, Hoffmann 2000: 59ff.).

3.5 Zusammenfassung

Auf den ersten Blick scheint Indonesien eine stark zentralistische Tradition aufzuweisen. Schon in den vorkolonialen Reichen – wenn auch keines von ihnen seinen Herrschaftsbereich auf das ganze heutige Indonesien ausdehnen konnte – galt der Herrschaftsanspruch des Königs als unbegrenzt. Später bemühten sich die Niederländer um einen möglichst zentralistischen Aufbau der Verwaltung ihrer Kolonie, um eine bessere Kontrolle über diese ausüben zu können, und auch der unabhängige Staat Indonesien war von Beginn an stark vom Zentralismus geprägt.

Jedoch ist ein zentralistischer Staatsaufbau Indonesiens mit Sicherheit keine Notwendigkeit. Allein die geographischen und ethnischen Gegebenheiten dieses riesigen Archipels, der von Hunderten verschiedener Ethnien bevölkert wird, lässt die stark zentralistische Regierungsform, wie sie von der Errichtung des niederländischen Kolonialreiches an bis zum Sturz Soehartos 1998 praktiziert wurde, unangemessen erscheinen. Schließlich mussten sich die Herrschenden im

Laufe der Geschichte Indonesiens jeweils auf ihre Weise stets den Herausforderungen stellen, die sich aus den natürlichen Voraussetzungen in Indonesien ergeben, um ihren Einfluss auch fernab des Zentrums geltend zu machen. Schon die Herrscher in den präkolonialen Königreichen sahen sich im Falle einer großen territorialen Ausdehnung ihres Reiches gezwungen, Mitregenten in den einzelnen Regionen ihres Herrschaftsgebietes einzusetzen, die zum Teil über beträchtliche Entscheidungskompetenzen verfügten. Die niederländische Kolonialverwaltung nutzte diesen entstandenen einheimischen Adel, um ihre Macht auch auf lokaler Ebene zu festigen, und unternahm zu Beginn des 20. Jahrhunderts sogar einige Bemühungen zur Dezentralisierung des Verwaltungsaufbaus, die allerdings im Ansatz steckenblieben. Ungefähr zur gleichen Zeit kam auch innerhalb der indonesischen Nationalbewegung eine Diskussion über die administrative Gliederung eines zukünftigen Staates Indonesien auf, in der die Befürworter eines dezentralen Staatsaufbaus durchaus eine starke Position hatten. So sprach sich der spätere Vizepräsident Mohammad Hatta (zitiert nach Schreiner 2000: 131) für einen Staat aus, in dem

> jede Gruppe – sei sie klein oder groß – Autonomie erhält, das Selbstbestimmungsrecht erhält, das Selbstverwaltungsrecht entsprechend ihrer Wünsche und Überzeugungen erhält.

Dass sich jedoch die Zentralisten um Soekarno durchsetzten, ist nicht zuletzt der Diskreditierung des föderalistischen Modells nach dem gescheiterten Versuch der Niederländer zuzuschreiben, durch den Aufbau eines föderalistischen Staatenbundes die Autorität der indonesischen Regierung zu untergraben und ihre Kolonialherrschaft zu reetablieren. Doch auch im unabhängigen Indonesien verstummte der Ruf nach einer Dezentralisierung nicht. Gesetz 1/1957 hätte einen bedeutsamen Schritt in diese Richtung dargestellt, jedoch wurde es nie vollständig implementiert und später sogar zurückgenommen. Unter der Alleinherrschaft Soekarnos ab 1959 und später Soehartos kam es schließlich zu einer erheblichen Rezentralisierung. Trotzdem wurde vom Zentralregime die Notwendigkeit einer Dezentralisierung wahrgenommen, wenn auch die unter Soeharto eingeleiteten Maßnahmen verglichen mit Gesetz 1/1957 eher oberflächlich und rein auf die administrative Ebene beschränkt blieben.

Ein dezentraler Staatsaufbau Indonesiens könnte also grundsätzlich eine Chance haben. Man kann wohl sogar noch einen Schritt weitergehen und feststellen, dass sich ein derart heterogen aufgebautes Land zentralistisch auf Dauer nur mit Hilfe eines Unterdrückungsapparats wie zu Zeiten Soehartos regieren lässt.

Nach dem Sturz des Diktators und im Zuge der Demokratisierung Indonesiens scheint die historische Chance einer großangelegten Dezentralisierung gegeben, und offensichtlich ist es auch den Machthabern in Jakarta ernster als jemals zuvor, die lokale Ebene stärker an politischen Entscheidungen und finanziellen Ressourcen Teil haben zu lassen. Auf diesbezügliche Entwicklungen seit 1998 soll im Folgenden eingegangen werden.

4 Dezentralisierung und Regionale Autonomie seit 1998

In Folge der asiatischen Finanzkrise von 1997 verschlechterte sich die wirtschaftliche Situation Indonesiens rapide. Es kam zu sozialen Unruhen und breiten Studentenprotesten gegen das Soeharto-Regime, das in den Augen vieler Indonesier seine Legitimation endgültig verloren hatte. In Folge schwerer Unruhen im Mai 1998 sah sich Soeharto schließlich nach über 30 Jahren Alleinherrschaft zum Rücktritt gezwungen (vgl. Bünte 2003b: 91ff.).

4.1 Demokratisierung und erste Dezentralisierungsmaßnahmen unter Habibie

Soehartos Nachfolger Habibie leitete erste demokratische Reformen ein. So wurde die Neugründung von Parteien zugelassen, die Organisations- und Versammlungsfreiheit gewährt und schon 1999 die ersten freien Wahlen seit 1955 abgehalten. Besonders die Wiedereinführung der Pressefreiheit hatte weitreichende Konsequenzen und löste auch eine neue Dezentralisierungsdebatte aus. In Folge der öffentlichen Diskussion über die Verwicklung weiter Teile der lokalen Verwaltung in Korruption mussten zahlreiche *kepala daerah* von ihren Posten zurücktreten. Außerdem kam es zu einem Aufschwung regionaler Bewegungen in Aceh, West-Papua, Riau, Ostkalimantan und Ost-Timor, die mehr regionale Autonomie oder gar die Unabhängigkeit von Indonesien forderten. Die Gründe dafür dürften neben dem *„Wohlstandsgefälle zwischen Java und den übrigen Inseln"* (Diederich 2000: 137), das vor allem aus der zentralistischen Finanzverwaltung resultierte, wohl auch in der weiter oben bereits erwähnten javanischen Hegemonie in Politik und Kultur liegen, wie sie beispielsweise in den Gesetzen 5/1974 und 5/1979 zum Ausdruck kam.[149]

Durch die Entlassung Ost-Timors in die Unabhängigkeit[150] bekamen die regionalen Bewegungen in anderen Landesteilen noch einen zusätzlichen Auftrieb. Trotz der inzwischen entbrannten lebhaften Diskussion über die zukünftige Form des indonesischen Staates wurde einem möglichen föderalen Staatsmodell von Seiten des Militärs und führender Politiker erneut eine klare Absage erteilt. Auch die Mehrzahl der Parteien sprach sich dagegen aus, was mit der *„Angst*

---

[149] Für einen kurzen Überblick über die Hintergründe der Sezessionsbewegungen in Aceh, West-Papua, Riau und Ost-Kalimantan vgl. Bünte 2003b: 117ff.

[150] Ost-Timor war am 30.August 1999 in die Unabhängigkeit entlassen worden, nachdem sich die Mehrheit der Bevölkerung in einem von Präsident Habibie überraschend einberufenen Referendum für die Loslösung vom indonesischen Staat ausgesprochen hatte (vgl. Bünte 2003b: 117f.).

vor einer Schwächung des Einheitsstaates" oder des *„indonesischen Stolzes"* oder der Unvereinbarkeit des Föderalismus mit dem indonesischen Jugendschwur *(sumpah pemuda)*[151] begründet wird (zitiert nach Diederich 2000: 138). Einzig die *Partai Amanat Nasional*[152] (PAN) hatte sich in ihrem Parteiprogramm zunächst vorsichtig für die Einführung des Föderalismus in Indonesien ausgesprochen, nach starker Kritik war ihr Vorsitzender Amien Rais in seinen öffentlichen Äußerungen aber wieder von dieser Idee abgerückt (vgl. Diederich 2000: 138).

Über die Notwendigkeit von Dezentralisierungsmaßnahmen herrschte dagegen ein breiter Konsens. Auf der MPR[153]-Sitzung im Oktober 1998 wurde eine neue Dezentralisierungspolitik beschlossen, die zu einer gerechteren Verteilung der natürlichen Ressourcen und zu einem neuen fiskalischen Gleichgewicht zwischen Zentrum und Regionen führen sollte. Dies ebnete den Weg für die Gesetze *22/1999 zur Regionalregierung* und *25/1999 über den Finanzausgleich zwischen der Zentralregierung und den Regionen*, die bereits im April 1999 vom Parlament angenommen wurden und bis zum Mai 2001 in Kraft treten sollten (vgl. Bünte 2003a: 572).

4.2 Die neuen Gesetze zur Dezentralisierung

Im Folgenden soll der Inhalt der wichtigsten Gesetze zur Dezentralisierung, die in der Post-Soeharto-Ära verabschiedet worden sind, kurz zusammengefasst und kommentiert werden. Da Gesetz 22/1999 dabei als das Schlüsselgesetz gelten kann, soll es am ausführlichsten dargestellt werden.

4.2.1 Das Gesetz 22/1999 zur Regionalregierung

Das neue Gesetz trat an die Stelle der zur Soeharto-Zeit verabschiedeten Gesetze 5/1974 und 5/1979. Diese seien *„tidak sesuai lagi dengan prinsip penyeleng-*

---

[151] Mit dem *sumpah pemuda* erklärten die Teilnehmer des Zweiten Indonesischen Jugendkongresses am 28. Oktober 1928, dass sie sich *einem* indonesischen Volk und *einer* indonesischen Nation mit einer *gemeinsamen* Sprache (Bahasa Indonesia) zugehörig fühlten (vgl. Hardjosoediro 1980: 107ff.). Bis heute hat der *sumpah pemuda* seine bedeutende Position für den indonesischen Einheitsgedanken behalten.

[152] „Partei des nationalen Auftrags"

[153] Der alle fünf Jahre tagende MPR (*Majelis Permusywaratan Rakyat* = Beratender Volkskongress) ist eines der höchsten politischen Organe Indonesiens. Er setzt sich aus Mitgliedern des nationalen Parlaments DPR (*Dewan Perwakilan Rakyat* = Volksversammlung) und des DPD (s.o.) zusammen (vgl. http://id.wikipedia.org/wiki/MPR).

garaan Otonomi Daerah dan perkembangan keadaan[154]" (Präambel, Absatz d.) bzw. *"tidak sesuai dengan jiwa Undang-Undang Dasar 1945 [...] sehingga perlu diganti*[155]" (Präambel, Absatz e.). Beim Aufbau regionaler Autonomie *(Otonomi Daerah)* sollen demokratische Prinzipien (*"prinsip-prinsip demokrasi"*), das Mitspracherecht der Bevölkerung (*"peran-serta masyarakat"*), Gleichheit (*"pemerataan"*) und Gerechtigkeit (*"keadilan"*) sowie das (wirtschaftliche) Potential der einzelnen Regionen und deren Diversität (*"potensi dan keanekaragaman"*) stärker berücksichtigt werden (Präambel, Absatz b.). Den Regionen soll zu diesem Zweck ein *"kewenangan yang luas, nyata, dan bertanggung jawab"*[156] zugestanden werden (Präambel, Absatz C; alle Zitate nach Nitibaskara 2002: 157f.). Interessanterweise wird mit den Worten *"nyata dan bertanggung jawab"* bewusst (?) das gleiche Vokabular benutzt wie in Gesetz 5/1974 (vgl. Beier 1995: 126ff.), von dem man sich eigentlich hatte distanzieren wollen.

Der eigentliche Nutznießer des Gesetzes war die Ebene der Distrikte, also der *kabupaten* und *kotamadya*, wohingegen die Provinzebene nicht wesentlich gestärkt werden sollte, was sich mit Gesetz 32/2004 allerdings änderte. Indonesien bleibt auch nach Gesetz 22/1999 ein Einheitsstaat, wenn auch ein dezentral aufgebauter (vgl. Bünte 2003a: 573).

Analog zu früheren Gesetzen wird von drei allgemeinen Dezentralisierungsbegriffen ausgegangen. Dezentralisierung wird dabei als

- *"Übertragung von Angelegenheiten an sich selbst verwaltende (autonome) Regionen"* im Kontext des indonesischen Einheitsstaates verstanden, was weitgehend mit dem Begriff der Devolution einhergeht
- Dekonzentration im Sinne einer *"Übertragung an zentralstaatliche Behörden in den Regionen"* verstanden
- Koadministration *(tugas pembantuan)* im Sinne einer gemeinsamen Durchführung von in der Zentrale entwickelten Programmen durch zentralstaatliche und regionale Behörden verstanden (vgl. Bünte 2003a: 573).

---

[154] „nicht übereinstimmend mit den Durchführungsprinzipien der Regionalen Autonomie und der weiteren Entwicklung"

[155] „nicht übereinstimmend mit Geist der Verfassung von 1945 [...] so dass sie ersetzt werden müssen"

[156] „weiter, klarer und verantwortungsvoller Kompetenzbereich"

Gesetz 22/1999 sieht die *propinsi, kabupaten* und *kotamadya* als autonome Regionen vor, deren Regenten vom Parlament ihrer jeweiligen Ebene (DPRD I/II) gewählt werden und diesem gegenüber auch verantwortlich sein sollten. Jedoch sollen die *propinsi* darüber hinaus auch noch dekonzentrierte administrative Einheiten der Zentralregierung darstellen. Folglich bleibt das Provinzoberhaupt, der Gouverneur *(gubernur),* auch Repräsentant der Zentralregierung, hat also weiterhin eine Doppelfunktion inne. Auf diese Weise versuche die Zentralregierung, die Entwicklungen in den Provinzen unter Kontrolle zu halten, und schaffe gleichzeitig ein erhebliches Konfliktpotential, da im Falle einer wirklich eigenständigen Politik der Provinzen die Verantwortlichkeit des *gubernur* nicht klar ersichtlich wäre (vgl. Bünte 2003a: 573).

Da nach dem Gesetz auch die Distrikte als autonome Einheiten definiert werden, ist damit die Hierarchie zwischen Provinz- und Distriktebene hinfällig geworden. Hierin zeigte sich die damals vollzogene Stärkung der Distriktebene gegenüber den Provinzen sehr deutlich. Vor einer Stärkung der Provinzebene, wie sie beispielsweise durch die Aufhebung der Doppelstellung des *gubernur* hätte erfolgen können, schreckte die Zentralregierung wohl aus Angst vor einer zu großen Machtfülle in den Provinzen zurück. Auch wird hier deutlich, dass es durch Gesetz 22/1999 *nicht* zur Einführung eines Föderalsystems in Indonesien kam. Zwar üben die Provinzen seitdem Staatsgewalt aus, aber sie haben weiterhin keine Möglichkeit, in die Politik der Zentralregierung einzugreifen, was ein wesentliches Element eines Föderalsystems dargestellt hätte (vgl. Bünte 2003a: 573f.).

Des Weiteren erfolgt durch Gesetz 22/1999 eine weitreichende Devolution verschiedener Politikbereiche auf die Ebene der Distrikte. Die Zentralregierung behält lediglich die Hoheit über die Außen- und Verteidigungspolitik, Geld- und Finanzpolitik, Justiz, Religion und *„andere Angelegenheiten"* sowie die allgemeine Gestaltung der Politik der nationalen Entwicklungsplanung, des Finanzausgleichs, der staatlichen Verwaltung und der strategischen Hochtechnologie. Im Wesentlichen gibt die Zentralregierung also die strategischen Leitlinien der Politik vor, während die Umsetzung in den Regionen erfolgt. Unterstützt wird diese Neuverteilung der Kompetenzen durch einen weitreichenden Transfer auch von Personal und Infrastruktur auf die regionalen Ebenen (vgl. Bünte 2003a: 574).

Jedoch wird die Aufgabenverteilung zwischen Zentrum und Regionen nicht immer ganz deutlich, was zum einen in dem unbestimmten Begriff „andere Angelegenheiten", zum anderen in der Einführung eines *Subsidiaritätsprinzips*[157] begründet liegt, nach welchem es den Distrikten gestattet wird, Aufgaben an die Provinzen abzutreten, wenn sie sich nicht in der Lage fühlen, diese eigenständig wahrzunehmen (vgl. Bünte 2003a: 574).

Eine wichtige Neuerung im Sinne einer Dezentralisierung ist die Stärkung der DPRD. Diese werden durch das Gesetz als gleichberechtigte Partner der Regionalregierung anerkannt und können zusammen mit der jeweiligen regionalen Verwaltung regionale Verordnungen (perda = *peraturan daerah*) erlassen, die jedoch nicht dem *„öffentlichen Interesse"* oder nationalem Recht wiedersprechen dürften. Wiederum fehlt hier also durch den diffusen Begriff „öffentliches Interesse" eine klare Abgrenzung der neuen Befugnisse für die regionale Ebene (vgl. Bünte 2003a: 575).

Schon im Wahlgesetz 3/1999 wurde festgelegt, dass die DPRD in *„allgemeinen, freien, gleichen und geheimen"* Wahlen vom Volk zu wählen seien. In Gesetz 22/1999 wird hinzugefügt, dass die *kepala daerah* wiederum von den DPRD in einer öffentlichen Wahl mit einfacher Mehrheit gewählt werden sollen. Durch eine Vielzahl weiterer neuer Kompetenzen, welche u.a. die Kontrolle der Verwaltung und die Mitwirkung bei der Erstellung des Budgets betreffen, bekommen die DPRD also eine wichtige Rolle bei der Kontrolle der Exekutive zugestanden. Auch sind die *bupati* und Bürgermeister *(walikota)* nur noch dem Parlament ihrer jeweiligen Ebene gegenüber verantwortlich und nicht mehr gegenüber einer höheren Ebene. Somit enthält das Gesetz wichtige Maßnahmen in Richtung einer politischen Dezentralisierung, wenn auch die Partizipation von NGOs[158] – im Gegensatz beispielsweise zu den Philippinen – im Gesetzestext nicht ausdrücklich erwähnt wird (vgl. Bünte 2003a: 575).

Nicht zuletzt wird durch Gesetz 22/1999 auch die Vereinheitlichung der Dorfstruktur, wie sie gemäß Gesetz 5/1979 vollzogen wurde, wieder rückgängig gemacht. Die Dörfer dürfen ihre jeweiligen traditionellen Organisationsstrukturen wiedereinführen und sich unter Aufsicht der Distriktregierung selbst verwal-

---

[157] Nach dem Subsidiaritätsprinzip werden Aufgaben von der kleinsten administrativen Ebene wahrgenommen, solange diese dazu im Stande ist. Erst wenn sie sich mit einer konkreten Aufgabe überfordert sieht, wird diese an höhere Ebenen abgetreten (vgl. Drechsler/Hilligen/Neumann 2003: 955, http://de.wikipedia.org/wiki/subsidiarität).

[158] *Non-Governmental Organizations* (=Nicht-Regierungsorganisationen)

ten. Hier ist also erstmals ansatzweise der Versuch einer kulturellen Dezentralisierung erkennbar. Analog zur Provinz- und Distriktebene soll der Dorfchef von einer Dorfversammlung kontrolliert werden, die vom Volk gewählt wird. Anders als auf den beiden höheren regionalen Ebenen wird der Dorfchef allerdings auch schon nach Gesetz 22/1999 direkt vom Volk gewählt, ist aber auf die Anerkennung durch den *bupati* angewiesen. Ähnlich dem *gubernur* hat auch der Dorfchef seit Gesetz 22/1999 eine Doppelstellung inne: Er ist seitdem sowohl der Dorfversammlung als auch der Distriktregierung gegenüber verantwortlich. Dies ist jedoch im Falle des Dorfchefs als Fortschritt zu werten, da die Verantwortlichkeit gegenüber der politischen Vertretung der Dorfbevölkerung eine Neuerung darstellt. Die Dorfversammlung bekommt ähnlich weitreichende Befugnisse wie die DPRD auf den höheren regionalen Ebenen. In den Aufgabenbereich der Dorfregierungen fallen Aufgaben, die sich dem Verantwortungsbereich höherer Ebenen entziehen oder die dekonzentriert unter Führung des *bupati* wahrgenommen werden. Im Übrigen wird es den Dörfern auch erlaubt, die Übernahme bestimmter Aufgaben abzulehnen (vgl. Bünte 2003a: 575).

Bewertung

Bei der Bewertung von Gesetz 22/1999 zeigt sich in den verschiedenen wissenschaftlichen Quellen ein vielschichtiges Bild. Weitgehende Einigkeit herrscht darüber, dass dieses Gesetz die Bemühungen um eine administrative und politische Dezentralisierung Indonesiens grundsätzlich unterstütze. Bünte hebt dabei den weitreichenden Kompetenztransfer auf die Distriktebene und die neue Verantwortlichkeit von lokaler Verwaltung und Regierung gegenüber den gewählten lokalen Parlamenten besonders positiv hervor. Diese Veränderungen böten die Möglichkeit zu einer größeren Transparenz und einer festeren Verankerung der Demokratie auf lokaler Ebene (vgl. Bünte 2003a: 577). Auch Prasetyo sieht die Dezentralisierungsgesetze der Post-Soeharto-Ära ganz im *„Geist der Verwirklichung demokratischer Prinzipien"* und basierend auf dem Prinzip größtmöglicher Autonomie *(Otonomi Seluas-luasnya)* (Prasetyo 2006: 1f.). Als fundamentalen Wandel gegenüber der Soeharto-Ära hebt Prasetyo besonders die Stärkung der lokalen Legislative gegenüber der Exekutive und die Wahl des lokalen Regierungsoberhaupts durch die Legislative hervor. Auch die Chance auf eine größere Partizipation der Bürger am politischen Leben durch die Gewährung größerer regionaler Autonomie sieht Prasetyo gegeben (vgl. Prasetyo 2006: 4f.).

Dagegen kritisiert Bünte, dass die Partizipationsmöglichkeiten gesellschaftlicher Gruppen genauer definiert hätten werden müssen (vgl. Bünte 2003a: 577). Einige andere in den verschiedenen Quellen besonders häufig auftretende Kritikpunkte betreffen die – durch Gesetz 32/2004 inzwischen korrigierte – Übergehung der Provinzebene, die zu einer „*Dezentralisierung der Korruption*" führen könne, und die Widersprüchlichkeit und Zweideutigkeit zahlreicher Passagen des Gesetzes, besonders was die genaue Kompetenzverteilung anbetrifft (vgl. z. B. Zöllner 2000: 48). Generell liege auch ein Problem in der Unerfahrenheit der regionalen Politiker und Behörden, die aus der systematischen Entpolitisierung der lokalen Ebene in der Soeharto-Zeit resultiere (vgl. Bünte 2003a: 577, Hoffmann 2000: 60).

Weitere Probleme würden sich vor allem aus der Implementation des Gesetzes ergeben, die ursprünglich in einem „Big-Bang-Ansatz" innerhalb von nur zwei Jahren erfolgen sollte, auf Grund zahlreicher Nachbesserungen am Gesetzestext jedoch verlangsamt werden musste. Da diese Nachbesserungen mittels neuer Verordnungen von der Zentralregierung durchgeführt wurden und die Regionen in die Erstellung dieser Verordnungen nicht miteinbezogen wurden, sei es zu einem oftmals undemokratischen und chaotischen Prozess gekommen (vgl. Bünte 2003a: 577). Auf die Implementationsphase mit all ihren Schwierigkeiten soll in Kapitel 4.3 dieser Arbeit näher eingegangen werden.

4.2.2 Das Gesetz 25/1999 über den Finanzausgleich zwischen der Zentralregierung und den Regionen

Gesetz 25/1999 hat zum Ziel, der Distriktebene größere finanzielle Mittel zukommen zu lassen, um die Durchführung der ihnen durch Gesetz 22/1999 neu zugewiesenen Aufgaben überhaupt erst zu ermöglichen und auf diese Weise den neu in Gang gesetzten Dezentralisierungsprozess zu unterstützen. Die wichtigsten Neuerungen im Rahmen dieses Gesetzes ermöglichen den Regionalregierungen eine freiere Verwendung der finanziellen Zuwendungen von Seiten der Zentralregierung. An die Stelle von Subventionen treten Finanztransferleistungen *(Dana Perimbangan)*. Außerdem soll ein „Rat für die Regionalreform" geschaffen werden, der über die Verwendung „Allgemeiner und Besonderer Zuweisungen" entscheiden kann. Bei den internen Einkommen der Regionen ändert sich dagegen nichts Wesentliches (vgl. Schreiner 2000: 132).

Gesetz 25/1999 unterscheidet drei Arten von Einnahmequellen für die Distrikte (Art. 3):

- Eigene Einnahmen *(PAD = Pendapatan Asli Daerah)*
  Wie bereits oben erwähnt, kommt es hier zu keinen großen Veränderungen. Die Steuereinnahmen für die Regionen werden nicht erhöht, und auch die Verteilung der Steuern zwischen Zentrum und Regionen bleibt unverändert. Allerdings wird eine genaue gesetzliche Definition der den Regionen zustehenden Steuern, Abgaben und Gebühren verlangt (Art. 5).

- Finanztransferleistungen *(Dana Perimbangan)*
  Die wichtigste Neuerung ist hier der *Allgemeine Finanzausgleich* (DAU)[159], der von den Regionen nach eigenem Ermessen frei verwendet werden kann. Den Regionen stehen nach diesem Gesetz 25 % des nationalen Haushalts zu, von denen die Provinzen 10 %, die *kabupaten* und *kotamadya* 90 % erhalten. Die Stärkung der Distriktebene gegenüber den Provinzen, die schon in Gesetz 22/1999 deutlich wurde, spiegelt sich also auch auf der finanziellen Ebene wieder. Die Höhe des DAU soll sich dabei nach der Einwohnerzahl, dem Anteil der Bewohner unter der Armutsgrenze, der Größe der Region und der vorhandenen Industrieansiedlung richten (Art. 7).

- Sonderzuwendungen (DAK)[160] und regionale Kredite *(pinjaman daerah)*
  Die DAK sind zweckgebundene Zahlungen an die Lokalregierungen. Diese machen jedoch nur einen geringen Anteil der Einnahmen der Lokalregierungen aus. Daneben wird es den Lokalregierungen nach Gesetz 25/1999 auch erlaubt, am nationalen und internationalen Kapitalmarkt Kredite aufzunehmen.

Darüber hinaus soll Gesetz 25/1999 auch mehr Transparenz garantieren. Zu diesem Zweck ist der Aufbau eines Finanzinformationssystems in den Regionen vorgesehen, in dem die Regionen der Zentralregierung gegenüber Auskunft über die Verwendung der finanziellen Mittel zu erteilen haben. Außerdem soll das Parlament in alle Haushaltsentscheidungen miteinbezogen werden. Es muss das Budget bestätigen sowie über die Implementierung vollständig informiert werden (zu Gesetz 25/1999 vgl. Bünte 2003a: 575ff., 2003b: 141ff.).

---

[159] *Dana Alokasi Umum*

[160] *Dana Alokasi Khusus*

Bewertung

Gesetz 25/1999 umfasst den Bereich der fiskalischen Dezentralisierung. Laut Bünte setzt eine erfolgreiche fiskalische Dezentralisierung voraus, dass die Lokalregierungen über ihre finanziellen Ressourcen verfügen und zu diesem Zweck Steuern und Gebühren selbständig erheben können (vgl. Bünte 2003a: 567, 2003b: 38ff.).

Dies wird durch das neue Gesetz bis zu einem gewissen Grad gewährleistet. Die Regionen dürfen nach Gesetz 25/1999 frei über die Verwendung staatlicher Transferleistungen entscheiden, und die ihnen zustehenden Steuereinnahmen werden erstmals gesetzlich verankert. Auch die politische Ebene dieses Gesetzes mit seinen Maßnahmen zur Herstellung einer größeren Transparenz und einer stärkeren Einbeziehung der legislativen Ebene in Haushaltsentscheidungen ist sicherlich als Fortschritt zu beurteilen.

Jedoch kommt es in einigen anderen Bereichen zu keiner signifikanten Verbesserung der Position der Lokalregierungen. So werden weder die Steuereinnahmen der Regionen, noch ihr Anteil bei der Verteilung dieser Einnahmen zwischen Zentrum und Regionen erhöht. Dadurch verringert sich auch nicht die Abhängigkeit der Regionen von staatlichen Transferleistungen, die weiterhin die Haupteinnahmequellen für die Lokalregierungen darstellen (vgl. Bünte 2003a: 576f.).

Auch wäre zu kritisieren, dass ressourcenreiche Regionen wie Aceh, Riau, Ostkalimantan und West-Papua besonders begünstigt werden, da sich ihr Budget durch die Neuregelung der Teilung der Einnahmen aus den natürlichen Ressourcen am drastischsten erhöht. Hierbei spielen politische Erwägungen sicherlich eine große Rolle, sind es doch gerade Regionen wie Aceh und West-Papua, die eine stärkere Autonomie bis hin zur Unabhängigkeit vom indonesischen Nationalstaat besonders vehement fordern (vgl. Bünte 2003a: 577, 2003b: 145). Eine Angleichung des Lebensstandards in den verschiedenen Regionen Indonesiens, wie sie das Konzept der fiskalischen Dezentralisierung ebenfalls zum Ziel hat, ist damit also nicht gewährleistet, und auch das Konnexitätsprinzip (vgl. Kapitel 2.2 dieser Arbeit) wird nicht in allen Regionen mit der gleichen Ausgewogenheit bedacht.

Zusammenfassend kann festgestellt werden, dass Gesetz 25/1999 einen bedeutenden Schritt in Richtung fiskalische Dezentralisierung bedeutet, an einigen entscheidenden Stellen jedoch Mängel aufweist. Eine Vielzahl weiterer Regierungsverordnungen wird wohl noch vonnöten sein, um diese Mängel zu korrigieren und Unklarheiten zu beseitigen (vgl. Bünte 2003b: 146)

4.2.3 Das Gesetz 32/2004 zur regionalen Regierungsausübung

Gesetz 32/2004, das im Oktober 2004 verabschiedet wurde, ist in einigen Teilen als Reaktion auf die Entstehung neuer *propinsi, kabupaten* und *kotamadya* zu verstehen, die seit Inkrafttreten von Gesetz 22/1999 am 1. Januar 2001 förmlich auszuufern schien.[161] Um dieser Entwicklung Einhalt zu gebieten, werden Mindestgrößen für die Gründung neuer Regionen festgelegt sowie eine Mindestzeit eigenständiger Regierungsausübung, bevor eine Neugründung rechtskräftig würde (vgl. Volbracht 2005: 25).

Analog zu Gesetz 22/1999 wird Dezentralisierung in Gesetz 32/2004 als Mischung aus *„Dekonzentration und Koadministration"* verstanden. Hierin sieht Volbracht ein Problem, denn das Prinzip der Koadministration verhindere, dass die administrative Dezentralisierung über den Grad der Dekonzentration hinausgehe, da sie einem wirklichen Aufgabentransfer in die Regionen entgegenstünde. Da auch im neuen Gesetz keine expliziten Forderungen nach einer größeren Partizipation der Bevölkerung oder gesellschaftlicher Gruppen auf der lokalen Ebene enthalten sind, sieht Volbracht die Chancen auf eine wirkliche politische Dezentralisierung Indonesiens eher pessimistisch (vgl. Volbracht 2005: 25).

Die Doppelstellung des *gubernur* als Provinzoberhaupt einerseits und Repräsentant der Zentralregierung in der Region andererseits bleibt auch nach Gesetz 32/2004 erhalten. Auch laut Volbracht berge dies Konfliktpotential in sich, da unklar sei, wem gegenüber der *gubernur* im Konfliktfall verantwortlich sei (vgl. Volbracht 2005: 25).

In Artikel 1 des Gesetzes wird den Regionen das Recht gewährt, *„ihre eigenen Regierungsangelegenheiten zu erledigen und sich selbst nach gesellschaftlichem Wunsch zu regieren und zu verwalten"*. Dies wird im selben Atemzug jedoch auch als Pflicht bezeichnet. Auch hier bleibt also das Vokabular erhalten, das die Soeharto-Administration im Text von Gesetz 5/1974 verwandt hatte. Diese Zubilligung weitgehender regionaler Autonomie wird in Artikel 2 wieder etwas eingeschränkt, da es dort heißt, dass *„jene Regierungsaufgaben ausgenommen"*

---

[161] So wurden allein im Zeitraum zwischen Januar 2001 und Januar 2004 sechs neue Provinzen (Kepulauan Bangka Belitung, Kepulauan Riau, Gorontalo, Maluku Utara, Banten und Sulawesi Barat) und 146 neue *kabupaten* bzw. *kotamadya* gegründet (vgl. http://www.sinarharapan.co.id/ekonomi/Keuangan/2005/0411/keu3.html, Volbracht 2005:24).

würden, die *„per Gesetz als Angelegenheit der Zentralregierung festgelegt"* worden seien und eine *„Verbesserung des öffentlichen Wohls, der öffentlichen Dienstleistungen und des regionalen Wettbewerbs"* zum Ziel hätten. Auch hier sieht Volbracht Widersprüchlichkeiten: Die Verbesserung des öffentlichen Wohls werde als Hauptziel *nationaler* Entwicklung bezeichnet, was durch die Herstellung *regionaler* Autonomie gewährleistet werden solle. Gleichzeitig gebe die Zentralregierung aber auch die Richtlinien für *„Standards, Direktiven, Führung, Training, Supervision, Kontrolle, Koordination, Monitoring und Evaluation"* vor, wodurch sie sich einen gewissen Grad an Kontrolle über den Dezentralisierungsprozess sichere, der nach Volbrachts Ansicht entschieden zu weit geht. Genauer umrissen werden die bei der Zentralregierung verbliebenen Aufgabenbereiche in Artikel 10, in dem sich die Zentralregierung nicht nur die Hoheit über Außenpolitik, Verteidigung und innere Sicherheit, Fiskal- und Geldpolitik, Justiz und Religion, sondern auch über eine beträchtliche Anzahl weiterer Bereiche vorbehält, die zum großen Teil auch für die regionale Ebene von entscheidender Bedeutung sind (vgl. Volbracht 2005: 25f.).

Volbracht kritisiert dabei nicht nur, dass die Regionalregierungen kaum Einfluss auf die nationale Planung hätten, sondern auch dass es zu viele Überschneidungen zwischen den Kompetenzbereichen der Zentralregierung einerseits und der Provinz- und Lokalregierungen andererseits gebe. Auch die Vorgabe, dass regionale Entwicklungsplanung auf allen regionalen Ebenen stets im Einklang mit den staatlichen Behörden der Entwicklungsplanung erfolgen solle, sowie die Möglichkeit der Zentralregierung, *„weitere Aufgaben"* an die Regionalregierungen zu übertragen und auch wieder zurückzunehmen, stehen nach Volbracht einer tatsächlichen Stärkung der regionalen Ebene im Wege (vgl. Volbracht 2005: 26).

Stärkte Gesetz 22/1999 vor allem die Ebene unterhalb der Provinzen, so werden in Gesetz 32/2004 auch die Provinzen mit größeren Befugnissen bedacht. Nach diesem Gesetz werden den Provinzregierungen vor allem Aufgaben interkommunalen Charakters zuteil. So sollen sie die Zusammenarbeit zwischen den einzelnen Distrikten innerhalb ihrer Provinz nicht nur koordinieren, sondern auch überwachen und eventuell auftretende Konflikte schlichten. Auch für kommunale, aber provinzübergreifende Aufgaben sollen die Provinzregierungen gemäß Artikel 198 des Gesetzes zuständig sein (vgl. Volbracht 2005: 26).

Einen wirklichen Schritt in Richtung politischer Dezentralisierung bedeuten die in Gesetz 32/2004 vorgesehenen direkten Wahlen der *gubernur*, *bupati* und *walikota* sowie deren Stellvertreter. Auch die Verpflichtung für die *kepala daerah*, der Zentralregierung, dem regionalen Parlament und der Bevölkerung einen jährlichen Rechenschaftsbericht über die Regierungsausübung vorzulegen, kann sicherlich als Bemühen um die Verankerung von mehr Transparenz und demokratischer Prinzipien auf der regionalen Ebene interpretiert werden.

Die starke Stellung der DPRD, wie sie seit den Gesetzen von 1999 bestand, bleibt unangetastet. Eine entscheidende Position wird den regionalen Apparaten zuteil, die auf Provinz- sowie auf *kabupaten/kotamadya*-Ebene bestehen und sich aus dem regionalen Sekretariat, seinen Behörden und dem Sekretariat des Regionalparlaments zusammensetzen (vgl. Volbracht 2005: 27). Allerdings behält auch die Zentralregierung wichtige Einflussmöglichkeiten, da sie die Befugnis bekommt, regionale Gesetze zu annullieren, wenn diese nationalen Gesetzen oder dem öffentlichen Interesse entgegengerichtet seien. Außerdem soll ein *„Interner Apparat der Zentralregierung"* (Volbracht 2005: 28) die Schulung und Supervision der regionalen Politiker und Behörden vornehmen, bis hin zur Möglichkeit der Verhängung von Strafen gegen sie. Dies wird von Volbracht als unangemessene Einmischung des Staates in regionale Angelegenheiten kritisiert, genauso wie auch die ihrer Meinung nach bisher unzureichende Herausbildung tatsächlicher Oppositionsparteien und die intransparente Aushandlung politischer Entscheidungsprozesse in informellen Sitzungen, die einer breiten Aufdeckung von Korruptionsfällen im Wege stünde (vgl. Volbracht 2005: 28).

Bewertung

Volbracht bewertet Gesetz 32/2004 also insgesamt sehr kritisch. Tatsächlich kann festgestellt werden, dass einige Lücken der Gesetze von 1999 nicht geschlossen werden, was eigentlich eine wichtige Zielsetzung bei der Verabschiedung des neuen Gesetzes war. So bleiben Überschneidungen der Kompetenzbereiche zwischen Zentral- und Regionalregierung bestehen, und auch die Doppelstellung des *gubernur*, die erhebliches Konfliktpotential in sich trägt, wurde nicht neu überdacht. Durch die Vorgabe von Richtlinien, die Sicherung einiger Schlüsselkompetenzbereiche für die regionale Entwicklung sowie die Ausbildung und Supervision regionalen Personals behält die Zentralregierung einen wichtigen Einfluss auf regionaler Ebene, über dessen Berechtigung sich zumindest streiten lässt.

Jedoch muss man Gesetz 32/2004 auch im Kontext aktueller Entwicklungen sehen. Dass die Zentralregierung einen Versuch unternimmt, die Gründung neuer Provinzen, *kabupaten* und *kotamadya* zu erschweren, erscheint in Anbetracht der ausufernden Gründung neuer Regionen seit 2001 und einer Angst vor dem

Auseinanderbrechen des indonesischen Nationalstaats verständlich. Im selben Zusammenhang würden auch die Bemühungen der Zentralregierung, einen gewichtigen Einfluss auf regionaler Ebene zu behalten, in einem etwas positiveren Licht erscheinen, spielt hier doch auch der Gedanke eine Rolle, die nationale Einheit zu sichern und ein Abdriften in gewaltsame Unruhen und Chaos zu verhindern. Inwiefern die starke Einmischung der Zentralregierung in regionale Angelegenheiten einer Demokratie angemessen ist, wird sich möglicherweise erst mit der Zeit herausstellen.

Dezentralisierung darf nicht als eine lineare Entwicklung verstanden werden, sondern sie verläuft eher wellenförmig in zeitweiligen Schüben und gegenläufigen Rezentralisierungstendenzen, wie sich auch schon vor 1998 zeigte, wenn auch in weniger drastischer Form. Dem starken Zentralismus der Soeharto-Ära folgte eine Periode, in der innerhalb weniger Jahre dezentrale Entwicklungen nachgeholt wurden, die sich über Jahrzehnte angestaut hatten. Zum Zeitpunkt der Verabschiedung von Gesetz 32/2004 schien sich die Zentralregierung erhebliche Gedanken darüber gemacht zu haben, bis zu welchem Grad sie Dezentralisierung zulassen wollte, und war dabei in einigen Punkten „zurückgerudert" oder hatte zumindest den Pfad einer weiteren Dezentralisierung verlassen. Solange diese Entwicklung nicht unumkehrbar wird und zu einer breiten Rezentralisierung führt, halte ich sie durchaus als natürlich für eine junge Demokratie, deren Transformationsphase nach Jahrzehnten autoritärer Herrschaft noch keineswegs vollständig abgeschlossen ist.

Auch die positiven Neuerungen in Gesetz 32/2004 sollten nicht übersehen werden: Die Stärkung der Provinzebene und die direkten Wahlen der *kepala daerah* könnten sich noch als ein wichtiger Beitrag zu politischer Dezentralisierung und Demokratisierung auf lokaler Ebene herausstellen. Dies wird jedoch nur möglich sein, wenn die gesetzlichen Neuerungen tatsächlich zu einer erhöhten Partizipation der Bevölkerung führen werden, wozu in dem Gesetz keine neuen Maßnahmen ergriffen werden.

Die weitverbreitete Korruption und die schwache Rolle der politischen Opposition auf lokaler Ebene stellen in diesem Zusammenhang zwei ernste Probleme dar. Auch hier bleibt es wohl abzuwarten, ob mit der Zeit eine Verbesserung eintreten wird oder ob zusätzliche gesetzliche Verordnungen von Nöten sein werden, deren Zustandekommen und Inhalt stark vom tatsächlichen Willen der Zentralregierung abhängen wird, inwieweit sie eine Stärkung der regionalen Ebene zulassen möchte.

4.3 Die Implementation der neuen Gesetze

Für das Gelingen oder Scheitern der Dezentralisierungsmaßnahmen spielt auch die Art und Weise der Implementation der neuen Gesetze eine entscheidende Rolle. Dies soll am Beispiel der Gesetze von 1999 verdeutlicht werden.

Abdurrahman Wahid („Gus Dur"), der von 1999 bis 2001 Habibie als Präsident Indonesiens nachgefolgt war, setzte mit der Schaffung eines Ministeriums für Regionale Autonomie und der Berufung Ryaas Rashids, des „Vaters" des Gesetzes 22/1999, zum Minister dieses Ressorts zunächst ein positives Signal, das Hoffnung auf eine rasche Implementation der neuen Gesetze verbreitete. Die mangelnde Bereitschaft einiger Ministerien, ihre Kompetenzen tatsächlich an die regionale Ebene abzutreten, ließen diese Hoffnung aber bald wieder sinken. Hinzu kam noch der unbeständige Führungsstil der Regierung Wahid; so wurde beispielsweise das Ministerium für Regionale Autonomie schon nach zehn Monaten wieder in das Innenministerium eingegliedert. Die Regierungsverordnung 25/2000 sollte für Klarheit hinsichtlich der genauen Kompetenzenverteilung auf die einzelnen Regierungsebenen sorgen. Allerdings blieb die Formulierung erneut zu vage, um die verschiedenen Aufgabenbereiche klar voneinander abzutrennen. Kritiker merken außerdem an, dass die Verordnung wesentliche Planungskompetenzen in den Händen der Zentralregierung verbleiben lassen habe (vgl. Bünte 2003b: 148ff.).

Auf seiner Sitzung im August 2000 bemühte sich der MPR den Implementationsprozess zu beschleunigen. Der Zeitrahmen wurde noch enger gesetzt: Die Zentralregierung sollte die für die Implementation notwendigen Verordnungen schon bis Ende 2000 herausgeben. Gleichzeitig ermutigte der MPR die Regionalregierungen, im Zweifelsfall regionale Verordnungen auch ohne ausdrückliche Zustimmung der Zentralregierung zu erlassen.

Doch auch nach der MPR-Sitzung blieben die oben erwähnten Widerstände einiger Ministerien gegen die Dezentralisierungsmaßnahmen bestehen und hinderten die Zentralregierung an einer raschen Umsetzung der beschlossenen Maßnahmen. Dies schürte das Misstrauen bei den Regionalregierungen und führte zu Auseinandersetzungen zwischen Dezentralisierungsbefürwortern und -gegnern, zwischen der Zentralregierung und den Regionen, in deren Folge Ryaas Rashid von seinem Amt als Minister für Regionale Autonomie zurücktrat. Auf der anderen Seite weiteten viele der durch den MPR ermutigten Regionen ihre Kompetenzen nun eigenständig aus, was ebenfalls zu heftigen Konflikten mit der Zentralregierung führte.

Hier zeigen sich grundsätzliche Probleme des gesamten Dezentralisierungsprozesses: Von Seiten einiger zentralstaatlicher Akteure wird dieser Prozess als zu weitreichend betrachtet, während er vielen Regionen nicht weit genug geht. Das übereilte Tempo der Verabschiedung der Gesetze, die daraus resultierende vage Formulierung zahlreicher Passagen und die mangelnde Vermittlung der Gesetzesinhalte in den Regionen schürten das Misstrauen bei den regionalen Akteuren und führte dazu, dass diese versuchten, ihre Macht eigenständig auszuweiten, was wiederum einige zentralstaatliche Akteure um jeden Preis zu verhindern versuchten (zur Implementationsphase vgl. Bünte 2004: 60ff.).

Ein Entgegenkommen von beiden Seiten scheint also vonnöten zu sein: Nicht allein muss die Zentralregierung ihre teilweise guten Absichten auch in die Tat umsetzen und beweisen, dass sie tatsächlich bereit ist, in weitem Maße Kompetenzen abzugeben, sondern auch die Mitglieder der Regionalregierungen dürfen nicht der Versuchung erliegen, die neuen Potentiale, die sich ihnen darbieten, ausschließlich zur Befriedigung eigener Interessen zu nutzen. Hierzu sind eine bessere Ausbildung des regionalen Personals, seine Einbeziehung in die Beschließung künftiger Dezentralisierungsmaßnahmen und eine bessere Informationspolitik in den Regionen hinsichtlich solcher Maßnahmen sicherlich unumgänglich.

4.4 Zusammenfassende Bewertung der bisherigen Dezentralisierungsmaßnahmen seit 1998

Zieht man ein Fazit der seit 1998 beschlossenen und umgesetzten Maßnahmen zur Dezentralisierung Indonesiens, so zeigt sich ein durchwachsenes Bild. Setzt man als vorrangige Ziele des Dezentralisierungsprozesses eine stärkere Verankerung der Demokratie auf lokaler Ebene sowie eine Stärkung der nationalen Einheit voraus, so lässt sich feststellen, dass diese Ziele bislang nicht erreicht worden sind.

Nach Bünte seien eine größere Transparenz und Verantwortlichkeit der Lokalregierungen und eine stärkere Partizipation der Bevölkerung am politischen Leben bisher überwiegend ausgeblieben. Zahlreiche Lokalpolitiker würden ihre Position nach wie vor zur Befriedigung eigener Interessen nutzen. Im Zuge des Dezentralisierungsprozesses sei es hierbei auch zu einer *„Dezentralisierung der Korruption"* (Bünte 2004: 69) gekommen.

Die Widerstände von Seiten zentralstaatlicher Akteure gegen einen Kompetenzentransfer auf die regionale Ebene einerseits und die rücksichtslose Ausweitung der eigenen Kompetenzen durch einige Regionalregierungen auch über die neuen gesetzlichen Bestimmungen hinaus andererseits hätten zu einem starken Misstrauen zwischen den einzelnen Regierungsebenen geführt. Die nationale Einheit Indonesiens scheine also weiterhin gefährdet (vgl. Bünte 2004: 69).

Auch das Scheitern der Militärreformen (vgl. Bünte 2004: 65), durch welches das Militär seinen Einfluss auf die Politik auch auf regionaler Ebene behalte, hätte einen denkbar ungünstigen Einfluss auf die Stärkung der Demokratie auf lokaler Ebene.

Positive Entwicklungen sieht Bünte eher vereinzelt, beispielsweise im Bereich der administrativen Dezentralisierung, da trotz der gewaltigen Umstrukturierungen die Mehrzahl der Dienstleistungen wie gewohnt bereitgestellt werden könne und es in einzelnen Sektoren, wie dem Gesundheitswesen, sogar zu einer Steigerung der Effizienz gekommen sei (vgl. Bünte 2004: 63).

Auf dem Gebiet der politischen Dezentralisierung sei immerhin ein Anstieg in der Anzahl der *gubernur, bupati* und *walikota* ohne militärisch-bürokratischen Hintergrund festzustellen. Auch sei es durch die Wiederherstellung der Presse- und Demonstrationsfreiheit zu einem stärkeren öffentlichen Diskurs auf lokaler Ebene und zu besseren Informationsmöglichkeiten über die lokale Politik gekommen, was der Zivilgesellschaft die Chance auf eine bessere Kontrolle der lokalen Regierungen biete, auch wenn diese bisher nicht genutzt worden sei (vgl. Bünte 2004: 64f.).

Andere Autoren ziehen ein noch negativeres Resümee: So kritisiert Volbracht, wie bereits erwähnt, die weitreichenden Einflussmöglichkeiten des Zentralstaats auf regionale Gesetzgebung und Politikformulierung sowie die Ausbildung regionalen Personals. Analog zu Bünte sieht auch Volbracht keine Zunahme der Transparenz bei der Aushandlung politischer Entscheidungen auf regionaler Ebene und keine Abnahme der Korruption (vgl. Volbracht 2005: 28).

Schreiner sieht durch die Dezentralisierungsgesetze vor allem die Gefahr einer zu großen Machtkonzentration in den Händen der Regionalpolitiker gegeben, die diese zu ihren eigenen Zwecken nutzen könnten. Dies beinhalte auch nach Schreiners Ansicht die Gefahr einer Dezentralisierung der Korruption. Ein weiteres Problem sieht Schreiner in der seiner Meinung nach unzureichenden Durchführung einer fiskalischen Dezentralisierung: Dadurch, dass in Gesetz 25/1999 keine neuen regionalen Steuern und Gebühren eingeführt wurden, seien rohstoffarme Provinzen benachteiligt worden. Durch die stärkere finanzielle Abhängigkeit dieser Provinzen von der Zentralregierung in Jakarta komme es unter Umständen zu finanziellen Engpässen, was eine Gefahr für den gesamten Demokratisierungsprozess darstellen könne (vgl. Schreiner 2000: 134ff.).

Dezentralisierung – ein bitter notwendiger Prozess, dessen Ausführung bislang noch zu wünschen übrig lässt – so kann der Tenor in den meisten Quellen zusammengefasst werden. Darüber hinaus geht nur Richards, der die Ansicht vertritt, *„dass Dezentralisierungsstrategien unwahrscheinlich zu einer langfristigen Lösung für die tief verwurzelten Probleme, die mittels Bestrebungen nach Autonomie, Wahl-Freiheit und Demokratie aufgeworfen werden, führen"* (Richards 2000: 7).

Richards hat wohl insofern Recht, dass Dezentralisierung alleine nicht notwendig auch die Demokratie fester in der Bevölkerung verankert und den nationalen Zusammenhalt stärkt. Hierzu sind sicherlich noch andere weitreichende Veränderungen notwendig. So muss die Korruption eingedämmt und das regionale Personal ausreichend geschult werden, das regionale Personal muss noch mehr Erfahrungen in der Ausübung seiner stark ausgeweiteten Kompetenzen sammeln, der politische Einfluss des Militärs muss zurückgedrängt und die Kooperation zwischen den verschiedenen politischen Ebenen verbessert werden, beispielsweise durch neue Verordnungen, die bisher vorhandene Kompetenzenstreitigkeiten klar und unmissverständlich regeln. Nicht zuletzt sollte auch die Partizipation zivilgesellschaftlicher Gruppen und der Bevölkerung im Allgemeinen am politischen Leben erhöht werden, was beispielsweise durch eine bessere politische Bildung der Bevölkerung und eine größere Transparenz bei der Aushandlung politischer Entscheidungen gewährleistet werden könnte. Während sich einige dieser Probleme mit der Zeit von alleine lösen könnten, werden bei anderen, z. B. was die Korruption und die Rolle des Militärs angeht, wohl noch weitere Initiativen auch von Seiten der Zentralregierung vonnöten sein. Dennoch scheint Dezentralisierung ein unentbehrliches Mittel zu sein, um die noch aus der Soeharto-Zeit resultierenden verkrusteten politischen Strukturen aufzubrechen, den auf höchster nationaler Ebene einigermaßen erfolgreich vollzogenen demokratischen Wandel in alle Landesteile zu tragen, für eine größere Verteilungsgerechtigkeit bei den Einkünften aus natürlichen Ressourcen zu sorgen, das Mitspracherecht von Minderheiten zu gewährleisten und dadurch der ethnischen und religiösen Heterogenität Indonesiens gerechter zu werden und langfristig die nationale Einheit zu sichern, falls dies überhaupt möglich ist.

Was ist für die Zukunft zu erwarten? Während sich einige Autoren sehr pessimistisch hinsichtlich der Möglichkeit einer umfassenden regionalen Autonomie und einer festen Verankerung der Demokratie auf regionaler Ebene in Indonesien äußern, ist in anderen Quellen ein verhaltener Optimismus erkennbar. So spricht sich Schreiner für eine Verlangsamung des gesamten Prozesses aus, ohne ihm jedoch gleich jegliche Erfolgsaussichten abzusprechen (vgl. Schreiner 2000: 136). Eissel/Grasse sehen Indonesiens Regierung *„on a good way to realize vertical democracy"* (Eissel/Grasse 2006: 1), benennen jedoch auch die Gefahren für den Dezentralisierungs- und Demokratisierungsprozess, wie den Mangel an qualifiziertem Personal auf Distriktebene, die Unabhängigkeitsbewegungen in Aceh und Papua und ganz allgemein die traditionellen paternalistischen und hierarchischen Strukturen (vgl. Eissel/Grasse 2006: 1f.). Bünte schließlich entwirft vier mögliche Zukunftsszenarien für Indonesien, die chaotische Dezentralisierung, gelenkte Dezentralisierung, zufällige Föderalisierung und Rezentralisierung, von denen er die chaotische Dezentralisierung, also einen langwierigen, durch bestehende Gesetze nur schwach regulierten Dezentralisierungsprozess, bei dem Zentralregierung und Regionen weiterhin miteinander um die Ausweitung ihrer Kompetenzen ringen, für am wahrscheinlichsten hält (vgl. Bünte 2004: 69).

Ein endgültiges Fazit möchte ich an dieser Stelle noch nicht ziehen. Zunächst sollen nun drei Fallstudien folgen, in denen die Gründung neuer Provinzen und Distrikte in den Regionen Banyumas, Tapanuli und Sulawesi Selatan näher untersucht werden wird. Erst danach möchte ich in einem abschließenden Fazit auf die übergeordneten Fragen dieser Arbeit zurückkommen.

5 Fallstudie 1: Dezentralisierungsprozesse am Beispiel von Banyumas

5.1 Geographische Angaben

Die Region Banyumas befindet sich im westlichen Teil der Provinz Jawa Tengah (Zentraljava). Eine neue Provinz Banyumas würde neben dem *kabupaten* Banyumas noch sieben weitere *kabupaten*, nämlich Brebes, Tegal, Pemalang, Banjarnegara, Purbalingga, Kebumen und Cilacap, sowie die *kotamadya* Tegal umfassen und sich damit als siebte Provinz auf der Insel Java zwischen Jawa Barat (= Westjava) im Westen und Jawa Tengah im Osten schieben.[162] Als mögliche Provinzhauptstadt werden vor allem Tegal und Cilacap genannt. Die Fläche der neuen Provinz würde insgesamt 10.150 km² oder rund ein Drittel der bisherigen Provinz Jawa Tengah umfassen, die Einwohnerzahl läge bei 9,71 Millionen, was ebenfalls einem Drittel der Einwohnerzahl von Jawa Tengah gleichkäme. Die Einwohnerdichte würde 1.003 Einwohner pro km² betragen.[163] [164]

5.2 Geschichtliche Daten

Das *kabupaten* Banyumas als Kernland der Region wurde im Jahre 1582 gegründet. Seine Gründung steht in einem engen Zusammenhang mit Raden Joko Kahiman, der zum ersten *bupati* von Banyumas wurde und später den Ehrentitel „Adipati Marapat" verliehen bekam.

Der Gründung des *kabupaten* war einer Legende nach die Ermordung Adipati Wirasabas VI., des Schwiegervaters Raden Joko Kahimans, durch den Sultan des früheren javanischen Königreiches Pajang vorausgegangen. Nach dieser Legende lud der Sultan die Söhne des Ermordeten zu sich ein, um die Nachfolge zu regeln. Jedoch war keiner von diesen mutig genug, der Einladung Folge zu leisten. Nur Raden Joko Kahiman wagte es schließlich, dem Sultan persönlich

---

[162] Die bisherigen sechs Provinzen Javas lauten in der Reihenfolge von West nach Ost: Banten, DKI Jakarta (DKI = *Daerah Khusus Ibukota* = Sondergebiet der Hauptstadt), Jawa Barat, Jawa Tengah, Daerah Istimewa (= Sondergebiet) Yogyakarta (DIY), Jawa Timur (Ostjava).

[163] Vgl. http://id.wikipedia.org/wiki/Provinsi_Flores; Zugriff: 30.8.2006.

[164] Zum Vergleich: Die Fläche Hessens ist mit 21.115 km² fast doppelt so groß wie die der angestrebten Provinz Banyumas, die Einwohnerzahl hingegen beträgt mit 6,1 Millionen weniger als 2/3 der Einwohnerzahl von Banyumas. Die Bevölkerungsdichte von Banyumas liegt ungefähr auf dem Niveau anderer javanischer Provinzen wie Banten, Jawa Barat und DIY, und wird auf Java nur vom DKI Jakarta (12.920 Einwohner/km²) deutlich übertroffen (vgl. http://de.wikipedia.org).

gegenüberzutreten. So kam es, dass er zum Adipati Wirasaba VII. ernannt wurde. Um Streitigkeiten mit seinen Schwagern zu vermeiden, teilte er das ihm verliehene Territorium in vier Teile auf, von denen er selbst die Region Kejawar behielt, in der er als neuen Regierungssitz das *kabupaten* Banyumas gründete.[165]

Jedoch konnte sich das neu gegründete *kabupaten* nicht lange seiner Unabhängigkeit erfreuen, da es bald zusammen mit der gesamten Region Banyumas unter die Vorherrschaft Pajangs geriet(vgl. Pigeaud/De Graaf 1976: 21; 29). In den folgenden Jahrhunderten wechselten sich die Mächte ab, von denen die Banyumas-Region kolonisiert wurde: Auf Pajang folgten die javanischen Königreiche Demak, Mataram[166] und schließlich das *Kasunanan*[167] Surakarta (Solo) (vgl. Rickleffs 1974: 229f.). In dieser Zeit wurde im Übrigen auch eine gezielte Zentralisierung betrieben, indem als *bupati* in der Banyumas-Region meistens aus Solo stammende Personen oder Verwandte des *sunan* eingesetzt wurden. Die letzte Kolonialmacht, die über Banyumas herrschte, waren die Niederländer. Doch auch im unabhängigen Indonesien wurde Banyumas jahrzehntelang keine regionale Autonomie zugestanden.[168] Erst 1990 wurde das *kabupaten* Banyumas wieder gegründet, erste Diskussionen um die Gründung einer *Provinz* Banyumas reichen bis in die Jahre 1995/96, also die Endphase der Soeharto-Ära, zurück.[169]

5.3 Kulturelle Besonderheiten

In Indonesien weithin bekannte kulturelle Elemente der Banyumas-Region sind vor allem der *penginyongan* und der *watak cablaka*. Mit dem Begriff *penginyongan* wird der Kollektivgeist der egalitären, nicht-feudalen Banyumas-

---

[165] *Sejarah Berdirinya Kabupaten Banyumas*, unter
http://www.banyumas.go.id/bmskita/sejarah2.php; Zugriff: 4.9.2006

[166] Das islamische Königreich Mataram (nicht zu verwechseln mit dem gleichnamigen hindu-buddhistischen Königreich, das vom achten bis zum zehnten nachchristlichen Jahrhundert bestanden hatte) erlebte seine Blütezeit im 17. Jahrhundert. Sein Machtzentrum lag in der Gegend um Yogyakarta und Solo (vgl. Nothofer 2006: 3).

[167] *Sunan* oder *susuhunan* lautet noch heute der Titel des Sultans von Surakarta. Davon leitet sich die Bezeichnung seines Sultanats als *kasunanan* ab (vgl. http://id.wikipedia.org).

[168] Suara Merdeka, Ahmad Tohari: *Andai Tidak Disubkulturkan*, unter http://www.mail-archive.com/kmnu2000@yahoogroups.com/msg03241.html; Zugriff: 30.8.2006

[169] http://www.banyumas.go.id/bmskita/sejarah2.php; Suara Merdeka: *Gubernur Minta Pemekaran Dihentikan*, 19. April 2004, unter
http://www.suaramerdeka.com/harian/0404/19ban9.htm; Zugriff: 30.8.2006

Gesellschaft bezeichnet.[170] Nach Ansicht des aus der Banyumas-Region stammenden Schriftstellers Ahmad Tohari[171] sei dieser Kollektivgeist zeitgemäßer und der weiteren Konsolidierung einer demokratischen Gesellschaft weitaus zuträglicher als der noch immer hierarchische, von feudalen Elementen geprägte Aufbau der Gesellschaft in der weiter östlich gelegenen Region um die Großstädte Yogyakarta (Yogya) und Solo, die oft als javanisches Kernland gilt. Der egalitäre Charakter der Banyumas-Gesellschaft spiegele sich auch im *Banyumasan*, dem Dialekt der Banyumas-Region, wieder, der dadurch eine höhere Anpassungsfähigkeit gegenüber den Herausforderungen der Gegenwart aufweise als der oft als „Standard-Javanisch" bezeichnete Yogya/Solo-Dialekt.[172] Diese höhere Anpassungsfähigkeit des *Banyumasan* bzw. seiner Sprecher zeige sich auch in der Tatsache, dass es in der oftmals problematischen Kommunikation mit Javanern aus dem Ostteil von Jawa Tengah in den meisten Fällen die Banyumasser sind, die zum Zwecke einer besseren Verständigung dazu bereit und fähig sind, ihren Dialekt aufzugeben.[173]

Ähnlich wie mit dem *penginyongan* verhalte es sich auch mit dem *watak cablaka*, der für Offenheit und Ehrlichkeit steht und der die Demokratisierung Indonesiens im Sinne freier Meinungsäußerung und einer größeren Transparenz der Politik ebenfalls vorantreiben könne. Tohari bringt seine Ansichten schließlich auf den Punkt, wenn er zusammenfasst, dass

---

[170] Schon die Tatsache, dass sich der Begriff *penginyongan* vom Personalpronomen für die erste Person Singular *inyong* ableitet, deutet auf eine gewisse Wertschätzung hin, die einem jeden Individuum innerhalb der banyumassischen Gesellschaft, ungeachtet seines Status, traditionell entgegengebracht wird.

[171] Ahmad Tohari (*13. Juni 1948 in Tinggarjaya, *kabupaten* Banyumas) wurde vor allem durch seine Romantrilogie *Ronggeng Dukuh Paruk* (Die Tänzerin von Dukuh Paruk) über das Leben einer Tänzerin und Prostituierten in dem kleinen Dorf Dukuh Paruk bekannt. Von seinen Werken, in denen sich das Dorfleben in der Region Banyumas wiederspiegelt, liegen Übersetzungen ins Japanische, Chinesische, Niederländische, Deutsche, Englische und auch ins Banyumasan, den Dialekt der Banyumas-Region, vor (vgl. Gramedia Pustaka Utama, *Detail Pengarang: Ahmad Tohari*, unter
http://www.gramedia.com/author_detail.asp?id=EBDP2528 ; Zugriff: 15.9.2006)

[172] Suara Merdeka, Ahmad Tohari: *Andai Tidak Disubkulturkan,* unter http://www.mail-archive.com/kmnu2000@yahoogroups.com/msg03241.html; Zugriff: 30.8.2006

[173] Indonesia-Views, Joko Suprianto: *Propinsi Banyumas,* unter
http://www.library.ohiou.edu/indopubs/2000/05/16/0040.html; Zugriff: 30.8.2006

andaikan Banyumas tidak terlalu lama disubkulturkan, tlatah penginyongan ini setidak-tidaknya bisa memberi kontribusi dua nilai yang sungguh berharga untuk menyembuhkan bangsa ini dari sakitnya yang lama dan parah: egalitarianisme dan transparensi.[174] [175]

Bemerkenswert ist sicherlich, dass sich die Banyumasser in den beiden erwähnten zentralen Elementen ihrer Kultur stark von der Yogya/Solo-Region mit ihrer hierarchischen Gesellschaftsstruktur und ihrer geschliffenen, höfisch geprägten Ausdrucksweise abgrenzen. Dagegen hat die Kultur der sich westlich unmittelbar anschließenden Sunda[176]-Region in der banyumassischen Kultur einige Spuren hinterlassen, sodass die „warna budaya calon Propinsi Banyumas[177]" als „Budaya Mataram yang dipengaruhi Budaya Sunda[178]" [179] bezeichnet werden kann. Die gefühlte Andersartigkeit der Banyumasser gegenüber dem Rest von Jawa Tengah resultiert allerdings in erster Linie aus ihrem Dialekt, auf den im folgenden Kapitel eingegangen werden soll.

5.4 Der Banyumas-Dialekt und sein Status

In der Region Banyumas wird ein Dialekt des Javanischen gesprochen, der größten Regionalsprache Indonesiens mit rund 80 Millionen Sprechern. Charakteristisch für das Javanische sind seine drei Höflichkeitsebenen, deren Verwendung sich nach dem eigenen sozialen Status sowie dem des Gesprächspartners richtet. Diese Höflichkeitsebenen treten bei sehr verschiedenen Wortgattungen auf (vgl. Nothofer 2006: 1ff.).

Das *Banyumasan* unterscheidet sich vom Yogya/Solo-Dialekt durch die kaum vorhandenen Höflichkeitsebenen. Historisch begründen lässt sich die Dialekt-

---

[174] „Wäre Banyumas nicht zu lange kulturell unterdrückt worden, könnte das breite Feld des *penginyongan* einen wichtigen Beitrag leisten mit zwei Werten, die sehr hilfreich wären, um unsere Nation von ihrer langen und schlimmen Krankheit zu heilen: Egalitarismus und Transparenz."

[175] http://www.mail-archive.com/kmnu2000@yahoogroups.com/msg03241.html

[176] Die Sundanesen, die den Großteil Westjavas bevölkern, bilden mit rund 35 Millionen Menschen die zweitgrößte Ethnie Indonesiens nach den vor allem in Zentral- und Ostjava beheimateten Javanern. Auch eine kleine Region im äußersten Westen von Banyumas wird von Sundanesen bewohnt (vgl. Nothofer 2006:1;8).

[177] „kulturelle Färbung des ‚Provinz-Kandidaten' Banyumas"

[178] „Mataram-Kultur, die von der sundanesischen Kultur beeinflusst wird"

[179] http://www.library.ohiou.edu/indopubs/2000/05/16/0040.html

grenze zwischen dem Yogya/Solo-Dialekt und dem *Banyumasan* durch den kulturellen Einflussbereich des Königreichs Mataram, in welchem sich die höfische Sprache mit ihren Höflichkeitsebenen verbreitet hatte. Interessanterweise deckt sich die Dialektgrenze ziemlich genau mit der Grenze zwischen der möglicherweise zukünftigen Provinz Banyumas und dem Rest Jawa Tengahs (vgl. Nothofer 2006: 5ff.).

Weiterhin bestehen zwischen dem *Banyumasan* und dem Yogya/Solo-Dialekt einige phonetische Unterschiede. So tritt im Yogya/Solo-Dialekt im Gegensatz zum *Banyumasan* meistens ein *glottal stop* an die Stelle eines finalen [k].[180] Beispielsweise wird beim Wort *enak* (= lecker, angenehm, schmackhaft) im *Banyumasan* das bei der Transkription in lateinische Schrift geschriebene finale [k] auch wirklich ausgesprochen und nicht, wie im Indonesischen oder in anderen javanischen Dialekten, durch einen *glottal stop* ersetzt.[181]

Außerdem tritt im *Banyumasan* oft ein [a] an die Stelle eines [o] im Yogya/Solo-Dialekt. Beispielsweise wird das Wort für „Reis" [seg**a**?[182]] im *Banyumasan*, aber [seg**o**] im Yogya/Solo-Dialekt ausgesprochen.[183] Diese phonetische Abweichung des *Banyumasan* vom Yogya/Solo-Dialekt wird von dessen Sprechern oft als „kasar" (grob) empfunden, ein Werturteil, das nicht selten auf das gesamte *Banyumasan* und die Mentalität und Kultur seiner Sprecher ausgeweitet wird.[184] Darauf deutet auch die abwertende Bezeichnung „ngapak-ngapak" hin, die viele Sprecher des Yogya/Solo-Dialekts für das *Banyumasan* benutzen, wobei sie auf die Aussprache des Wortes *apa* (= was) ([opo] im Yogya/Solo-Dialekt, [apa?] im *Banyumasan*) anspielen (vgl. Nothofer 2006: 8).

Auch im Vokabular gibt es zum Teil große Unterschiede zwischen dem *Banyumasan* und dem Yogya/Solo-Dialekt. Dies wird schon aus dem Basisvokabular ersichtlich. So lautet das informelle Personal- und Possessivpronomen für die zweite Person Singular *sira/rika* im *Banyumasan*, aber *kowe* im Yogya/Solo-Dialekt, und die Yogya/Solo-Entsprechung des Wortes *pisan* (= sehr) im

---

[180] Portal Banyumas: *Bahasa dan Sastra*, unter http://www.portalbanyumas.com/portal/moduled.php?name=News&file=article&sid=16; Zugriff: 4.9.2006

[181] Vgl. http://id.wikipedia.org/wiki/Dialek_Banyumas; Zugriff: 19.9.2006.

[182] Das [?] bezeichnet hier einen *glottal stop*.

[183] Vgl. ebd.

[184] http://www.library.ohiou.edu/indopubs/2000/05/16/0040.html

Banyumasan lautet *banget*. In anderen Fällen, wie dem Wort für „wie" (*keprimen/kepriben/kepriwe* im *Banyumasan*, *piye/kepriye/kepripun* im Yogya/Solo-Dialekt) ist eine Verwandtschaft dagegen immerhin erkennbar.[185]

Das *Banyumasan* wird selbst von vielen seiner Sprecher heutzutage nicht mehr sehr hoch geschätzt, sondern vielfach als *dialek babu* (Dialekt einer Hausangestellten) oder *dialek pelawak* (Dialekt eines Clowns) bezeichnet, der nur von *wong cilik* (Mitgliedern der Unterschicht) benutzt werden würde. Ahmad Tohari zu Folge würde das *Banyumasan* fast ausschließlich noch von der alten Dorfbevölkerung gesprochen, während es bei den jüngeren Banyumassern zunehmend von der Bahasa Indonesia verdrängt würde. Viele Auswanderer, welche die Banyumas-Region in Richtung Jakarta verlassen hätten, sprächen inzwischen nur noch Bahasa Indonesia mit dem modischen *Betawi*-Akzent[186], und auch innerhalb der Banyumas-Region erfolge die alltägliche Kommunikation mit den Kindern unter falschen Hinweisen auf eine bessere Bildung sowie Globalisierungszwänge hauptsächlich in der Nationalsprache. Das *Banyumasan* sei also gleichzeitig zwei Gefahren ausgesetzt: der nationalen sowie der globalen Kultur.[187]

Tohari setzt dem entgegen, dass das *Banyumasan* eine ursprünglichere Form des Javanischen darstelle als der Yogya/Solo-Dialekt und wesentlich näher mit dem Altjavanischen *(Kawi)*, der Sprache, in der die klassischen Werke der javani-

---

[185] Ausführliche Vokabellisten finden sich unter http://id.wikipedia.org/wiki/Dialek_Banyumas und bei: The Official Site Of Aksara Jawa: *Logat Banyumasan*, unter http://hanacaraka.fateback.com/logat_bms.htm; Zugriff: 19.9.2006.

[186] Als *orang Betawi* werden die alteingesessenen Bewohner Jakartas bezeichnet, deren traditionelle Sprache, eine Kreolsprache des Malaiischen, im heutigen Indonesien vor allem durch ihren Gebrauch in den Massenmedien sehr populär geworden ist (vgl. http://id.wikipedia.org/wiki/Betawi).

[187] Vgl. Nothofer 2006: 6, Pikiran Rakyat, Ahmad Tohari: *Dialek Banyumas Diambang Kepunuhan* (sic!), 17. October 2002, unter: http://www.pikiran-rakyat.com/cetak/1002/17/0504.htm; Zugriff: 30.8.2006; Sinar Harapan: *Dialek Banyumasan Dipinggirkan Masyarakatnya Sendiri*, 16 Oktober 2002, unter http://www.sinarharapan.co.id/berita/0210/16/nus06.html; Zugriff: 30.8.2006.

schen Literatur verfasst sind, verwandt sei.[188] Die Sprache, von der das *Banyumasan* direkt abstamme, sei also die Sprache der Erbauer der großen altjavanischen Tempelanlagen Borobudur und Prambanan, die Sprache Hayam Wuruks, König des mächtigen altjavanischen Reiches Majapahit, und seines berühmten Mitregenten Gajah Mada gewesen. Den Beweis dafür erbrächten Reliefs an den Wänden von Borobudur und Prambanan, die Wörter in einer dem *Banyumasan* verwandten Sprache enthielten. Dagegen hätten die Sprecher des Yogya/Solo-Dialekts, der sich erst vor rund 200 Jahren herausgebildet habe, keine dem Borobudur vergleichbaren Monumente hinterlassen.[189] [190]

Worin liegen aber die Gründe, dass eine Sprache, die auf eine solch stolze Vergangenheit zurückblicken kann, in der Bewertung durch die heutige Gesellschaft ein derart niedriges Prestige aufweist, dass sich ihr die eigenen Sprecher zunehmend verweigern? In Artikeln indonesischer Zeitungen, die sich mit dem *Banyumasan* befassen, wird oft von einem „Minderwertigkeitskomplex" der Banyumasser gesprochen: Die Vorurteile gegen die Banyumasser und ihren Dialekt seien mit der Zeit auch von den Banyumassern selbst verinnerlicht worden (vgl. ebd.). Hinzu käme die in Kapitel 5.2 bereits erwähnte Serie von Kolonisationen der Banyumas-Region, die das Selbstbewusstsein der Banyumasser noch zusätzlich geschwächt hätten. Dieser Minderwertigkeitskomplex schlage sich auch auf linguistischer Ebene nieder und führe zu einem als „dialect inferiority complex" (Sibata: 1958, zitiert nach Nothofer 2006: 8) bezeichneten Phänomen, bei dem eine bestimmte Sprechergruppe, die in einer relativ großen Entfernung vom Zentrum der Standard-Sprache lebt, einen Minderwertigkeitskomplex gegenüber den Sprechern der Standard-Sprache empfindet, der noch verstärkt wird, wenn das Zentrum in anderen, nicht-linguistischen Bereichen, also beispielsweise Wirtschaft und Bildung, weiterentwickelt ist als die Peripherie. Im

---

[188] Tatsächlich deutet die Aussprache des finalen Lautes im Banyumasan auf eine enge Verwandtschaft mit dem Kawi hin. Daneben gibt es auch zahlreiche Gemeinsamkeiten bzw. Ähnlichkeiten im Vokabular (z. B. *inyong* (=ich, mich) (Banyumasan) < *ingong* (Kawi), *rika* (= du, dein) (Banyumasan/Kawi) (vgl.
http://www.portalbanyumas.com/portal/modules.php?name=News&file=print&sid=16).

[189] Vgl. http://www.pikiran-rakyat.com/cetak/1002/17/0504.htm, http://www.mail-archive.com/kmnu2000@yahoogroups.com/msg03241.html.

[190] Jedoch ist diese These nicht ganz unumstritten. So wird an anderer Stelle behauptet, dass das Banyumasan trotz seiner besonderen Charakteristika lediglich einen unter vielen Dialekten des Javanischen darstelle, der keinesfalls dem Kawi besonders ähnlich sei (vgl. http://en.wikipedia.org/wiki/User_talk:Slamet_Serayu).

Fall von Banyumas ergibt sich eine gewisse wirtschaftliche Rückständigkeit aus der relativ großen geographischen Distanz zu den zentraljavanischen Industrieregionen um Semarang und Solo und der Abwesenheit großer Zentren wirtschaftlichen Wachstums in der Region selbst.[191]

Diese Faktoren sowie die höfische Tradition Yogyas und Solos tragen dazu bei, dass der Yogya/Solo-Dialekt bis heute ein weitaus höheres Prestige besitzt als das *Banyumasan*, dass er als „Sprache der Adeligen" gilt, den besonders Banyumasser, die einer niedrigeren sozialen Schicht angehören, nachzuahmen versuchen, weil sie damit fälschlicherweise die Aussicht auf einen sozialen Aufstieg verbinden. Das *Banyumasan* hingegen als egalitäre „Sprache für alle" weist dieses besondere Prestige nicht auf.[192]

Als weiterer Faktor kommt nach Tohari noch das mangelnde Bewusstsein und Engagement der Politiker in Banyumas für ihre eigene Sprache und Kultur hinzu. Tohari hofft daher auf einen politischen Beschluss, die Sprache und Kultur von Banyumas in den regionalen Lehrplan aufzunehmen.[193] Hier wird also wieder der Wunsch nach einer kulturellen Dezentralisierung deutlich. Jedoch kann eine derartige politische Resolution lediglich die Schaffung günstigerer Rahmenbedingungen für den Erhalt des Banyumasan bedeuten. Auf dem im Juni 2006 in Purwokerto durchgeführten Seminar *„Mengangkat Citra Banyumas"* („das Ansehen von Banyumas erhöhen") verständigten sich die rund 200 Teilnehmer, dass das Hauptaugenmerk darauf gelegt werden müsse, das Prestige der Kultur von Banyumas und die Identifikation der Bevölkerung mit ihr wieder zu erhöhen. Der Sprache und Literatur käme dabei eine Schlüsselrolle zu, was zu allererst die Verfügbarkeit von in *Banyumasan* verfassten Quellen erfordere. Ahmad Tohari machte diesbezüglich mit der Übersetzung seines Romans *Ronggeng Dukuh Paruk* ins *Banyumasan* bereits einen Anfang. Des Weiteren solle eine Plattform für das *Banyumasan* geschaffen werden, beispielsweise durch eine Wiederbelebung traditioneller Kunstformen aus der Region.[194]

---

[191] http://www.library.ohiou.edu/indopubs/2000/05/16/0040.html

[192] http://www.pikiran-rakyat.com/cetak/1002/17/0504.htm

[193] Vgl. ebd.

[194] Vgl. Portal Banyumas: *Panggung Lebih Luas buat Banyumas*, unter http://www.portalbanyumas.com/portal/modules.php?name=News&file=article&sid=43; Zugriff: 30.8.2006.

5.5 Die Bemühungen um eine eigenständige Provinz Banyumas

Wie oben bereits erwähnt, reichen die Bestrebungen nach der Gründung einer eigenständigen Provinz Banyumas bis in die Mitte der 1990er Jahre zurück. Danach zunächst etwas in Vergessenheit geraten, stiegen mit dem Ende des Soeharto-Regimes und der Verabschiedung der Dezentralisierungsgesetze von 1999 die Hoffnungen auf einen Erfolg dieser Bestrebungen wieder an, noch mehr nach der Veröffentlichung entsprechender Untersuchungsberichte des *Ttim Indipenden* (Undip) (Unabhängige Expertenkommission) und des *tim mediasi pemekaran* (Vermittlungsteam für die Abspaltung) im Jahre 2003.[195] Gleichzeitig nahm auch die Diskussion pro und contra einer eigenen Provinzgründung an Schärfe zu. Im Folgenden möchte ich die bisherige Entwicklung der Bemühungen um eine eigenständige Provinz Banyumas kurz zusammenfassen, wobei auch Stimmen aus der Bevölkerung zu diesem Thema berücksichtigt werden sollen.

Die Dezentralisierungswelle, die Indonesien in den ersten Jahren nach dem Sturz Soehartos erfasst hatte, schlägt sich in einem von Joko Suprianto im Mai 2000 verfassten Artikel mit dem Titel „Propinsi Banyumas" nieder, in dem der Autor ausführlich auf die Möglichkeiten und Probleme eingeht, welche die Gründung einer Provinz Banyumas mit sich bringen würde. Als oberstes Ziel einer Provinzgründung wird eine Steigerung des Wohlstands der Bevölkerung angegeben, als größtes Problem der Mangel an natürlichen Ressourcen in der Region. Aus mehreren Passagen klingt die Orientierung der Banyumas-Region nach Westen, zur Sunda-Region hin, heraus sowie die gefühlte Andersartigkeit zum Rest von Jawa Tengah und die nicht nur geographische Distanz zur bisherigen Provinzhauptstadt Semarang. So sei Banyumas nicht nur kulturell von Jawa Barat beeinflusst worden, sondern mit diesem auch infrastrukturell besser verbunden als mit den wirtschaftlichen Zentren Jawa Tengahs, Semarang und Solo. Als entscheidender Faktor jedoch wird einmal mehr der Dialekt von Banyumas genannt:

> Logat Banyumasan inilah yang membedakan penduduk wilayah calon Propinsi baru ini dengan penduduk Jawa Tengah lainnya dalam berkomunikasi dan sekaligus sebagai salah satu identitas Propinsi ini.[196] [197]

---

[195] Vgl. ebd.

[196] http://www.library.ohiou.edu/indopubs/2000/05/16/0040.html

In dem fast zur gleichen Zeit verfassten Artikel „*Propinsi Banyumas: Apa yg Harus Dilakukan?*"[198] wird Joko konkreter hinsichtlich der Anstrengungen, die seiner Meinung nach unternommen werden müssten, um die Gründung einer Provinz Banyumas zu erreichen. Joko teilt die notwendigen Maßnahmen in vier verschiedene Aufgabenfelder ein: Öffentlichkeitsarbeit, interne Konsolidierung, Einreichung des Antrags auf Provinzgründung und Überzeugungsarbeit.

Die Öffentlichkeitsarbeit soll nach Joko sowohl auf vertikaler als auch auf horizontaler Ebene erfolgen, also sowohl die verschiedenen Verwaltungsebenen, als auch die Bevölkerung erreichen. Zu diesem Zweck rät Joko auch zu einer Integration der Massenmedien in die Kampagne.

Für die interne Konsolidierung sieht Joko zwei Phasen vor: Zuerst solle sie auf der Ebene der DPRD in den neun *kabupaten* der angestrebten Provinz und der *kotamadya* Tegal erfolgen, in einem zweiten Schritt dann die gesamte neue Provinz erfassen.

Der Antrag auf die Gründung der Provinz müsse sowohl an die bisherige Provinzregierung in Semarang, als auch an die Zentralregierung in Jakarta gestellt werden. Großen Wert legt Joko hierbei auf eine möglichst harmonische, konfliktfreie Trennung von Jawa Tengah.

Als letzter Schritt sei schließlich noch eine umfassende Überzeugungsarbeit gegenüber dem DPR, dem Innenministerium und dem Ministerium für Regionale Autonomie notwendig.[199]

Im April 2004 erhielten die Bemühungen um eine Provinzgründung einen Dämpfer von Seiten der Provinzregierung von Jawa Tengah, die eine vorübergehende Aussetzung dieser Bemühungen forderte und sogar ein Verbot diesbezüglicher Aktionen aussprach. Begründet wurde dies mit dem Hinweis auf die bevorstehenden Wahlen des nationalen Parlaments und des Präsidenten, in deren Vorfeld man Ausschreitungen befürchte und mögliche Unruhefaktoren eindämmen wolle. Gleichzeitig hieß es auch, dass das Verbot vom nationalen Innenministerium ausgehe und ihm aus diesem Grund unbedingt Folge zu leisten sei. Da

---

[197] „Es ist der banyumassische Dialekt, der die Bewohner des Territoriums dieser möglichen neuen Provinz von den übrigen Bewohnern Jawa Tengahs bei ihrer Kommunikation unterscheidet und gleichzeitig eine Identität dieser Provinz herstellt."

[198] „Provinz Banyumas: Was muss getan werden?"

[199] Vgl. Indonesia Views, Joko Suprianto: *Propinsi Banyumas : Apa yg Harus Dilakukan ?*, unter http://www.hamline.edu/apakabar/basisdata/2000/05/19/0003.html ; Zugriff: 30.8.2006.

sich dieses Verbot an alle Regionen Indonesiens richte und sich keine widersetzt habe, müsse sich auch Banyumas dem Verbot beugen. Die weitere Entwicklung nach der Wahl blieb indes unklar, da man zunächst weitere Anweisungen der Zentralregierung abwarten sollte. Zu dieser Zeit befand sich die Zentralregierung im Übrigen gerade bei der Überarbeitung von Gesetz 22/1999 inklusive des „*masalah pemekaran wilayah*" (Problem der Neugründung von Regionen).[200] Als Resultat wurde Gesetz 32/2004 verabschiedet, das die Regeln für eine *pemekaran* ja wieder verschärft hatte.

Dennoch entschied der DPRD Banyumas auf seiner Sitzung am 19. April 2004, die Abspaltung von Jawa Tengah fortzusetzen und sich damit dem Verbot der Provinzregierung von Jawa Tengah und der indonesischen Zentralregierung zu widersetzen. Die Entscheidung wurde übrigens allein vom DPRD getroffen. Der *bupati*, dem die Aufgabe blieb, die Entscheidung des DPRD dem *gubernur* von Jawah Tengah und dem nationalen Innenministerium mitzuteilen, war bei der Sitzung nur als Zuschauer akzeptiert. Der Grund für die Entscheidung, die Abspaltung fortzusetzen, sei nach Angaben des DPRD-Vorsitzenden Tri Waluyo Basuki darin zu suchen, dass man den langjährigen Abspaltungsprozess nicht mehr stoppen wolle und eine Rechtsgrundlage in Form einer gemeinsamen Politik der *kabupaten*, wie sie im *Perubahan Propeda 2002-2006* beschlossen worden war, bereits vorhanden sei. Des Weiteren wurde der Abspaltungsprozess als „amanat rakyat" (Auftrag der Bevölkerung) bezeichnet. Trotzdem solle vor einer endgültigen Entscheidung auch die Position der Zentralregierung berücksichtigt werden.[201] Sollte es zu der endgültigen Entscheidung kommen, den Abspaltungsprozess fortzusetzen, müsste der Antrag auf eine neue Provinzgründung zuerst an den *gubernur* gestellt werden, der ihn dann dem DPRD der Provinz Jawa Tengah vorlegen würde. Danach müssten auch noch das nationale Innenministerium, das *Tim DPOD* und schließlich der Präsident Indonesiens ihre Zustimmung erteilen.

Im *kabupaten* Banyumas ist übrigens noch ein weiterer Dezentralisierungsprozess im Gange: Es wird über die Aufteilung des *kabupaten* in die *kotamadya* Purwokerto und ein Rest-*kabupaten* Banyumas diskutiert. Auch dieser Prozess wird mit einer angestrebten Vergrößerung des Wohlstands des Volkes begründet. Analog zur angestrebten Provinzgründung geht der DPRD von Banyumas

---

[200] http://www.suaramerdeka.com/harian/0404/19ban9.htm

[201] Vgl. Suara Merdeka: *DPRD Tetap Lanjutkan Pemekaran*, unter http://www.suaramerdeka.com/harian/0404/20/ban1.htm; Zugriff: 30.8.2006.

auch hier auf Konfrontationskurs zur Provinzregierung von Jawa Tengah und zur indonesischen Zentralregierung und diesmal auch zum *tim mediasi*, welches das *kabupaten* noch nicht bereit für eine Aufteilung in zwei eigenständige Distrikte hält. Diese Aufteilung werde auch nicht von einer breiten Mehrheit der Bevölkerung getragen, denn viele Bürger hätten sich enttäuscht über die Entscheidung ihrer Volksvertretung geäußert, die Aufteilung zu vollziehen.[202] Einem Artikel der indonesischen Tageszeitung *kompas* aus dem Jahre 2005 zufolge scheint der Prozess trotzdem mit einer großen Entschlossenheit weitergeführt zu werden. Ein eigens gegründetes *Tim Pemekaran Kabupaten Banyumas Menjadi Dua Daerah Otonom*[203], bestehend aus Mitgliedern der lokalen Legislative und Exekutive, begann zu diesem Zeitpunkt gerade mit der Sammlung wirtschaftlicher Daten in den vier *kecamatan*, die künftig die *kotamadya* Purwokerto bilden sollen. Im Falle einer ungleichen Verteilung des ökonomischen Potentials zwischen der künftigen *kotamadya* und den restlichen *kecamatan* des *kabupaten* Banyumas in seinen bisherigen Grenzen wird die Möglichkeit der Erweiterung Purwokertos um bis zu zwei *kabupaten* oder umgekehrt eine Kompensationszahlung Purwokertos an die übrigen *kabupaten* angesprochen.[204]

5.6 Stimmen aus der Bevölkerung zur angestrebten Provinzgründung

Die Dezentralisierungsprozesse in Banyumas scheinen etwas an der Bevölkerung vorbeizugehen. Dieser Eindruck entsteht zumindest, wenn man gezielt nach Stimmen aus der Bevölkerung zur angestrebten Provinzgründung sucht. Ein Beispiel dafür ist das *Forum Cah Purbalingga*, eine Plattform im Internet, auf der sich unter dem Topic „Propinsi Banyumas" jedermann zu diesem Thema äußern kann. Dieses Forum wird offensichtlich nicht allzu rege besucht, es finden sich dort bislang nur acht Kommentare, die allesamt vom März und April 2005 datieren (Stand: 4. Dezember 2006). Untersucht man diese Kommentare und vergleicht sie miteinander, so entsteht dabei der Eindruck einer überwiegend pragmatisch eingestellten und politisch durchaus interessierten, allerdings manchmal unzureichend informierten Öffentlichkeit, die – einer Demokratie an-

---

[202] Vgl. Suara Merdeka: *Ahmad Tohari "Gugat" anggota DPRD*, unter http://www.suaramerdeka.com/harian/0404/29/nas11.htm; Zugriff: 30.8.2006.

[203] Team zur Aufteilung des *kabupaten* Banyumas in zwei autonome Regionen

[204] Vgl. Kompas: *Rencana Pemekaran Banyumas Masuki Tahap Perhitungan Aset*, unter http://www.kompas.com/kompas-cetak/0305/01/jateng/289464.htm; Zugriff: 19.9.2006.

gemessen – ihre Meinung frei äußert und sich dabei auch nicht mit Kritik an der Politik der lokalen Volksvertreter zurückhält.

Als Gründe für eine Abspaltung von Jawa Tengah werden einmal mehr die Benachteiligung der Banyumasser gegenüber den Bewohnern der Region um Semarang und Solo genannt sowie die Möglichkeit für die Banyumasser, gemäß der Gesetze zur regionalen Autonomie ihre Politik unabhängiger gestalten zu können und ihr eigenes wirtschaftliches Potential auszubauen und mehr davon zu profitieren. Die politischen Prozesse und Konflikte, die sich im DPR Banyumas sowie zwischen dem DPR und der Provinzregierung von Jawa Tengah und der Zentralregierung in Jakarta abspielten, werden allerdings an keiner Stelle thematisiert. Dies mag ein Hinweis darauf sein, dass die Transparenz politischer Entscheidungsprozesse im heutigen Indonesien in vielen Fällen noch immer verbesserungsfähig ist und dass die von Joko Suprianto bereits 2000 eingeforderte Informationskampagne bislang unzureichend durchgeführt wurde oder zumindest breite Teile der Öffentlichkeit noch nicht erreicht hat.

Als Gründe gegen eine Abspaltung werden vor allem der langwierige und mühevolle bürokratische Prozess genannt sowie die Ansicht, dass die Gründung einer Provinz Banyumas in den Augen vieler Betroffener keine Priorität hat und man sich lieber zuerst um eine effektivere Lokalpolitik bemühen solle, um die wirtschaftliche Entwicklung der Region voranzubringen und dadurch den Wohlstand der Bevölkerung zu mehren. Auch äußert sich ein Besucher skeptisch darüber, dass bei der Gründung einer Provinz Banyumas die Vorteile die Nachteile wirklich übertreffen würden, ohne mögliche Vor- und Nachteile jedoch konkret zu benennen.[205]

Die Schwierigkeit, überhaupt auf Meinungsäußerungen aus der Bevölkerung zu stoßen und die geringe Anzahl von *Postings* im angesprochenen Forum könnte verschiedene Ursachen haben: Man könnte sie mit einer möglichen mangelnden Informiertheit der Bürger erklären oder auch mit deren Desinteresse, was bedeuten würde, dass die Pläne der Politiker zumindest bislang noch keinen allzu großen Rückhalt in der Bevölkerung genießen. Allerdings muss man sicher auch bedenken, dass das Internet wohl bislang das in der Bevölkerung am wenigsten verbreitete Medium ist und es zumeist nur Leute aus bestimmten Bevölkerungsgruppen sind – vor allem junge, wohlhabende und formal höhergebildete Städter

---

[205] Vgl. *Perwira Forum : Propinsi Banyumas*, unter:
http://www.purbalingga.go.id/forum/printer_friendly_posts.asp?FID=4&TID=16; Zugriff: 19.9.2006.

– die das Internet nutzen. Die geringe Zahl von Meinungsäußerungen hinsichtlich des Themas „*Pemekaran Propinsi Banyumas*" kann also auch schlicht und einfach auf eine bisher noch nicht allzu hohe Verbreitung des Internets unter den Bewohnern von Banyumas hindeuten.

5.7 Fazit

Am Beispiel von Banyumas wird deutlich, dass die angestrebte Neugründung einer Provinz in Indonesien durchaus linguistisch, kulturell und historisch begründet sein kann. Kulturelle Gründe für die angestrebte Loslösung von Jawa Tengah sind beispielsweise die gefühlte Andersartigkeit von den übrigen Javanern durch die egalitäre, nicht-adlige Gesellschaftsstruktur in Banyumas, durch die typische Banyumas-Mentalität, die sich im *cablaka* äußert, oder durch bestimmte Kunstformen,[206] die nur in Banyumas vorkommen. Als historische Gründe für den Wunsch nach einer Abspaltung von Jawa Tengah könnte man die einstige Eigenständigkeit der Banyumas-Region zur Zeit von Joko Kahiman nennen und die Tatsache, dass Banyumas nicht zum Kernland des Mataram-Reiches gehörte, sondern schon auf Grund seiner geographischen Lage seit jeher eine Affinität zur Sunda-Region aufweist. Jedoch sind im Falle von Banyumas die linguistischen Gründe am hervorstechendsten: Es ist vor allem ihr unverwechselbarer Dialekt, der den Banyumassern ein Gefühl der Zusammengehörigkeit geben könnte und der sie gleichzeitig von den restlichen Bewohnern der Provinz Jawa Tengah abgrenzt. Eine politische Motivation für die Gründung einer Provinz Banyumas kann man aus dem *Posting* eines *Users* mit dem Pseudonym „wanalaya" im *Forum Cah Purbalingga* herauslesen, der sich über die Benachteiligung der *Suku Jawa Kulonan* gegenüber *Jawa Kratonan* beklagt (vgl. ebd.).[207] Diese Benachteiligung kann sicher auch im ökonomischen Sinne verstanden werden, worauf auch Joko Supriantos Hinweis auf die relativ große geographische Entfernung der Banyumas-Region von den wirtschaftlichen Zentren Jawa Tengahs hindeuten würde.[208] Doch scheinen politische wie auch wirtschaftliche Gründe im Falle von Banyumas insgesamt betrachtet doch eher eine

---

[206] Vgl. dazu z. B.
http://www.pariwisata.banyumas.go.id/modules.php?name=sections&op=viewarticle&artid=11&page=1; Zugriff: 19.9.2006.

[207] Mit *kulonan* wird die Gruppe der Dialekte im westlichen Teil Jawa Tengahs, also das Banyumasan und der Tegal-Dialekt bezeichnet, während die östlichen Dialekte unter der Bezeichnung *Timuran* oder *Kratonan* zusammengefasst werden (vgl. http://id.wikipedia.org/wiki/Jawa_Tengah).

[208] Vgl. http://www.library.ohiou.edu/indopubs/2000/05/16/0040.html.

untergeordnete Rolle gegenüber den kulturellen, historischen und vor allem den linguistischen Gründen zu spielen. Darauf deutet allein schon die beträchtliche Anzahl von Quellen hin, die sich mit den drei letztgenannten Themenbereichen befassen.

Auch im Fall von Banyumas muss man zwischen den verschiedenen Ausprägungen von Dezentralisierung differenzieren. Es werden nämlich einige Widersprüche deutlich: zwischen der Bezeichnung des politischen Abspaltungsprozesses als *amanat rakyat* (s.o.) und dem geringen Echo, welches das diesbezügliche Engagement der Politiker in der Bevölkerung allgemein hervorruft, zwischen der vorherrschenden Argumentation, die das Banyumasan immer wieder als einen der wichtigsten – wenn nicht *den* wichtigsten – Grund für die Abspaltung von Jawa Tengah nennt, und der Geringschätzung, welche die Banyumasser selbst ihrem Dialekt heutzutage entgegenbringen, zwischen der Entschlossenheit, mit der die Mehrheit der lokalen Politiker die Provinzgründung vorantreibt und der Tatsache, dass für den vielleicht prominentesten Anwalt der Banyumas-Kultur Ahmad Tohari die Gründung einer eigenen Provinz gar keine Priorität zu haben scheint und er sich bislang noch nicht einmal öffentlich zu diesem Thema geäußert hat (vgl. Nothofer 2006: 7).

Tatsächlich scheint für viele Banyumasser das Feld der kulturellen Dezentralisierung die größte Wichtigkeit einzunehmen. Die Bewahrung der kulturellen Identität von Banyumas liegt vielen Intellektuellen aus der Region sicherlich sehr am Herzen, worauf die verhältnismäßig große Anzahl von zu diesem Thema publizierten Artikeln hindeutet, und offensichtlich findet dieses Thema auch bei der breiten Bevölkerung Anklang, wie das reich besuchte Symposium „Mengangkat Citra Banyumas" und die dort beschlossenen Ziele unter Beweis stellen (s.o.). Ergibt sich daraus jedoch zwangsläufig auch der Wunsch nach einer politischen Dezentralisierung? Und haben die Bestrebungen, eine eigenständige Provinz Banyumas zu gründen, Aussichten auf Erfolg?

Hier scheint Skepsis angebracht. Schließlich klingt auch aus einigen Kommentaren im *Forum Cah Purbalingga* heraus, dass viele Banyumasser die Gründung einer eigenen Provinz gar nicht als dringende Angelegenheit betrachten, dass sie in Frage stellen, ob eine Provinzgründung ihre Lebenssituation tatsächlich verbessern würde, dass sie vor den bürokratischen Hürden zurückschrecken und daran zweifeln, ob die Provinz- und Zentralregierung überhaupt die Gründung einer neuen Provinz genehmigen würden, und dass sie sich stattdessen viel mehr eine effektivere Lokalpolitik unter den bisherigen administrativen Gegebenheiten wünschen. Die Bemühungen um die Gründung einer Provinz Banyumas finden also in der Bevölkerung keine bedingungslose Unterstützung. Hinzu kommen andere Hinderungsfaktoren wie das bisher eher geringe wirtschaftliche Potential der Region Banyumas [209] und der Gegenwind, der den lokalen Volksvertretern aus Semarang und Jakarta entgegenbläst. Die Zentralregierung in Jakarta kann sich hierbei auf die im Gesetz 32/2004 enthaltenen Passagen berufen, in denen die Bedingungen für die Neugründung von Provinzen verschärft wurden (vgl. Volbracht 2005: 25).

Untersucht man noch einmal die zu Beginn dieser Arbeit vorgestellten vier verschiedenen Ausprägungen von Dezentralisierung am Beispiel von Banyumas, so lässt sich Folgendes festhalten:

- Die administrative Dezentralisierung scheint in Banyumas einerseits recht weit fortgeschritten, da sie ja eine Vorbedingung für die politische Dezentralisierung darstellt, die in Banyumas bereits bis zu einem gewissen Grade durchgeführt wurde. Als Beleg kann hier sicherlich die eigenständig betriebene Ablösungspolitik von Jawa Tengah genannt werden. Im Übrigen wäre auch die in Kapitel 5.5 bereits erwähnte angestrebte Aufteilung des *kabupaten* Banyumas zunächst einmal Ausdruck einer administrativen Dezentralisierung, könnte aber auch zu einer politischen Dezentralisierung führen, wenn damit tatsächlich eine eigenständigere Politik der verschiedenen *kecamatan* möglich werden sollte. Andererseits kann man die Ablösungspolitik in Banyumas auch dahingehend interpretieren, dass eine noch weitergehende administrative Dezentralisierung, also die Wahrnehmung von noch mehr Kompetenzbereichen und die Möglichkeit auf eine noch unabhängigere Politik, angestrebt wird.
- Auf den Bereich der fiskalischen Dezentralisierung wird in den von mir herangezogenen Quellen kaum eingegangen. Ein einziger Hinweis findet sich in einem *Posting* im *Forum Cah Purbalingga,* worin im Falle der Abspaltung von Jawa Tengah die Chance auf eine bessere Ressourcennutzung gesehen wird. Da Banyumas selbst jedoch nicht über große natürliche Ressourcen verfügt, scheint die fiskalische Dezentralisierung für die Banyumasser keine so herausragende Rolle zu spielen wie für Indonesiens rohstofffreie Regionen, wie beispielsweise Aceh, Riau, Ostkalimantan und West-Papua, in denen ebenfalls starke Dezentralisierungsbewegungen

---

[209] Vgl. http://www.library.ohiou.edu/indopubs/2000/05/16/0040.html.

bis hin zur angestrebten Loslösung vom indonesischen Staat im Gang sind.
- Die politische Dezentralisierung schien sich bis jetzt auf einem guten Wege zu befinden, andernfalls wäre die offensive Dezentralisierungspolitik des DPRD Banyumas nicht möglich. In einer Abspaltung von Jawa Tengah sehen die verschiedenen Distrikte der Banyumas-Region die Möglichkeit auf eine noch eigenständigere Politik gegeben. Da die Abspaltung bislang jedoch nicht eingetreten ist, scheint der Prozess derzeit an seine Grenzen zu stoßen.
- Am Beispiel von Banyumas wird deutlich, dass auch eine kulturelle Dezentralisierung angestrebt wird. Ein erstes positives Signal wäre hierbei, wenn die Sprache und Kultur von Banyumas, wie von Ahmad Tohari gefordert, tatsächlich in den Lehrplan der Schulen aufgenommen werden würde. Um die kulturelle Dezentralisierung aber wirklich voranzutreiben, wird auch ein starkes Engagement von Seiten zivilgesellschaftlicher Akteure vonnöten sein.

Als Fazit kann gezogen werden, dass für Banyumas eine kulturelle Dezentralisierung die größte Priorität hat. Eine stärkere Berücksichtigung der Kultur und des Dialektes von Banyumas könnte das Selbstwertgefühl der Banyumasser steigern und dadurch möglicherweise sogar ihren politischen Einfluss in Jawa Tengah vergrößern.

Ob die Gründung einer eigenen Provinz Banyumas zustande kommt, ist hingegen fraglich. Zu gering scheint das Interesse der Bevölkerung daran zu sein, zu viele andere Faktoren einer Provinzgründung im Wege zu stehen. Joko Supriantos Einteilung der für eine Provinzgründung notwendigen Maßnahmen in vier Aufgabenfelder könnte sich möglicherweise als hilfreich erweisen. Dabei wären vor allem in puncto Öffentlichkeits- und Überzeugungsarbeit noch große Anstrengungen notwendig. Wenn die Lokalpolitiker von Banyumas ihre Entschlossenheit beibehalten, wenn es ihnen gelingt, nicht den Eindruck zu erwecken, dass es ihnen nur um persönliche Bereicherung und eigenes Machtstreben geht, wenn sie es schaffen, die Bevölkerung mitzureißen und die Provinzregierung in Semarang sowie die indonesische Zentralregierung zum Einlenken zu bewegen, dann könnten die Bemühungen um eine Abspaltung der Banyumas-Region von Jawa Tengah einmal von Erfolg gekrönt sein. Jedoch scheint es zum jetzigen Zeitpunkt unwahrscheinlich, dass die Gründung einer Provinz Banyumas unmittelbar bevorsteht oder in naher Zukunft eintreten wird.

Größere Erfolgsaussichten im Vergleich zu Banyumas scheinen dagegen die Bemühungen um die Gründung einer neuen Provinz Tapanuli im Norden der Insel Sumatra zu haben, mit denen ich mich in meiner zweiten Fallstudie auseinandersetzen möchte.

6 Fallstudie 2: Dezentralisierungsprozesse am Beispiel von Tapanuli

6.1 Geographische Angaben

Die Region Tapanuli befindet sich an der Westküste des südlichen Teils der Provinz *Sumatera Utara* (Sumut) (= Nord-Sumatra). Im Osten bilden das Bukit Barisan-Gebirge und der *Danau Toba*, der größte See Südostasiens, die natürliche Grenze zum als *Sumatera Timur* (Ostsumatra) oder *Melayu Deli* bezeichneten Ostteil Sumuts. Administrativ setzt sich Tapanuli aus den *kabupaten Tapanuli Utara* (Taput) (= Nord-Tapanuli) mit der Hauptstadt Tarutung, *Tapanuli Tengah* (Tapteng) (= Zentral-Tapanuli) mit der Hauptstadt Sibolga und *Tapanuli Selatan* (Tapsel) (= Süd-Tapanuli) mit der Hauptstadt Padangsidimpuan (Padang Sidempuan) zusammen.[210] Die Gesamtfläche dieser drei *kabupaten* beträgt 31.690 km², die gesamte Einwohnerzahl liegt bei zwei Millionen, wovon sowohl bei der Fläche als auch bei der Bevölkerungsanzahl der größte Anteil auf Tapsel (18.897 km², eine Million Einwohner) entfällt.[211] Die Bevölkerungsdichte der drei *kabupaten* liegt bei insgesamt 63,1 Einwohner pro km².[212] Die bisherige Fläche der gesamten Provinz Sumut beträgt rund 71.680 km², die Einwohnerzahl liegt bei ungefähr 11,5 Millionen Menschen. Im Falle einer Abspaltung Tapanulis würde sich das Territorium Sumuts also um fast die Hälfte verkleinern, die Einwohnerzahl dagegen um nicht einmal ein Fünftel. Hieraus wird die relativ dünne Besiedlung Tapanulis ersichtlich. Tapanuli war in der niederländischen Kolonialzeit von 1915 bis 1940 bereits *keresidenan*[213] gewesen, was aber bei der administrativen Gliederung des unabhängigen Indonesiens nicht weiter berücksichtigt wurde.[214]

---

[210] Obwohl beide Städte administrativ eigene *kotamadya* bilden, befindet sich in Sibolga bzw. Padangsidimpuan auch der (provisorische) Regierungssitz der direkt angrenzenden *kabupaten* Tapteng bzw. Tapsel.

[211] Vgl. http://id.wikipedia.org.

[212] Ein Vergleich mit dem Territorium der potentiellen neuen Provinz Banyumas bietet sich hier an: Dort leben auf rund einem Drittel der Fläche Tapanulis fast fünfmal so viele Menschen. Die Bevölkerungsdichte beträgt somit beinahe das 16fache der Tapanulis (vgl. Kapitel 5.1 dieser Arbeit, Quellenangaben siehe dort).

[213] Die *keresidenan* bildeten in den letzten Jahrzehnten der niederländischen Kolonialzeit eine Verwaltungseinheit, die zwischen der Ebene der *provinsi* und der der *kabupaten* angesiedelt war (vgl. z. B. http://id.wikipedia.org/Jawa_Tengah).

[214] Vgl. Basyral Hamidy Harahap: *Tribalisme : Sisi gelap otonomi daerah*, unter http://www.basyral-hamidy-harahap.com/blog/index.php?itemid=18; Zugriff: 30.8.2006.

Die genauen Grenzen einer möglichen neuen Provinz Tapanuli stehen noch nicht fest. Neben den drei genannten *kabupaten* werden möglicherweise noch bis zu zehn weitere *kabupaten* bzw. *kotamadya*, nämlich Nias, Nias Selatan (Nisel) (= Süd-Nias),[215] Tobasa, Humbang Hasundutan, Samosir, Dairi, Pakpak Bharat (= West-Pakpak), Mandailing Natal, Padangsidimpuan und Sibolga der neuen Provinz beitreten.[216] Auch hinsichtlich des Sitzes einer neuen Provinzregierung gibt es noch Kontroversen: Als mögliche Kandidaten werden das in Taput gelegene Siborong-borong, Sibolga und vereinzelt auch das in Tapteng gelegene Pandan genannt.

Tapanuli wird in diversen Quellen immer wieder als eine relativ arme Region ohne große natürliche Ressourcen bezeichnet.[217] Von der angestrebten Provinzgründung versprechen sich deren Befürworter – zumindest gemäß ihren offiziellen Statements – nicht zuletzt einen wirtschaftlichen Aufschwung für die Region und eine Steigerung des Wohlstands ihrer Bewohner.[218]

6.2 Ethnische und religiöse Zusammensetzung

Will man die komplexen Kontroversen um die angestrebte Provinzgründung verstehen, sollte man sich zunächst einmal mit der ethnischen Zusammensetzung Tapanulis befassen. Die überwiegende Mehrheit der Bevölkerung des Territoriums der möglicherweise zukünftigen Provinz besteht aus *Batak*. Es ist je-

---

[215] Die der Westküste Sumuts vorgelagerte Insel Nias (5318 km², 800.000 Einwohner), die durch den Tsunami 2004 und ein weiteres verheerendes Erdbeben 2005 weltweit in die Schlagzeilen geraten war, wird mehrheitlich von der indigenen Ethnie der *Ono Niha* bewohnt, deren Sprache und Kultur sich von der Tapanulis stark unterscheidet. Administrativ gliedert sich Nias in die *kabupaten* Nias und Nias Selatan (vgl. http://id.wikipedia.org/wiki/Pulau_Nias).

[216] Vgl. Kompas: *Belum Ada Rekomendasi. Tiga Daerah Belum Sepakat*, 18 September 2006, unter http://www.kompas.com/kompas-cetak/0609/18/sumbagut/2960995.htm; Zugriff: 9.10.2006 ; Harian Global: *Sekdaprovsu : Provinsi Tapanuli sudah di ambang pintu*, 18 September 2006, unter http://www.harian-global.com/news.php?item.4520.21; Zugriff: 9.10.2006 ; Harian SIB Online: *Tujuh Kepala Daerah Tandatangi Persetujuan Siborongborong Ibukota Propinsi Tapanuli*, 2 Oktober 2006, unter http://aktualita.blogspot.com; Zugriff: 12.10.2006.

[217] Vgl. z. B. http://www.basyral-hamidy-harahap.com/blog/index.php?itemid=18.

[218] Vgl. z. B. Berita Kita, Johnson BS Rajagukguk: *Provinsi Tapanuli: Dari Siapa untuk Siapa?*, unter http://beritakita.blogspot.com/2006/06/provinsi-tapanuli-dari-siapa-untuk.html; Zugriff: 30.8.2006.

doch nicht ganz unstrittig, ob der Terminus „Batak" tatsächlich eine zusammengehörige Ethnie bezeichnet oder doch eher als Sammelbegriff für verschiedene in der Region selbst und teilweise auch in angrenzenden Regionen ansässige Ethnien zu verstehen ist.[219] So werden die Angkola, Mandailing, Toba, Pakpak, Simalungun und Karo als „Batak" bezeichnet, obwohl sich einige dieser Gruppen gegen die Bezeichnung wehren. Als größte der genannten Gruppen gelten die Toba, die ungefähr die Hälfte an der Gesamtzahl der Batak ausmachen. Es wird davon ausgegangen, dass die Batak ursprünglich eine Ethnie darstellten und die Aufteilung in die verschiedenen Sub-Gruppen vor allem auf willkürliche administrative Grenzziehungen zur Kolonialzeit zurückzuführen ist. Andererseits muss aber auch betont werden, dass die unterschiedliche Konversion zum Christentum bzw. Islam zu einer zunehmenden Entfremdung gerade zwischen den Toba und Mandailing geführt hat (vgl. Lebar 1972: 20). Dies soll im Folgenden genauer erläutert werden:

Die Traditionen der verschiedenen Batak-Gruppen ähneln sich untereinander, und auch ihre Sprachen, die in drei verschiedenen Sprachgruppen zusammengefasst werden, sind miteinander verwandt. Innerhalb einer Sprachgruppe sind sich die Sprachen untereinander so ähnlich, dass eine Kommunikation zwischen den Sprechern verschiedener Sprachen möglich ist. Eine die Sprachgruppen übergreifende Kommunikation ist dagegen in der Praxis nur sehr schwer durchführbar. Auch verfügt jede der Batak-(Sub-)Ethnien über ein eigenes Schriftsystem, jedoch weisen diese Schriftsysteme ebenfalls eine Ähnlichkeit untereinander auf.

Unter religiösen Gesichtspunkten betrachtet stellen die Batak ebenfalls keine Einheit dar. Durch umfangreiche Tätigkeiten vor allem deutscher Missionare im 19. Jahrhundert[220] gehören heute 85 Prozent der insgesamt sechs Millionen Batak dem protestantischen Glauben an, und die *Huria Kristen Batak Protestan* (HKBP) stellt gegenwärtig die größte christliche Gemeinde Indonesiens dar. Jedoch bilden die Muslime mit einem Anteil von zehn Prozent an der Gesamtzahl der Batak eine bedeutende Minderheit, und der Glaube vieler Batak ist auch heute noch mit Elementen traditioneller animistischer Religionen durchsetzt. Taput ist stark christlich, Tapsel dagegen islamisch geprägt, während im *kabu-*

---

[219] Das traditionelle Stammgebiet der ebenfalls als Batak bezeichneten Karo, Pakpak und Simalungun befindet sich außerhalb Tapanulis (vgl. http://www.basyral-hamidy-harahap.com/blog/index.php?itemid=18).

[220] Unter ihnen ist besonders Ludwig Ingwer Nommensen hervorzuheben.

paten Tapteng, der traditionellen Heimat der Angkola, die Muslime mit einem Anteil von rund 55 Prozent an der Gesamtbevölkerung den Christen gegenüber nur leicht in der Mehrheit sind.[221] Die heterogene Zusammensetzung der Bevölkerung Tapanulis birgt einiges Konfliktpotential in sich, auf das ich im Rahmen einer Analyse der Kontroverse um die angestrebte Provinzgründung näher eingehen werde.

Heute leben noch ungefähr 4,9 Millionen Batak in ihrer traditionellen Heimat im Hochland um den Danau Toba und den südlich angrenzenden Regionen. In den letzten Jahrzehnten ist jedoch eine vorwiegend ökonomisch bedingte zunehmende Migration in die im Osten Sumuts gelegene Provinzhauptstadt Medan zu beobachten gewesen. Auch diese Migrationsbewegung spielt in der Diskussion um die Gründung einer Provinz Tapanuli eine Rolle.[222]

6.3 Die Bemühungen um eine eigenständige Provinz Tapanuli

Die Debatte um die Gründung einer eigenständigen Provinz Tapanuli wird sowohl von den Befürwortern als auch von den Gegnern mit großem Engagement geführt. So finden sich im Internet zahlreiche Quellen zu diesem Thema.

Die Bemühungen um eine Provinzgründung reichen mindestens bis in das Jahr 2002 zurück, als der Antrag auf eine Provinzgründung bereits einmal von der Provinzregierung Sumuts mit der Begründung abgelehnt worden war, dass Tapanuli noch nicht bereit dafür sei, als eigenständige Provinz zu „überleben".[223] Trotzdem wurde die Idee einer Provinzgründung weiterhin mit einer großen Entschlossenheit verfolgt. Kontroversen entzündeten sich an den Fragen nach den Grenzen, der Hauptstadt und in geringerem Maße sogar nach dem Namen der Provinz:

- Die politischen Kräfte, welche die Gründung einer Provinz Tapanuli befürworten, waren von Anfang an darum bemüht, das Territorium der angestrebten Provinz über das Kernland Tapanulis hinaus auszudehnen und auch benachbarte Regionen zu integrieren. Vor allem die heterogene Zu-

---

[221] Vgl. http://www.basyral-hamidy-harahap.com/blog/index.php?itemid=18, private E-Mail von Elyeser Silaban, 5.11.2006.

[222] Zu allgemeinen Informationen über die Batak vgl. Carle 1987, Lebar 1972: 20ff., http://de.wikipedia.org/wiki/Batak, http://en.wikipedia.org/wiki/Batak_%28Indonesia%29.

[223] Vgl. Berita Kita: *Sumatera Utara*, June 8, 2006
http://beritakita.blogspot.com/2006/06/sumatera-utara_08.html; Zugriff: 5.10.2006.

sammensetzung der Bevölkerung Tapanulis und angrenzender Regionen sorgte dabei immer wieder für Konfliktstoff und schuf eine äußerst komplexe Stimmungslage. So wird immer wieder betont, dass schon eine Vereinigung des mehrheitlich von christlichen Toba bewohnten Taput mit dem mehrheitlich von islamischen Angkola-Mandailing[224] bewohnten Tapsel in einer eigenständigen Provinz nur schwierig zu gewährleisten sei.[225] Noch komplizierter wird die Lage dadurch, dass auch die *kabupaten* Pakpak Bharat und Dairi, das traditionelle Stammland der Pakpak, sowie Nias und Nisel der neuen Provinz unter Umständen beitreten werden. Obwohl im Falle von Nias die Regierungen beider *kabupaten* einer Vereinigung mit Tapanuli grundsätzlich zustimmen und der *bupati* von Nisel auch bereits sein schriftliches Einverständnis zu einer Provinzhauptstadt Siborong-borong erteilte,[226] wird bei einem Blick in die Internet-Foren, in denen das Thema der Gründung einer Provinz Tapanuli von der Bevölkerung diskutiert wird, doch deutlich, auf welche – zum Teil massiven – Vorbehalte die Pläne zur Provinzgründung bei großen Teilen der Pakpak und der Niasser stoßen. Darauf soll in Kapitel 6.5 noch einmal näher eingegangen werden.

- Als neue Provinzhauptstadt war lange Zeit Sibolga vorgesehen gewesen. So hatte auch der DPRD Sibolga 2002 bereits seine Zustimmung zur Bildung einer neuen Provinz Tapanuli mit Sibolga als Hauptstadt gegeben. Bei einem informellen Treffen im Büro des *gubernur* von Sumut war im September 2006 jedoch überraschenderweise die Entscheidung getroffen worden, dass Siborong-borong die Rolle der künftigen Provinzhauptstadt übernehmen solle. Daraufhin zog der DPRD Sibolga seine Unterstützung der Bemühungen um eine Provinzgründung bis auf Weiteres zurück, falls nicht wieder Sibolga als Hauptstadt festgelegt werden würde. Sibolga beruft sich hierbei auf historische Gründe, da es in der Kolonialzeit bereits

---

[224] Die Angkola und die Mandailing werden oft als eine zusammengehörige Gruppe betrachtet.

[225] Vgl. Castles 1972, nach: http://www.basyral-hamidy-harahap.com/blog/index.php?itemid=18; Kompas Cyber Media, Andy Riza Hidayat: *Pemekaran. Pembentukan Provinsi Tapanuli Dipertanyakan*, unter http://www.kompas.com/ver1/Nasional/0608/19/174549.htm; Zugriff: 30.8.2006; Kompas: *Pemekaran Tapanuli. SDM dan SDA Masih Sangat Minim*, 22 Agustus 2006, unter http://www.kompas.com/kompas-cetak/0608/22/sumbagut/2893829.htm; Zugriff: 30.8.2006.

[226] Vgl. http://aktualita.blogspot.com.

Hauptstadt des *keresidenan* Tapanuli gewesen war.[227] Laut dem DPRD-Sibolga-Abgeordneten Maruli Simamora erfülle Siborong-borong gar nicht die Voraussetzungen für eine Provinzhauptstadt, was die Vermutung nahe lege, dass nur eine bestimmte Gruppe aus eigennützigen Gründen versuche, den Regierungssitz nach Siborong-borong zu verlegen.[228] Dieser Behauptung steht wiederum die Studie eines Expertenteams entgegen, nach der Siborong-borong von seiner Lage und Fläche her von allen Kandidaten am geeignetsten sei, die Rolle der künftigen Provinzhauptstadt einzunehmen.[229] Auf jeden Fall wird an dieser Stelle deutlich, mit welcher Emotionalität die gesamte Debatte geführt wird, denn auf der Sitzung des DPRD Sibolga am 18. September stellte Maruli die Bereitschaft Tapanulis in Frage, eine eigenständige Provinz zu bilden und rief das nationale Innenministerium dazu auf, diese Bereitschaft noch einmal zu überprüfen. Maruli drängte sogar auf eine Unterschriftenkampagne des DPRD Sibolga, um die Bildung einer Provinz Tapanuli noch aufzuhalten.[230] Mag es sich dabei auch um populistische Wortmeldungen einer einzelnen Person handeln, so wird an diesen Äußerungen sowie der mit einer überwältigenden Mehrheit getroffenen Entscheidung des DPRD doch trotzdem deutlich, wie viel verletzter Stolz, wohl auch Angst vor einer zu starken ethnischen Dominanz der Toba als ohnehin schon größter Batak-Untergruppe in einer Provinz Tapanuli mit Hauptstadt Siborong-borong, hier mitschwingen. Auch die schriftliche Zustimmung der *kabupaten* Nias, Dairi und Pakpak Bharat zu einer Provinz Tapanuli mit einer Hauptstadt Siborong-borong steht noch aus, während diese *kabupaten* ihr Einverständnis zur Gründung einer Provinz mit der Hauptstadt Sibolga bereits erklärt hatten.[231] Die ablehnende Haltung des DPRD Sibolga gegenüber einer Provinzhauptstadt Siborong-borong findet offensichtlich auch bei der Bevölkerung Taptengs ein gehöriges Echo. So wurden jüngst

---

[227] Vgl. Waspada Online: *Tokoh Dan Ormas Tapteng Tolak Provinsi Tapanuli*, 09 Okt 06, unter http://www.waspada.co.id/cetak/index.php?article_id=80301; Zugriff: 12.10.2006.

[228] Vgl. Waspada Online: *DPRD Sibolga Tarik Dukungan Pembentukan Provinsi Tapanuli*, 19 Sep 06, unter http://www.waspada.co.id/cetak/index.php?article_id=79884; Zugriff: 9.10.2006.

[229] Vgl. http://aktualita.blogspot.com.

[230] Vgl. http://www.waspada.co.id/cetak/index.php?article_id=79884.

[231] Vgl. http://www.kompas.com/kompas-cetak/0609/18/sumbagut/2960995.htm.

Stimmen laut, die den DPRD Tapteng aufforderten, seine Unterstützung für die Bildung einer Provinz Tapanuli mit Hauptstadt Siborong-borong zurückzuziehen.[232]

- Hinsichtlich des Namens der Provinz riet der stellvertretende Vorsitzende der PDP (*Partai Demokrasi Perjuangan* = Partei der kämpferischen Demokratie) Postdam Hutasoit in einem offiziellen Statement am 11. August 2006, der Provinz den neutralen Namen „Bonapasogit" (= Heimat) zu geben, da nach seinen Angaben bestimmte „*soziale Entwicklungen*" einen Namen „Tapanuli" nicht mehr zulassen würden und man auf diese Weise noch weitere Regionen dazu bewegen könnte, sich der Provinz anzuschließen.[233] Offensichtlich ist dieser Vorschlag jedoch bisher auf wenig Resonanz gestoßen, da er in den übrigen der von mir untersuchten Quellen nicht weiter aufgegriffen wird. Wohl eher provokanter Natur ist die Äußerung des Priesters Asen Pardede aus Tapteng, der eine Umbenennung der angestrebten Provinz in „Tapanuli Utara" vorschlägt, um damit die ablehnende Haltung der Bevölkerung Taptengs gegenüber den Plänen zur Provinzgründung zum Ausdruck zu bringen.[234]

Es ist sicher noch erwähnenswert, dass einige Alternativvorschläge für die Gründung einer neuen Provinz an der Westküste Nord-Sumatras existieren. So wurde beispielsweise der Vorschlag gemacht, die *kabupaten* Tapsel, Mandailing-Natal (Madina) und Labuhan Batu zu einer Provinz Tasmanlaba[235] zusammenzuschließen. Diese Provinzgründung hätte eindeutig ethnische und religiöse Hintergründe, da sie sich in erster Linie auf die gemeinsame Ethnie (Angkola-Mandailing) und Religion (Islam), der die große Mehrheit der Bevölkerung der drei genannten *kabupaten* angehört, berufen würde. Ähnlich einzuordnen sind

---

[232] Vgl. http://www.waspada.co.id/cetak/index.php?article_id=80301.

[233] Berita Sore: *PDP Targetkan Raih 30 Persen Suara Pada Pemilu 2009*, 12 Agustus 2006, unter http://www.beritasore.com/index.php?option=com_content&task=view&id=7303Ite; Zugriff: 9.10.2006.

[234] Vgl. http://www.waspada.co.id/cetak/index.php?article_id=80301.

[235] Die Namen „Madina" und „Tasmanlaba" sind Beispiele für die in Indonesien so häufig gebrauchten Akronyme. Sie setzen sich aus den Anfangsbuchstaben der *kabupaten* bzw. einiger der *kecamatan* zusammen, aus denen sie bestehen. Im Falle des islamisch geprägten *kabupaten* Madina wird mit dem aus der Abkürzung neu zusammengesetzten Wort wohl bewusst auf Medina (Indonesisch: Madinah), die nach Mekka zweitwichtigste heilige Stadt des Islam, angespielt.

auch Stimmen aus dem DPRD Madina, die lieber eine eigene Provinz gründen oder sich der südlich angrenzenden Provinz Sumatera Barat (Sumbar) (= West-Sumatra) anschließen wollen, als einer Provinz Tapanuli beizutreten. Die Bewohner Madinas fühlen eine größere religiöse und kulturelle Affinität zu den ebenfalls muslimischen Bewohnern Sumbars, den Minangkabau, als zu den christlichen Toba. Für ein zusätzliches Zusammengehörigkeitsgefühl sorgt der Umstand, dass viele Bewohner des an Madina grenzenden bereits in Sumbar gelegenen *kabupaten* Pasaman aus Madina stammen und fließend Mandailing sprechen.[236]

In eine ähnliche Richtung geht die Idee der Gründung einer aus den *kabupaten* Tapteng, Nias, Nisel und Singkil sowie der *kotamadya* Sibolga bestehenden Provinz *Pantai Barat Sumatera* (= Westküste Sumatras), wie sie u.a. vom DPRD-Sibolga-Abgeordneten H. Mursan Pohan vorgebracht wurde. Auch hier möchte man sich offensichtlich einer zu starken Dominanz Taputs und der Toba entziehen, die in einer Provinzhauptstadt Siborong-borong zum Ausdruck käme.[237] In einem Online-Forum wurde allerdings von einem aus Nias stammenden *User* der Gegenvorschlag gemacht, dass Nias lieber eine eigene Provinz bilden sollte, der höchstens noch die benachbarten Mentawai-Inseln beitreten könnten, da ihre Bewohner den Niassern kulturell viel näher stünden als etwa die Batak.[238]

Eine andere Idee wurde von Marzuki Usman in seinem bereits 2003 erstmals veröffentlichten Artikel „Dampak Positif dari Pemekaran Wilayah"[239] vorgestellt: Er brachte die Idee einer Aufteilung Sumuts in drei Provinzen vor: Sumatera Timur (= Ost-Sumatra) mit der Hauptstadt Medan, Tapanuli mit der Hauptstadt Sibolga und Mandahiling Natal-Alako mit der Hauptstadt Padang Sidempuan. Für die Stadt Natal indes stellte Marzuki in Aussicht, dass sie zur Hauptstadt eines neuen *kabupaten* mit dem gleichen Namen werden könne. Begründet wurde dieser Vorschlag mit der Erwartung stark ansteigender Investitionen in den neuen Provinzhauptstädten Sibolga und Padang Sidempuan, die die-

---

[236] Vgl. http://www.basyral-hamidy-harahap.com/blog/index.php?itemid=18.

[237] Vgl. http://www.waspada.co.id/cetak/index.php?article_id=79884 , http://www.waspada.co.id/cetak/index.php?article_id=80301.

[238] Vgl. NiasIsland.com: *Bersatu Menolak Nias Gabung dalam Prov Tapanuli*, unter http://niasisland.com/home/discuss_desc_inq.php?caller=&file_option=discuss; Zugriff: 30.8.2006.

[239] „Die positiven Folgen der Herausbildung neuer [administrativer] Regionen"

se zu neuen ökonomischen Zentren machen könnten.[240] Ein Vorteil wäre auch, dass die Toba und die Angkola-Mandailing jeweils ihre eigene Provinz bekommen würden, was den viel gefürchteten Konfliktstoff zwischen diesen beiden Ethnien entschärfen könnte. Jedoch wurde dieser Vorschlag in den anderen von mir untersuchten Quellen nicht weiter aufgegriffen.

Ein ähnlicher Vorschlag stammt wiederum von Postdam Hutasoit. Er ist der Meinung, dass eine Aufteilung Sumuts in sogar vier oder fünf Provinzen den demographischen und ethnischen Gegebenheiten Sumuts am ehesten gerecht werden würde, da die Einwohnerzahl der Provinz inzwischen nahezu zehn Millionen Menschen betrage und die Bevölkerung aus verschiedensten Ethnien zusammengesetzt sei. Genauer definiert werden diese vier oder fünf Provinzen von ihm allerdings nicht.[241]

Derzeit beraten der DPRD Sumut und der *gubernur* über die Pläne zur Gründung der Provinz Tapanuli. Da Taput, Tobasa, Samosir und Humbang Hasundutan der neuen Provinz so gut wie sicher beitreten würden und auch Dairi, Pakpak Bharat, Nias und Nisel wahrscheinlich ihr Einverständnis erklären werden, wird die Mindestanzahl von für eine neue Provinzgründung notwendigen Distrikten (sechs *kabupaten* oder *kotamadya*) wohl erreicht, und es werden den Plänen für die angestrebte Provinzgründung gute Erfolgsaussichten eingeräumt.[242]

6.4 Argumente der Befürworter einer Provinzgründung

Die Diskussion um die Gründung einer Provinz Tapanuli erschöpft sich nicht in bloßen Pro- und Contra-Argumenten, sondern es sind zahlreiche Abstufungen und Alternativvorschläge vorhanden. Dennoch soll im Folgenden versucht werden, die Argumentationsgänge der Befürworter und der Gegner einer Provinzgründung kurz darzustellen.

Die Argumente der Befürworter – zumindest die offiziell vorgebrachten – sind weit überwiegend ökonomischer Natur. So werden als Argumente für eine Abspaltung von Sumut immer wieder angeführt, dass auf diese Weise der wirtschaftliche Aufbau der bisher noch eher armen und wenig entwickelten Region

---

[240] Vgl. Sinar Harapan, Marzuki Usman: *Dampak Positif dari Pemekaran Wilayah*, unter http://www.sinarharapan.co.id/ekonomi/Keuangan/2005/0411/keu3.html; Zugriff: 30.8.2006.

[241] Vgl. http://www.beritasore.com/index.php?option=com_content&task=view&id=7303Ite.

[242] Vgl. private E-Mail von Elyeser Silaban, 5.11.2006.

Tapanuli beschleunigt sowie der Wohlstand ihrer Bevölkerung vermehrt werden könne.[243] Durch eine stärkere Förderung des regionalen wirtschaftlichen Potentials solle die Abhängigkeit von Finanztransferleistungen und Sonderzuwendungen der Zentralregierung, die eine zu starke Dominanz der Zentralregierung und ein Gefühl der Unterdrückung in den Regionen zufolge hätte, überwunden werden.[244] Oft sei diese starke Einmischung der Zentralregierung in regionale Angelegenheiten übrigens mit dem Hinweis auf deren Notwendigkeit zur Sicherung der nationalen Einheit und der ökonomischen Entwicklung gerechtfertigt worden.[245]

Von der Provinzregierung sei Tapanuli bislang vernachlässigt worden, was sich schon allein aus der großen Entfernung zur Provinzhauptstadt Medan erkläre. In einer Provinz mit einer derart großen Fläche und einer verstreut lebenden Bevölkerung wie in Sumut sei es auch überhaupt nicht möglich, das ökonomische Potential voll auszuschöpfen und alle Teile der Bevölkerung daran teilhaben zu lassen.[246] Ein Hindernis für die wirtschaftliche Entwicklung der Region liege auch in der schlechten Infrastruktur und in einer massenhaften Abwanderung junger Arbeitskräfte.[247] Tapanuli sei keine *„daerah tertinggal"* (= eine zurück*gebliebene* Region), sondern eine *„daerah yang ditinggalkan"* (= eine zurück*gelassene* Region).[248] Aus dem feinen sprachlichen Unterschied zwischen dem Zustandspassiv *(tertinggal)* und dem Handlungspassiv *(ditinggalkan)* wird hier deutlich, dass man die mangelnde Entwicklung Tapanulis nicht als „natürlich" betrachtet, sondern die Schuld dafür bei der Provinzregierung in Medan sucht,

---

[243] Vgl. z. B. http://beritakita.blogspot.com/2006/06/provinsi-tapanuli-dari-siapa-untuk.html.

[244] Vgl. ebd.

[245] Vgl. Hariansib, Sanco Manullang: *Menghapus "Peta Kemiskinan" Melalui Provinsi Tapanuli*, 22 Agustus 2006, unter
http://www.hariansib.com/index.php?option=com_content&task=view&id=11484&It; Zugriff: 9.10.2006.

[246] Vgl. Berita Kita, Bukit Sitompul: *Propinsi Tapanuli kini waktunya*, July 5, 2006, unter http://beritakita.blogspot.com/2006/07/propinsi-tapanuli-kini-waktunya.html; Zugriff: 30.8.2006.

[247] Vgl. Sinar Indonesia Baru Online, John Anta Siagian: *Wacana Provinsi Tapanuli Dan Anomali PP Pemekaran*, 18 Juli 2006, unter
http://www.hariansib.com/index.php?option=com_content&task=view&id=9094&Ite; Zugriff: 30.8.2006.

[248] http://berita.blogspot.com/2006/06/sumatera-utara_08.html

gegen die sich längst ein gehöriger Frust aufgestaut zu haben scheint. In diesem Zusammenhang wird auch immer wieder das Ost-West-Gefälle innerhalb Sumuts angesprochen.[249] Dabei sei das ökonomische Potential Tapanulis prinzipiell durchaus vielversprechend, sodass Entwicklungsprogramme in einer eigenständigen Provinz Tapanuli auch wesentlich effektiver umgesetzt werden könnten, als dies bisher der Fall sei. Auch sei nach einer Provinzgründung mit einem Anstieg von Investitionen in der Region zu rechnen.[250]

Neben dieser allgemein vorherrschenden Argumentation wird in einigen Quellen noch auf historische Gründe verwiesen, die oft mit der ökonomischen Argumentation verbunden werden. So wird darauf hingewiesen, dass Tapanuli als *keresidenan* zur Kolonialzeit bereits einen einer Provinz vergleichbaren Status besessen habe.[251] Damals habe die niederländische Kolonialregierung das Ziel verfolgt, die wirtschaftliche Entwicklung der Region zu fördern. Auch kulturelle Argumente für eine Provinzgründung werden herangezogen und mit den ökonomischen verwoben. So heißt es beispielsweise, dass eine ausgeprägte Liebe zur Heimat einer der zentralen Bestandteile der Batak-Kultur sei und dass aus diesem Grund nach der Gründung einer Provinz Tapanuli eine breite Rückkehr von emigrierten Batak nach Tapanuli zu erwarten sei, was einen starken wirtschaftlichen Aufschwung in Tapanuli zur Folge hätte.[252]

Eher am Rande wird noch erwähnt, dass mit einer Provinzgründung die Hoffnungen auf einen nicht allein ökonomischen, sondern auch soziokulturellen und soziopolitischen Fortschritt verbunden seien, wenn diese Formulierung auch etwas vage bleibt.[253] Nicht zuletzt solle die Gründung einer eigenen Provinz auch die Kette der Bürokratie verkürzen, indem zentrale Angelegenheiten von der

---

[249] Vgl. z. B. Liputan Bona Pasogit: *Kader Partai Golkar Tapanuli Utara Desak Pembentukan Provinsi* Tapanuli, unter http://www.bonapasogit.tv/index.php?mod=berita&edisi=I-Jul-2006&id=1264&PHPSESSID=2c065aefef4cfaf84e94b0acad216416; Zugriff: 4.10.2006.

[250] Vgl. http://beritakita.blogspot.com/2006/06/sumatera-utara_08.html, http://beritakita.blogspot.com/2006/07/propinsi-tapanuli-kini-waktunya.html, http://www.hariansib.com/index.php?option=com_content&task=view&id=9094&Ite.

[251] Vgl. ebd.

[252] Vgl. http://beritakita.blogspot.com/2006/06/provinsi-tapanuli-dari-siapa-untuk.html.

[253] Vgl. ebd.

neuen Provinzregierung geregelt werden könnten, statt wie bisher im fernen Medan oder gar in Jakarta.[254]

Auffällig ist, dass von den Befürwortern einer Provinzgründung an keiner Stelle ethnische Argumente angeführt werden, obwohl es sicher naheliegend wäre, anzunehmen, dass die Batak nach einer Loslösung von der Provinz Sumut, in der auch die Malaien eine große Bevölkerungsgruppe darstellen, und nach der Gründung einer eigenen Batak-Provinz streben. Es heißt im Gegenteil, dass die Gründung einer Provinz von den verschiedenen ethnischen Gruppen unterstützt werden würde und keinesfalls die Zunahme von Konflikten zur Folge hätte.[255] Ethnische, religiöse und sonstige Konflikte, die sich aus der Provinzgründung ergeben könnten, werden von den Befürwortern einer Provinzgründung verständlicherweise nur am Rande angesprochen. So heißt es beispielsweise:

> Memekarkan daerah kita harus lihat faktor politis, sosial, agama dan etnis. Realitas ini harus dilihat dan tidak boleh tutup mata.[256] [257]

Diese Formulierung bleibt recht vage und kann ebenso als Argument *für* die Provinzgründung verstanden werden, falls hier auf eine für die Batak angeblich untragbare Situation in der Provinz Sumut als vernachlässigte Gruppe ohne genügend politischen Einfluss und ohne die Möglichkeit, ihre Kultur und Religion frei zu entfalten, abgezielt werden soll. Diesem Argument kann allerdings entgegengesetzt werden, dass – wie auch aus vielen der von mir bearbeiteten Quellen herausklingt – gerade die Toba landesweit für ihre Sprache, Kultur und ihre christliche Religion bekannt sind,[258] was den Schluss nahe legt, dass sie diese Elemente ihrer ethnischen Identität auch frei ausleben können und sie – etwa im Vergleich zu den Banyumassern – wohl seltener zu Opfern von offensichtlicher oder latenter Diskriminierung werden.

Nur der Soziologe Robert Sibarani von der Universitas Sumatera Utara in Medan geht etwas ausführlicher auf kulturelle, historische und ethnische Gründe

---

[254] Vgl. ebd.

[255] Vgl. http://www.hariansib.com/index.php?option=com_content&task=view&id=9094&Ite.

[256] „Die Gründung neuer [administrativer] Regionen erfordert die Berücksichtigung politischer, sozialer, religiöser und ethnischer Faktoren. Diese Realitäten müssen beachtet werden, und niemand darf die Augen vor ihnen verschließen."

[257] http://www.beritasore.com/index.php?option=com_content&task=view&id=7303Ite

[258] Vgl. z. B. http://kompas.com/ver1/Nasional/0608/19/174549.htm.

ein, die bei den Plänen zur Gründung einer Provinz Tapanuli eine Rolle spielen könnten. Er stellt den Vergleich mit anderen früheren *keresidenan* an, von denen die meisten inzwischen zu eigenständigen Provinzen geworden seien. Außerdem betont er die hohe Kultur der sowohl im Inland, als auch im Ausland längst berühmt gewordenen Batak, die beispielsweise in ihrer Sprache, Schrift und zahlreichen literarischen Werken zum Ausdruck komme. Die eigenständige Kultur der Region Tapanuli, ihre natürlichen Ressourcen und ihr touristisches Potential stellen nach Ansicht Sibaranis unterstützende Faktoren für die Gründung einer eigenen Provinz dar.[259]

Spezifische politische Gründe für die Gründung einer Provinz Tapanuli scheinen indes kaum vorhanden zu sein. Auf sie wird lediglich im Rahmen eines Artikels der Tageszeitung *Sinar Indonesia Baru* zum Thema näher eingegangen. Allerdings bleiben die Formulierungen sehr allgemein. So heißt es, dass eine mit ausreichenden Kompetenzen ausgestattete Regionalregierung die Bedürfnisse der Bevölkerung normalerweise viel besser wahrnehmen und auf sie eingehen könne als die Zentralregierung. Nicht zuletzt würden Dezentralisierungsprozesse sogar das nationale Zusammengehörigkeitsgefühl stärken, da sie das Ansehen der Zentralregierung bei der Bevölkerung erhöhen würden. Damit wird der oben erwähnten Argumentation widersprochen, dass der nationale Zusammenhalt nur durch eine Zentralregierung gewährleistet werden könne, die stärker in regionale Belange eingreife.[260]

Offiziell wird die angestrebte Provinzgründung also weit überwiegend ökonomisch begründet. Das Argument einer Beschleunigung der – vor allem wirtschaftlichen – Entwicklung und einer Steigerung des Wohlstands der Bevölkerung, die beide in einer eigenständigen Provinz besser erreicht werden könnten, taucht in fast allen der von mir analysierten Quellen auf. Während historische Gründe mit dem Hinweis auf das frühere *keresidenan* Tapanuli noch in einigen Artikeln erwähnt werden, finden sich kaum Belege dafür, dass die Batak eine Provinzgründung anstreben, weil sie sich *als Ethnie* in Sumut übergangen fühlen. Dies muss jedoch nicht bedeuten, dass eine ethnische Motivation für die Gründung einer Provinz Tapanuli nicht vorhanden ist, sondern es kann auch lediglich ein Hinweis darauf sein, dass das noch aus der Soeharto-Zeit stammende

---

[259] Vgl. ebd.

[260] Vgl. http://www.hariansib.com/index.php?option=com_content&task=view&id=11484&It.

SARA-Prinzip[261] möglicherweise bis heute als wichtig für ein harmonisches Zusammenleben erachtet wird und daher nicht verletzt werden soll. Dass jedoch zumindest für die Gegner einer Provinzgründung ethnische Argumente eine entscheidende Rolle spielen und dass viele von ihnen eine Dominanz der Batak in einer Provinz Tapanuli befürchten, soll im folgenden Kapitel erläutert werden.

6.5 Argumente der Gegner

Derartige Befürchtungen werden von den Gegnern einer Provinz Tapanuli durchaus beim Namen genannt. Dies wird schon am Titel des Artikels *„Tribalisme: sisi gelap otonomi daerah"*,[262] der dem *Blog* des aus der Mandailing-Region stammenden Basyral Hamidy Harahap entnommen wurde, deutlich, da im Titel das Wort *„tribalisme"*[263] gebraucht wird. Weiter wird erklärt, dass Tribalismus zwar den Zusammenhalt innerhalb einer (ethnischen) Gruppe fördere, gleichzeitig aber zu massiven Ressentiments gegenüber Außenstehenden führen könne. Schließlich sei das indonesische Staatsmotto *„Bhinneka Tunggal Ika"* als eine Reaktion auf die Gefahren, die sich aus der äußerst heterogenen Zusammensetzung der aus Hunderten von Ethnien bestehenden indonesischen Bevölkerung ergeben, gewählt worden. Die *otonomi daerah* habe diese Gefahren des Tribalismus wieder freigesetzt, was letztendlich auch die nationale Einheit Indonesiens gefährden könne.

Basyrals Meinung zufolge würden die Bemühungen um die Gründung einer Provinz Tapanuli einem Tribalismus-Gefühl von Seiten der Batak entspringen. Aus diesem Grund sei es jedoch kaum möglich, dass Toba und Mandailing als größte Ethnien in einer auf der Basis des Tribalismus gegründeten Provinz Tapanuli friedlich zusammenleben könnten. Als Beleg führt Basyral die in Kapitel 6.3 dieser Arbeit erwähnten Alternativvorschläge zur Gründung einer Provinz Tasmanlaba, einer Provinz Madina bzw. eines Beitritts Madinas zur Provinz Sumbar an. All diesen Vorschlägen sei gemeinsam, dass die Mandailing

---

[261] Das Akronym SARA setzt sich aus den Anfangsbuchstaben der Termini *Sukuisme* (Angelegenheiten zwischen verschiedenen Ethnien), *Agama* (Religion), *Ras* (Rasse) und *Antar bangsa* (Angelegenheiten zwischen verschiedenen Völkern/Nationen) zusammen, die nach Möglichkeit in der Öffentlichkeit nicht angesprochen werden sollen, um den sozialen Frieden nicht zu gefährden (vgl. http://id.wikipedia.org/wiki/SARA).

[262] „Tribalismus: Die dunkle Seite der regionalen Autonomie"

[263] Mit dem Terminus *„tribalisme"* wird hier eine übersteigerte Identifikation mit der eigenen Ethnie bezeichnet.

sich einer Provinz, die ethnisch von den Toba dominiert werden könnte, entziehen und ihrerseits eine Provinz gründen würden, die ihre Wurzeln in einer gemeinsamen Ethnizität (Mandailing) bzw. Religion (Islam) hätte. Gleiches gelte allerdings auch für die bei einer Abspaltung Tapanulis aus dem Rest-Territorium Sumuts entstehende Provinz Sumatera Timur (Sumtim) (= Ost-Sumatra), die dann mehrheitlich von muslimischen Malaien bewohnt werden würde. Resümierend stellt Basyral fest, dass *„dengan pembentukan Provinsi Sumatera Timur dan Provinsi Tapanuli, akan merusak keseimbangan semangat etnisitas masyarakat Sumatera Utara."*[264] [265] Des Weiteren zweifelt Basyral auch die von den Befürwortern einer Provinzgründung immer wieder betonte ökonomische Überlebensfähigkeit Tapanulis an, da die Ölsubventionen von Seiten der Provinzregierung Sumuts wegfallen würden und nicht durch ausreichende Einkünfte aus eigenen natürlichen Ressourcen ersetzt werden könnten. Aus den genannten Gründen zieht Basyral die Konsequenz, dass die Bestrebungen zur Gründung einer Provinz Tapanuli gestoppt und statt dessen Anstrengungen unternommen werden sollten, eine Wohlstandssteigerung für die gesamte Bevölkerung Sumuts – gerade auch für die bisher benachteiligten Regionen wie Tapanuli – herbeizuführen.[266] Basyrals Argumentation ergibt sich also aus vorwiegend ethnischen, zum Teil auch religiösen Überlegungen, die mit ökonomischen verknüpft werden. Seine Annahme ist folglich, dass Tribalismus-Gefühle aus ökonomischen Problemen heraus entstehen oder zumindest durch diese verstärkt werden. Bekäme man die ökonomische Lage in den Griff, kämen ethnische Konflikte gar nicht erst zum Ausbruch. Allerdings kann man aus Basyrals Thesen auch den weniger optimistischen Schluss ziehen, dass latente ethnische Konflikte allzeit vorhanden seien und durch ökonomische Probleme jederzeit zum Ausbruch gebracht werden könnten. Die Wahrheit ist wahrscheinlich in einer Art Wechselwirkung zwischen ethnischen und ökonomischen Faktoren zu suchen: Ethnischer Stolz ist unabhängig von der ökonomischen Situation vorhanden. Eine missliche ökonomische Lage kann jedoch dazu führen, dass der ethnische Stolz außer Gleichgewicht gerät oder sogar instrumentalisiert wird, um einen Sündenbock außerhalb der eigenen Ethnie zu finden. Es wäre aber wohl eine zu eindimensionale Betrachtungsweise, den Toba vorzuwerfen, sie würden die ökono-

---

[264] „mit der Gründung der Provinzen Sumtim und Tapanuli die ‚ethnische Leidenschaft' der Bevölkerung Sumuts aus dem Gleichgewicht geraten würde."

[265] http://www.basyral-hamidy-harahap.com/blog/index.php?itemid=18

[266] Vgl. http://www.basyral-hamidy-harahap.com/blog/index.php?itemid=18.

mische Rückständigkeit Tapanulis nur als Vorwand dazu nutzen, um die Regierung der multiethnischen Provinz Sumut zu diskreditieren.

Auf dem am 19. August 2006 in Medan abgehaltenen Seminar „*Pembentukan Provinsi Tapanuli: Dari dan untuk siapa?*"[267] äußerten sich auch Hotman Siahaan, Dekan der politologischen Fakultät an der Universitas Airlangga in Surabaya, und Usman Pelly, Professor für Anthropologie an der Universitas Negeri Medan, ähnlich wie Basyral. Hotman stellte die Frage in den Raum, ob eine gemeinsame Kultur ausreichend für die Gründung einer neuen Provinz sei, rief dazu auf, das Konfliktpotential zwischen den verschiedenen Batak-Ethnien zu berücksichtigen und ließ auch den Hinweis auf das frühere *keresidenan* Tapanuli nicht als hinreichendes Argument für eine Provinzgründung gelten. Usman forderte Taput und Tapsel dazu auf, ihre aus der unterschiedlichen Kultur und Religion resultierenden Konflikte zuerst zu lösen, bevor über die Gründung einer neuen Provinz nachgedacht werden könne. Außerdem zweifelte auch er einen ökonomischen Aufstieg Tapanulis durch die Provinzgründung an und widersprach dem von den Provinz-Tapanuli-Befürwortern häufig vorgebrachten Argument, dass die Gründung einer Provinz Tapanuli eine massenhafte Rückkehr aus Tapanuli abgewanderter hochqualifizierter Arbeitskräfte in ihre Heimat auslösen würde. Gerade die erfolgreichen Emigranten würden es bevorzugen, im Wohlstand in der Fremde zu leben, als in ihre Heimat zurückzukehren, in der sie sich eine neue Existenz wieder neu aufbauen müssten.[268]

Argumentieren Basyral, Hotman und Usman auf einer akademisch-rationalen Ebene, so werden in den Foren, in denen sich Bürger aus Pakpak und Nias zum Thema „Provinzgründung Tapanuli" äußern, ganz andere, leidenschaftliche Töne laut, die verdeutlichen, mit welcher Aufmerksamkeit und mit welcher Leidenschaft politisch interessierte Bürger in Sumut die Vorgänge um die angestrebte Provinzgründung verfolgen und wie unbefangen sie ihre Meinung öffentlich äußern – ein Phänomen, das zu Zeiten Soehartos praktisch undenkbar gewesen wäre.

So werden in einem Forum, in dem der Beitritt der mehrheitlich von Pakpak bewohnten *kabupaten* Pakpak Bharat und Dairi zur Provinz Tapanuli diskutiert wird, Äußerungen des gebürtigen Pakpak Drs H Abdul Azis Angkat, *Golkar*-

---

[267] „Die Gründung der Provinz Tapanuli: Von und für wen?"
[268] Vgl. http://www.kompas.com/ver1/Nasional/0608/19/174549.htm, Waspada Online: *Usman Pelly: Pertimbangkan Aspek Sosial Budaya Dalam Pemekaran*, 21 Aug 06, unter http://www.waspada.co.id/berita/medan/artikel.php?article_id=79216; Zugriff: 30.8.2006.

Abgeordneter im DPRD Sumut, wiedergegeben. Dieser spricht sich gegen einen solchen Beitritt aus, da er eine Vernachlässigung der Pakpak in einer Provinz Tapanuli durch eine „bestimmte", nicht näher definierte Gruppe befürchtet.[269] Zwar bestreitet Azis Angkat selbst eine ethnische Argumentationsgrundlage seiner ablehnenden Haltung, dies trifft aber sicher nicht auf die Reaktionen einer Anzahl von Besuchern in diesem Forum auf seine Äußerungen zu. So spricht ein Besucher von einer *„era penjajahan"* (= Ära der Besatzung) Pakpaks, die bis heute andauere. Derselbe Besucher wehrt sich auch vehement gegen das angeblich verbreitete Vorurteil gegen die Pakpak als *„suku tertinggal"* (= zurückgebliebene Ethnie) Sumuts. Noch unverblümter erscheint der Aufruf eines anderen Besuchers, sich von den *„belenggu orang orang tapanuli khususnya batak toba"*[270] zu befreien. Eine große Verbitterung scheint gegenüber den Toba zu herrschen, es wird von einer „Tobaisierung" Dairis gesprochen *(„dairi sudah ditobakan")* und von „bitteren Erfahrungen mit den Toba" *(„dengan toba kita punya pengalaman pahit")*. Nicht zuletzt wird sogar vor Versuchen der Provinz Tapanuli-Befürworter gewarnt, die Identifikation mit der jeweiligen Heimatregion, Ethnie und Religionsgemeinschaft der von den Provinzgründungsplänen betroffenen Bevölkerung bis zu einem gefährlichen Maß zu steigern *(„mengungkit rasa kedaerahan, kesukuan sampai keagamaan")*. Auch persönliche Erfahrungen spielen offensichtlich eine wichtige Rolle, wie der Kommentar eines Besuchers belegt, der sich auf Grund seines typischen Pakpak-Familiennamens diskriminiert fühlt. Hierin ähneln die Pakpak sicherlich den Banyumassern, da sie sich ebenfalls als eine häufig vernachlässigte, oftmals diskriminierte Bevölkerungsgruppe betrachten. Jedoch scheint die Identifikation mit der eigenen Ethnie und Sprache bei den Pakpak stärker ausgeprägt zu sein als bei den Banyumassern, da aus den vielen Kommentaren im Forum immer wieder ein gewisser Stolz auf die eigene ethnische Identität herausgelesen werden kann und viele der Kommentare einzelne Sätze in der Pakpak-Sprache enthalten. Sehr deutlich wird auch, dass sich die Pakpak keinesfalls als eine Untergruppe der Batak, sondern als eigenständige Ethnie betrachten *(„Saya pribadi tidak menga-*

---

[269] Vgl. Pakpak Online: *Mari ikut berpikir. Tokoh Ulayat Pakpak Bharat Tolak Gabung dengan Propinsi Tapanuli*, unter http://www.pakpakonline.com/detail.php?ses=&id=71; Zugriff: 4.10.2006.

[270] „Fesseln der Bewohner Tapanulis, besonders der Batak Toba"

kui saya orang Batak. Saya adalah etnis Pakpak. Sekali Pakpak tetap Pakpak."[271]).

Bei so viel Stolz auf die eigene Ethnie und einer solch ablehnenden Haltung vieler Pakpak, sich mit Tapanuli zu vereinigen, geht der Kommentar eines anderen Besuchers beinahe unter, der ethnische Gründe in diesem Fall *für* eine Vereinigung mit Tapanuli sprechen lässt, da seiner Meinung nach die Gemeinsamkeiten der Pakpak mit den Toba immer noch größer seien als etwa mit den Malaien und den eingewanderten oder in jüngerer Zeit transmigrierten Javanern als den anderen großen Ethnien Sumuts. Dem pflichtet ein anderer *User* bei, der die gemeinsamen historischen Wurzeln Dairis und Pakpak Bharats mit Tapanuli betont, da Dairi einst ein *kecamatan* Taputs gewesen sei, bevor es sich von Taput abgespalten und später noch in Dairi und Pakpak Bharat aufgeteilt habe.

Aus fast allen anderen Kommentaren aber klingt ein anderer Ton heraus: Voller Leidenschaft und Überzeugung sprechen sich die meisten Forumsbesucher gegen eine Vereinigung mit Tapanuli aus. Hinter der angestrebten Provinzgründung würden eindeutig ethnische Gründe stecken *(„Primordialisme/kesukuan")*, die man offen anspricht und denen man den Stolz auf die eigene Ethnie selbstbewusst entgegensetzt.[272]

Um die entscheidende Rolle ethnisch motivierter Gedankengänge und Meinungsäußerungen im Rahmen der angestrebten Provinzgründung noch mehr zu verdeutlichen, soll ein weiteres vergleichbares Forum untersucht werden, in dem Bürger aus Nias zur von den lokalen Politikern der *kabupaten* Nias und Nisel beschlossenen Vereinigung mit Tapanuli Stellung beziehen.

Auch hier behauptet ein *User* wieder, dass die angestrebte Provinzgründung eindeutig ethnisch motiviert sei (*„Propinsi Tapanuli berdasarkan etnisitas Batak"*),[273] wobei er sich auf die in Kapitel 6.4 dargestellten Äußerungen Robert Sibaranis bezieht und ihnen die rhetorische Frage Hotman Siahaans entgegenstellt, ob man allein auf Basis einer gemeinsamen Kultur eine neue Provinz gründen könne, sowie auch gleichzeitig Hotmans Aufforderung an die verschiedenen Batak-Ethnien, als erstes ihre Feindschaften untereinander zu beenden. Setze man Tribalismus als gedankliche Basis der angestrebten Provinzgründung

---

[271] „Ich persönlich bezeichne mich nicht als ‚Batak'. Ich gehöre zur Ethnie der Pakpak. Einmal Pakpak, immer Pakpak."

[272] alle Zitate entnommen aus: http://www.pakpakonline.com/detail.php?ses=&id=71

[273] „Die Provinz Tapanuli basiert auf der Ethnizität der Batak."

voraus, so könne Nias sich dieser Bewegung unter keinen Umständen anschließen, da die niassische Bevölkerung sich nicht von anderen Ethnien dominieren lassen würde und eine ethnisch motivierte Provinzgründung im Übrigen auch dem Gedanken der nationalen Einheit Indonesiens widerspreche. In einigen Kommentaren werden die großen kulturellen und ethnischen Unterschiede zwischen den Niassern und den Batak thematisiert *("Secara etnis NIAS bukan BATAK atau BATAK bukan NIAS.")*[274] und einmal sogar die Frage aufgeworfen, warum ausgerechnet Nias Teil einer Provinz Tapanuli werden sollte, während Teile Tapanulis sowie einige direkt angrenzende Gebiete einer Vereinigung in einer Provinz Tapanuli ablehnend gegenüberstünden *("Kenapa justru Nias yang gak ada sangkut pautnya dengan kultural Batak yang merengek rengek bergabung dengan bakal propinsi Tapanuli tersebut?")*[275]. Wie in Kapitel 6.3 bereits erwähnt, schlägt ein Besucher sogar die Gründung einer eigenen Provinz Nias vor, der sich unter Umständen auch die benachbarten Mentawai-Inseln anschließen könnten, deren Bewohner den Niassern kulturell viel näher stünden als die Bewohner Tapanulis. Begründet wird dieser Vorschlag damit, dass Nias auch derzeit in der Provinz Sumut mit ihrer überwiegend aus Batak bestehenden Regierung benachteiligt werde und sich von einer Vereinigung mit Tapanuli keine Verbesserungen versprechen könne. Politisch sei eine solche Vereinigung auch aus dem Grund sinnlos – so der Kommentar eines anderen Besuchers – da sie aktuellen Dezentralisierungsprozessen zuwiderlaufe, in Folge derer sich Nias kürzlich erst in zwei verschiedene *kabupaten* aufgespalten habe. Auch wirtschaftlich würde Nias keinesfalls von einer Vereinigung mit Tapanuli profitieren, da Nias reicher an Bodenschätzen sei als Tapanuli und über ein größeres ökonomisches Potential verfüge.

In einem weiteren Kommentar wird dem DPRD-Vorsitzenden von Nisel vorgeworfen, gegen die Interessen der Bevölkerung gehandelt zu haben, indem er so vehement für eine Vereinigung mit Tapanuli eingetreten sei. Auch hier wird also wieder ein gegenüber der Soeharto-Ära radikal verändertes Politikverständnis deutlich: Es wird von den Politikern erwartet, die Interessen des Volkes zu vertreten, und man scheut nicht mehr davor zurück, Politiker zu kritisieren, die dies offensichtlich nicht tun. Für ein neues Politikverständnis sprechen auch zwei

---

[274] „Unter ethnischen Gesichtspunkten ist Nias nicht gleich Batak oder Batak nicht gleich Nias."

[275] „Warum ‚winselt' ausgerechnet Nias, das gar keine Verbindung zur Kultur der Batak hat, [so sehr] darum, sich der erwähnten zukünftigen Provinz Tapanuli anzuschließen?"

weitere Kommentare, in denen vorgeschlagen wird, die Bevölkerung von Nias zu befragen, ob sie einer Vereinigung mit Tapanuli zustimme oder nicht. In einem der beiden Kommentare wird auch die mangelnde Verbreitung des Internets in der Bevölkerung thematisiert und es wird dazu aufgerufen, gerade auch die Bevölkerungsgruppen ohne Internetzugang in die Diskussion mit einzubeziehen.[276][277]

Was Intellektuelle wie Hotman Siahaan und Usman Pelly ansprechen, tritt in den – keinesfalls unqualifizierten, aber doch deutlich emotionaleren und unverblümteren – Meinungsäußerungen aus der Bevölkerung noch deutlicher zu Tage: Für die Gegner einer Provinz Tapanuli spielen ethnisch begründete Gedankengänge die weitaus wichtigste Rolle in ihrer Argumentation, und es wird gleichzeitig den Provinzgründungs-Befürwortern unterstellt, dass sie eine Provinz schaffen wollen, die allein eine gemeinsame Ethnizität zur Basis hat. All dies wird mit einer Offenheit thematisiert, die das SARA-Prinzip wiederholt verletzt und es damit – wahrscheinlich eher unbewusst – in Frage stellt.

6.6 Fazit

Am Beispiel Tapanulis wird die Komplexität vieler Dezentralisierungsprozesse im heutigen Indonesien deutlich. Das Nebeneinander verschiedener Ethnien und religiöser Gruppen, das wirtschaftliche Gefälle innerhalb einer Provinz, die sich momentan vollziehende Demokratisierung auch auf lokaler Ebene, zu der das SARA-Prinzip oftmals in einem widersprüchlichen Verhältnis steht, sowie sicherlich auch vorhandene Motive der persönlichen Bereicherung einiger Lokalpolitiker, schaffen eine oftmals verwirrende Stimmungslage, in der es schwerfällt, die Ziele der verschiedenen Bevölkerungsgruppen genau zu definieren und voneinander abzugrenzen, die wahren Hintergründe der Dezentralisierungsprozesse herauszufinden oder gar Zukunftsprognosen abzugeben.

---

[276] Zu Stellungnahmen der niassischen Bevölkerung zum Thema „Vereinigung Nias mit Tapanuli" vgl.
http://www.niasisland.com/home/discuss_desc_inq.php?caller=&file_option=discuss.

[277] An dieser Stelle soll allerdings auch erwähnt werden, dass fast alle Kommentare in dem Forum zwar offensichtlich von Niassern abgegeben wurden, die allerdings nicht mehr auf Nias wohnhaft zu sein scheinen. Dies kann als Beleg für die mangelnde Verbreitung des Internets auf Nias selbst gelten und wirft gleichzeitig die Frage auf, ob dieses Forum wirklich ein für die Bevölkerung von Nias repräsentatives Stimmungsbild zeichnet.

Im Gegensatz zu Banyumas, wo sich die größten Bemühungen darauf konzentrieren, durch die verstärkte Förderung des regionalen Dialekts eine neue Identität unter der Bevölkerung herzustellen, manifestieren sich die Dezentralisierungsprozesse in Tapanuli am auffälligsten in den Bemühungen um die Gründung einer eigenen Provinz. Tapanuli scheint „einen Schritt weiter" zu sein als Banyumas, da die Batak ja bereits über ein starkes Bewusstsein für die eigene Ethnie und Kultur verfügen. Um kurz auf das Modell der verschiedenen Dezentralisierungsausprägungen zurückzukommen, ist also im Falle Tapanuli eine kulturelle Dezentralisierung nicht so entscheidend wie etwa im Fall Banyumas, während eine administrative, politische und vor allem fiskalische Dezentralisierung umso stärker verfolgt werden. So stellt sich die Lage zumindest dar, wenn man der offiziellen Argumentation der Provinz-Tapanuli-Befürworter Glauben schenkt. Berücksichtigt man jedoch die Bedenken, die von den Gegnern der Provinzgründung geäußert werden, spielen auch Dynamiken eine Rolle, die man durchaus in das Feld der kulturellen Dezentralisierung einordnen kann. Doch gerade daraus ergeben sich die Probleme im Fall Tapanuli, denn es wird den Befürwortern einer Provinzgründung unterstellt, die offiziell vorgebrachte ökonomische Motivation hinter den Plänen zur Provinzgründung sei nur vorgeschoben und in Wirklichkeit wolle man eine eigene Batak-Provinz auf ethnischer Basis gründen, was äußerst schädlich für die nationale Einheit Indonesiens sei. Auffällig ist, dass sowohl die Befürworter als auch die Gegner einer Provinzgründung überwiegend mit einer Stimme sprechen: Die Befürworter geben in fast allen Quellen an, dass eine Provinzgründung nur zum (ökonomischen) Wohl der Bevölkerung sei, während die Gegner – abgesehen von einigen eher latenten Hinweisen auf Motive des persönlichen Machtstrebens und der persönlichen Bereicherung der Lokalpolitiker[278] – fast immer ethnische Hintergedanken unterstellen. Dabei bilden gerade die Gegner eine heterogene Gruppe, die sich aus Vertretern verschiedener in irgendeiner Weise betroffener Ethnien und einigen außenstehenden Beobachtern zusammensetzt.

Da der Vorwurf der „Ethno-Provinz" von verschiedenen Seiten immer wieder auftaucht, muss angenommen werden, dass er nicht ganz haltlos ist und ethnische Überlegungen bei den Befürwortern einer Provinzgründung eine wichtige Rolle spielen. Andererseits wäre es aber sicher zu einfach, den Provinz-Tapanuli-Befürwortern pauschal zu unterstellen, sie würden ökonomische Gründe nur vorschieben, um das Ziel einer ethnisch homogenen Batak-Provinz zu

---

[278] Vgl. z. B. http://www.waspada.co.id/cetak/index.php?article_id=79884.

verwirklichen. Offensichtlich sind viele der Befürworter tatsächlich der Meinung, dass durch die Gründung einer eigenen Provinz die Region Tapanuli besser gefördert und dadurch ihre bisherige Rückständigkeit aufgehoben werden könne. Und schließlich waren es ja die Befürworter, die im Fall Nias die Initiative ergriffen, um die Niasser – wenn auch als Minderheit – in die neue Provinz aufzunehmen. Wahrscheinlich ist aber auch, dass ökonomische Überlegungen oftmals einem ethnischen Stolz entspringen und sich gerade die Toba in der multi-ethnischen Provinz Sumut bisher übergangen fühlen. Schließlich ist Dezentralisierung wohl selten als monokausaler Prozess zu bewerten, wenn auch in bestimmten Fällen ein Faktor stark dominieren kann, wie im Fall Banyumas die Sprache. Mehr noch: Die verschiedenen Faktoren hinter den Dezentralisierungsprozessen können miteinander im Zusammenhang stehen und sich gegenseitig bedingen. So muss wohl im Falle Tapanulis der Schluss gezogen werden, dass hinter der angestrebten Provinzgründung sowohl ökonomische als auch ethnische Faktoren stehen, die sich teilweise gegenseitig bedingen, wie in Kapitel 6.5 bereits erläutert wurde.

Das historische Argument mit dem Hinweis auf das *keresidenan* Tapanuli wirkt dagegen weniger überzeugend, da hier die Administration einer längst überholten und diskreditierten Kolonialherrschaft zum Vorbild genommen wird. Sogar wenn man dieser Argumentation weiter folgt, scheint sie nicht ganz schlüssig, da die *keresidenan* ja in der kolonialen Administration *unterhalb* der Provinzen standen und vielmehr eine Zwischenebene zwischen den Provinzen und *kabupaten* bildeten. Ganz haltlos ist das Argument allerdings nicht, da administrative Grenzen der Kolonialzeit durchaus auch in anderen Regionen Indonesiens in der derzeitigen Dezentralisierungsdebatte eine Rolle spielen, wie ich im Rahmen meiner dritten Fallstudie noch zeigen möchte.

Was ist für die Zukunft Tapanulis zu erwarten? Die Wahrscheinlichkeit, dass die Provinz Tapanuli zustande kommt, ist recht hoch. Da es derzeit nicht danach aussieht, dass Madina, Tapsel und Padangsidimpuan der Provinz beitreten werden, wäre damit auch gefährliches Konfliktpotential zwischen den Toba und den Mandailing entschärft. Multiethnisch bliebe die neue Provinz allerdings trotzdem, sodass zu hoffen bliebe, dass sich die Pakpak und Niasser nicht von den sich in der eindeutigen Mehrheit befindenden Toba diskriminiert fühlen würden. Unter religiösen Gesichtspunkten betrachtet wäre die neue Provinz dagegen stärker christlich geprägt. Ob es zu einem wirtschaftlichen Aufschwung der Region kommen würde, ist fragwürdig, aber es wäre sicher als Fortschritt im Sinne der *otonomi daerah* zu bewerten, wenn den Bewohnern Tapanulis die Möglichkeit gegeben würde, über das wirtschaftliche Potential ihrer Region selbst zu verfügen, es eigenständig zu fördern und davon zu profitieren.

Nicht zuletzt soll noch positiv hervorgehoben werden, dass es trotz der oftmals sehr hitzig geführten Diskussionen bislang zu keinen Gewaltakten in der Region im Rahmen der *pemekaran*-Pläne gekommen ist, sodass – unabhängig vom Erfolg oder Misserfolg des Vorhabens – wohl auch in Zukunft nicht mit einem Ausbruch von Gewalt gerechnet werden muss. Dass Dezentralisierungsprozesse in Indonesien nicht immer so friedlich vonstattengehen, soll in der folgenden Fallstudie verdeutlicht werden, die sich mit Dezentralisierungsprozessen im Süden der Insel Sulawesi beschäftigen wird.

7 Fallstudie 3: Dezentralisierungsprozesse am Beispiel von Sulawesi Selatan

7.1 Geographische Angaben

Die folgende Fallstudie soll sich mit Dezentralisierungsprozessen, ihren Ursachen und Folgen in den Regionen Mamasa und Luwu befassen.

Das *kabupaten* Mamasa befindet sich im Südosten der Provinz Sulawesi Barat (Sulbar) (= West-Sulawesi), die sich 2004 von Sulawesi Selatan (Sulsel) (= Süd-Sulawesi) abspaltete. Im Westen und im Norden grenzt Mamasa an das *kabupaten* Mamuju, im Osten und Südosten an Tana Toraja, im Südwesten an Polewali-Mamasa und an Majene. Mamasas Fläche beträgt rund 2759 km². Es setzt sich aus den *kecamatan* Mamasa, Tanduk Kalua, Sesena Padang, Sumarorong, Tabang, Pana, Messawa, Aralle, Tabulahan und Mambi zusammen. Mamasa ist überwiegend agrarisch geprägt, Hauptwirtschaftszweige sind neben der traditionellen Landwirtschaft (u.a. Reis, Mais, Süßkartoffeln, Erdnuss, Soja, verschiedene Obst- und Gemüsesorten) Viehzucht (Rinder, Büffel, Pferde, Ziegen, Schweine, Hühner, Enten) und Plantagenanbau (Kaffee, Kakao).[279]

Die Region Luwu befindet sich im Norden der Provinz Sulsel. Im Westen grenzt sie an die neue Provinz Sulbar und an das zu Sulsel zählende *kabupaten* Tana Toraja, im Norden und Osten an die Provinz Sulawesi Tengah (Sulteng) (= Zentral-Sulawesi) und im Südosten an die Provinz Sulawesi Tenggara (Sultra) (= Südost-Sulawesi). Bis 1999 hatte die Region Luwu ein einheitliches *kabupaten* gebildet, danach aber spaltete sie sich innerhalb von nur knapp vier Jahren in die *kabupaten* Luwu Utara (Nord-Luwu), Luwu Timur (Ost-Luwu), die *kotamadya* Palopo und das Rest-*kabupaten* Luwu auf. Die Fläche Luwus betrug ursprünglich 17.791 km², die Einwohnerzahl 799.715 Personen.[280] In Folge der Dezentralisierungsprozesse schrumpfte die Fläche des Rest-*kabupaten* Luwu (vor der Abspaltung Palopos) allerdings bis auf 3.098,97 km², die Einwohnerzahl bis auf 407.277 Personen zusammen. Hauptstadt des Rest-*kabupatens*

---

[279] Vgl. ICG 2005: 11 (Appendix C), http://id.wikipedia.org/wiki/Mamasa.

[280] Die Gesamtfläche der an den Plänen zur Gründung einer Provinz Luwu Raya (Groß-Luwu) beteiligten heutigen Distrikte Luwu, Luwu Utara, Luwu Timur, Palopo und Tana Toraja beträgt 20.901 km² (33,5 Prozent der Fläche Sulsels), die Einwohnerzahl 1.189.757 Personen (15,5 Prozent der Bevölkerung Sulsels) (vgl. Media Indonesia, *Provinsi Luwu Raya Dideklarasikan*, unter: http://www.pu.go.id/humas/media%20massa/april/mi0204012.htm, 2 April 2001; Zugriff: 29.12.2006).

Luwu ist seit dem 13. Februar 2006 Belopa.[281] Wichtigstes Produkt Luwus ist der Kakao (25.000 t pro Jahr), daneben spielen die Aufzucht von Rindern und Büffeln noch eine bedeutende Rolle. Im benachbarten Tana Toraja, das unter Umständen Teil einer möglicherweise zukünftigen Provinz Luwu Raya werden soll, wird auch Kaffee in größerem Umfang (20.000 t pro Jahr) angebaut.[282]

7.2 Dezentralisierung in Sulawesi Selatan: Eine Chronologie der bisherigen Ereignisse

Bis 1999 war Mamasa Teil der Provinz Sulawesi Selatan (Sulsel) (= Süd-Sulawesi). Mit dem Ende der Soeharto-Ära wurde auf dem Territorium dieser multi-ethnischen Provinz[283] der Ruf nach fünf neuen Provinzgründungen laut. Von diesen *pemekaran*-Bestrebungen haben sich die beiden, die in den von der Provinzhauptstadt Makassar am weitesten entfernten Regionen auflebten, als seriös und dauerhaft erwiesen: Im September 2004 kam es zur Abspaltung der als Mandar-Region bekannten *kabupaten* Mamuju, Majene und Polewali-Mamasa, welche seitdem die Provinz Sulawesi Barat (Sulbar) (= West-Sulawesi) mit der Hauptstadt Mamuju bilden. Die Bestrebungen zur Gründung einer Provinz Luwu Raya konnten dagegen bisher nicht in die Tat umgesetzt werden.

Gleiches gilt für zwei weitere *pemekaran*-Bewegungen, die Anfang 2001 aufkamen. So wurden Forderungen nach einer Provinz Sulawesi Timur (Sultim = Ost-Sulawesi) laut, die aus den *kabupaten* Bone, Soppeng, Wajo, Bulukumba, Sinjai und Selayar bestehen sollte sowie nach einer Provinz Ajatappareng mit den *kabupaten* Pinrang, Sidrap, Barru und Enrekang und der Hauptstadt Parepare. Diese Bewegungen waren jedoch in erster Linie als Reaktion auf die Prozesse in Mandar und Luwu zu verstehen und verstummten bald wieder.

Die Dezentralisierungsprozesse, die sich in den letzten Jahren in Sulsel ereigneten, blieben nicht auf die Gründung neuer Provinzen beschränkt, sondern spielten sich auch auf Distriktebene ab. Beispielsweise spaltete sich das *kabupaten* Luwu 1999 in die *kabupaten* Luwu und Luwu Utara auf, in denen seitdem noch

---

[281] Vgl. Morrell 2002: 37 (Table 1), Official Website Pemerintah Provinsi Sulawesi Selatan: *Penduduk & Ketenagakerjaan*, unter http://www.sulsel.go.id/wilayah/luwu; Zugriff: 17.11.2006.

[282] Vgl. http://www.pu.go.id/humas/media%20massa/april/mi0204012.htm.

[283] Die wichtigsten Ethnien, die auf dem Territorium Sulsels leben, sind die Makassar, die Bugis, die Toraja, die Mandar und die Konjo (vgl. Lebar 1972: 129ff., 143ff., Alimuddin 2005, http://id.wikipedia.org/wiki/Sulawesi_Selatan).

weitere Dezentralisierungsprozesse im Gang sind, die teils ökonomische, teils aber auch ethnische Faktoren zur Ursache haben. Auch im Fall von Mamasa, das sich 2002 von Polewali abspaltete und seitdem ein eigenes *kabupaten* bildet, spielten ethnische und auch religiöse Gründe sicherlich keine ganz unwichtige Rolle, da Mamasa überwiegend von der Ethnie der christlichen Toraja besiedelt wird, während in Polewali die muslimischen Mandar die Mehrheit der Bevölkerung bilden (Vgl. Morrell 2002: 43f., Morrell 2005: 18f., ICG 2005: 1). Der Eskalation des Mamasa-Konflikts *nach* der Gründung des *kabupaten* Mamasa liegen aber offensichtlich andere Dynamiken zu Grunde, und nur bei einer oberflächlichen Betrachtung kann der Eindruck entstehen, dass es sich primär um einen ethnischen oder religiösen Konflikt handele. Der Fall Mamasa soll im Folgenden als besonders brisantes Beispiel eines misslungenen Dezentralisierungsprozesses auf dem ehemaligen Territorium der Provinz Sulsel genauer analysiert werden.

7.3 Mamasas langer Weg zum eigenen *kabupaten*

Die Bestrebungen in Mamasa, ein eigenes *kabupaten* zu bilden, reichen bereits weit zurück. Die historischen Wurzeln liegen in der niederländischen Kolonialzeit, in der Mamasa, wie auch Polewali, Majene und Mamuju, eine *onderafdeling* der *afdeling* Mandar bildete. Nach der Unabhängigkeit Indonesiens wurde für die *afdeling* Mandar mit der Regierungsverordnung 34/1952 der neue administrative Terminus einer autonomen *daerah swatantra* eingeführt, die auf einer Ebene mit den *kabupaten* stand. Die früheren *onderafdelingen* wurden zu *kewedanaan* umbenannt. Mit dem Gesetz 29/1959 wurden die *kewedanaan* schließlich zu *kabupaten* erhoben. Polewali und Mamasa wurden damals allerdings zu einem *kabupaten* Polewali Mamasa (Polmas) zusammengefasst. Damit begannen die langjährigen Bemühungen der Bevölkerung Mamasas, sich von Polewali abzuspalten und ein eigenes *kabupaten* zu bilden.

1961 wurde in Mamasa zu diesem Zweck ein Ausschuss mit dem Namen *Kondosapata* gegründet, dem es bis 1965 gelang, die Zustimmung der Lokalregierung Polmas und der Provinzregierung Sulawesi Selatans zur Gründung eines eigenen *kabupaten* zu erhalten. Die Ereignisse vom 30. September 1965 und ihre Folgen verhinderten allerdings, dass sich auch die indonesische Zentralregierung mit dem Problem befasste.[284] In Folge der Rezentralisierungsprozesse der

---

[284] Am 30. September 1965 wurden sechs führende Generäle des indonesischen Militärs entführt und ermordet. Obwohl die tatsächlichen Hintergründe dieses versuchten Staatsstreiches bis heute im Dunkeln liegen, wurde die PKI, die kommunistische Partei Indonesiens, für die

Soeharto-Ära wurden die Bemühungen lange Zeit auf Eis gelegt, ehe sie 1987 mit der Wiederbelebung des Ausschusses von 1961 eine Renaissance erfuhren. Einen neuen Impuls erhielt die Bewegung im Zuge der *otonomi daerah*, in deren Folge 1999 ein öffentliches Treffen von Lokalpolitikern aus Mamasa einberufen werden konnte, auf dem das PPKM[285] gegründet wurde. Im März 2002 schließlich wurde mit dem Gesetz 11/2002 die langersehnte Gründung des *kabupaten* Mamasa verwirklicht.[286]

7.3.1 Der Fall ATM

In den *kecamatan* Aralle, Tabulahan und Mambi, nach ihren Anfangsbuchstaben oftmals mit *ATM* (gleichzeitig auch die umgangssprachliche Abkürzung für „Geldautomat") bezeichnet, regte sich bereits seit Anfang 2000 Widerstand gegen die Eingliederung in ein mögliches neues *kabupaten* Mamasa. In 26 der insgesamt 38 in ATM gelegenen Dörfern erklärte die Bevölkerung, dass sie lieber weiterhin Teil des Rest-*kabupatens* Polmas bleiben wolle. Analog zur umgangssprachlichen Terminologie sollen die Gruppen, die sich für bzw. gegen einen Beitritt zu Mamasa ausgesprochen haben, im Folgenden als *Pro* bzw. *Kontra* bezeichnet werden. Obwohl im Mamasa-Konflikt in Gestalt der überwiegend christlichen Toraja und der überwiegend muslimischen Mandar verschiedene Ethnien und Religionen aufeinanderprallen, wird der Konflikt in den von mir gelesenen wissenschaftlichen Quellen als ein in erster Linie administrativer interpretiert, dessen Ausbruch in Motiven des persönlichen Gewinn- und Machtstrebens begründet liege. Lediglich der Umstand, dass Mamasa hauptsächlich von christlichen Toraja bewohnt wird, die 26 Dörfer, die dem neuen *kabupaten* nicht beitreten wollen, jedoch hauptsächlich von muslimischen Mandar bevölkert werden, hätten in der Öffentlichkeit zu der falschen Wahrnehmung geführt, dass es sich um einen religiösen bzw. ethnischen Konflikt handele (Vgl. ICG 2005: 1, Volbracht 2005: 29f.).

Dabei schien es zunächst, als könne der Konflikt relativ problemlos geregelt werden, denn bereits im Mai 2000 wurde mit dem „Matakali-Abkommen" eine

---

Aktion verantwortlich gemacht. In den folgenden Monaten führte die indonesische Armee ein Massaker unter tatsächlichen und vermeintlichen Kommunisten durch, bei dem mehr als eine halbe Million Menschen getötet wurden (vgl. Green 1990: 51-63, Landengerg 1990, http://de.wikipedia.org/wiki/G30S/PKI; Zugriff: 12.1.2006).

[285] *Panitia Pembentukan Kabupaten Mamasa* = Komitee zur Gründung des Distrikts Mamasa

[286] Vgl. ICG 2005: 2, Suara Pembaruan Daily: *Kasus Aralle, „Buah" Pemekaran Setengah Hati*, 22/10/2004, unter http://www.suarapembaruan.com/News/2004/10/22/Editor/edi02.htm.

erste Einigung zwischen den Pro und den Kontra erzielt. Dieses Abkommen legte gemäß dem Willen der Bevölkerung für jedes einzelne Dorf in ATM fest, ob es in das neue *kabupaten* Mamasa eingegliedert werden oder weiterhin zu Polmas gehören sollte. Die Gründung Mamasas wurde schließlich mit der Regierungsverordnung *(perda*[287]*)* 10/2000 vom DPRD Polmas offiziell beschlossen. Eine weitere Regierungsverordnung *(perda 6/2002)* legte im Februar 2002 noch einmal die exakten Grenzen des *kabupaten* Mamasa fest und gliederte ihm nur die zwölf Dörfer ATMs ein, deren Bevölkerung einer Vereinigung mit Mamasa zugestimmt hatte. Beide Verordnungen bauten auf dem Matakali-Abkommen auf. Damit die Verordnungen rechtskräftig werden konnten, mussten sie zuerst noch von einem nationalen Gesetz bestätigt werden. Dies geschah mit dem oben bereits erwähnten Gesetz 11/2002. Völlig überraschend jedoch ignorierte das Gesetz die auf regionaler Ebene erzielten Kompromisse und gliederte das gesamte Territorium ATMs dem neugegründeten *kabupaten* Mamasa ein. Der Grund dafür ist unklar, da eine offizielle Begründung von Seiten der Zentralregierung ausblieb. Vermutet wird, dass man bei der *pemekaran* neuer administrativer Einheiten keine Enklaven entstehen lassen wollte, was im Fall ATM eingetreten wäre, da die 26 Kontra-Dörfer kein zusammenhängendes Gebiet bilden (vgl. ICG 2005: 3f., Volbracht 2005: 30).

Da jedoch nun die Administration von Polmas Gesetz 11/2002 missachtete und ihrerseits eigene Beamte zusätzlich zu den von Mamasa eingesetzten in die ATM-*kecamatan* berief, kam es zu der grotesken Situation, dass die drei *kecamatan* parallel von zwei konkurrierenden Administrationen regiert wurden. Dies mag die These bestätigen, dass es sich beim Mamasa-Konflikt zuallererst um einen administrativen Konflikt handelte. Das persönliche Gewinn- und Machtstreben vieler lokaler Politiker sowie ihre mangelnde Kompromissbereitschaft brachten im Zusammenhang mit der fahrlässigen Haltung der indonesischen Zentralregierung bei der Verabschiedung von Gesetz 11/2002 die ohnehin schon angespannte Lage endgültig zur Eskalation (vgl. ICG 2005: 1;4, Volbracht 2005: 30).

Im April und Mai 2003 kam es zu ersten gewaltsamen Ausschreitungen in der Region, bei denen die Häuser von fünf Familien aus Aralle zerstört wurden. Die Spaltung der Bevölkerung in Pro und Kontra nahm immer weiter zu. Dennoch verlief die Spaltung zu keinem Zeitpunkt analog zu den ethnischen und religiösen Gruppen. Zwar waren die Pro eher unter den christlichen Toraja und die

---

[287] Akronym aus *peraturan daerah* = Regionale Verordnung

Kontra eher unter den muslimischen Mandar zu finden, doch gab es auch zahlreiche prominente Gegenbeispiele wie den ehemaligen Abgeordneten aus dem DPRD Polmas S. Nongkang, einen christlichen Kontra. Auch verliefen die Spaltungen in vielen Fällen sogar innerhalb einer Familie. Zu den ersten Todesopfern kam es im September 2003, als drei Menschen in einem Konflikt zwischen zwei konkurrierenden Nachbardörfern getötet wurden. Daraufhin setzte eine Massenflucht aus der Region von 8500 Menschen, Angehöriger *beider* Konfliktparteien, ein. Zu einer erneuten Eskalation kam es nach den regionalen Parlamentswahlen vom April 2004, bei denen die Wahlkommission (KPU[288]) die Durchführung der Wahlen nur in den zwölf Dörfern gestattete, die sich von Anfang an für eine Eingliederung in das neugeschaffene *kabupaten* Mamasa ausgesprochen hatten. Als Reaktion darauf riefen die damit von der Wahl ausgeschlossenen Kontra zum allgemeinen Wahlboykott auf, dem aber laut KPU nur ein Dorf gefolgt sei. Die Kontra sprachen dagegen von einem Wahlbetrug der KPU. Ab Juli 2004 brach die Gewalt wieder neu aus und gipfelte im Oktober des gleichen Jahres in der Tötung dreier Personen, der Zerstörung von 47 Häusern und einer Massenflucht von 2000 Menschen. Zwar wurden in der Folgezeit oftmals paramilitärische Einheiten der Polizei eingesetzt, um die Gewalt einzudämmen, jedoch blieben Initiativen des indonesischen Vizepräsidenten Jusuf Kalla sowie des *gubernur* von Sulbar Oentarto Sindung Marwardi, Lösungen für den Konflikt zu finden, nicht von dauerhaftem Erfolg gekrönt, und im April 2005 kam es zu erneuten Ausbrüchen von Gewalt, bei denen wiederum Häuser und sogar eines der beiden *camat*-Büros von Mambi niedergebrannt und fünf Personen getötet wurden. Nach diesen Vorfällen wurde im Zusammenhang mit der Verhaftung eines bewaffneten Mannes aus Poso, einer Region im benachbarten Zentral-Sulawesi, in der es bereits oft zu gewaltsamen Auseinandersetzungen zwischen Christen und Moslems gekommen war, der Verdacht laut, dass der Mamasa-Konflikt von fundamentalistischen Kräften aus Poso angeheizt worden sei. Hier wird also deutlich, von welcher Bedeutung der Mamasa-Konflikt für ganz Indonesien ist, denn wenn es radikalen Kräften gelänge, ihn zu instrumentalisieren, indem sie Christen und Moslems gezielt gegeneinander aufhetzen, könnte der Konflikt auf andere Regionen übergreifen und somit die Stabilität im gesamten Land gefährden (vgl. ICG 2005: 1; 7f., Volbracht 2005: 31).

Die einzigen Möglichkeiten, den Konflikt zu lösen, liegen wohl entweder darin, die Grenzen Mamasas in ATM neu festzulegen und dabei den Willen der jewei-

---

[288] *Komisi Pemilihan Umum*

ligen Dorfbevölkerung sowie traditionelle Landrechte zu berücksichtigen, oder auf den bisherigen Grenzen zu beharren, wozu reichlich Überzeugungsarbeit in den Kontra-Dörfern sowie ein erhöhtes Sicherheitsaufkommen zur Verhinderung erneuter Gewaltausbrüche vonnöten sein wird (vgl. ICG 2005: 7f.).

7.4 Luwu: Bisherige Dezentralisierungsprozesse und geschichtlicher Überblick

Das *kabupaten* Luwu erfuhr ab 1999 eine Reihe von Dezentralisierungsprozessen. So teilte es sich im April 1999 zunächst in Luwu und Luwu Utara (Nord-Luwu) auf. Im Jahre 2002 wurde die ehemalige Hauptstadt Palopo zu einer eigenen *kotamadya*, im Januar 2003 teilte sich Luwu Utara noch in Luwu Timur (Ost-Luwu) und das Rest-*kabupaten* Luwu Utara auf. Alle vier aus dem ehemaligen *kabupaten* Luwu entstandenen Distrikte planen jedoch, sich gemeinsam von der Provinz Sulawesi Selatan abzuspalten und eine eigene Provinz Luwu zu bilden. Die Grenzen dieser möglichen neuen Provinz sollen ungefähr mit denen des ehemaligen Königreiches Luwu übereinstimmen (vgl. ICG 2003: 1).

Dieses Königreich wurde von der Ethnie der *Bugis* dominiert. Im Zenit seiner Macht zwischen dem 14. und 16. Jahrhundert war es den Herrschern von Luwu jedoch gelungen, ihren Einflussbereich auch auf von anderen Ethnien bewohnte Territorien auszudehnen. So sind es heute im Wesentlichen noch drei weitere Ethnien, aus denen sich die Bevölkerung der Region Luwu zusammensetzt: die *To'ala,* die *Rongkong* und die *Toraja*. Die To'ala stellen dabei inzwischen mit einem Anteil von 50-60 Prozent die Mehrheit der Bevölkerung.[289] Sie und die Rongkong identifizieren sich auch tatsächlich mit der Region Luwu, was bei den Toraja und den Bugis in benachbarten Regionen dagegen nicht der Fall ist. Die größte Religionsgemeinschaft in Luwu sind die Muslime mit einem Anteil von 80 Prozent an der Gesamtbevölkerung, jedoch gehört die Mehrheit der Toraja dem christlichen Glauben an, während bei den Rongkong Christen und Moslems ungefähr gleichgroße Gruppen darstellen. So bilden die Christen in einigen *kecamatan* auch die Mehrheit oder zumindest eine zahlenmäßig starke Minderheit (vgl. ICG 2003: 5f.).

Bis 1959 hatte Luwu als *swaprajah* den Status eines autonomen Königreiches inne. Dies war vor allem als Anerkennung der entschlossenen Unterstützung zu verstehen, die Luwu der indonesischen Regierung während des Unabhängigkeitskampfs zuteil werden ließ. Auch dem seit 1953 aufkeimenden Wunsch nach der Gründung einer Provinz Luwu wollte der damalige Präsident Soekarno ur-

---

[289] Zu allgemeinen Informationen über die To'ala vgl. Lebar 1972: 146f.

sprünglich nachkommen. Unterdessen hatte die Transmigrationspolitik der niederländischen Kolonialherren, die auch unter Soekarno fortgesetzt wurde, allerdings bereits das ethnische Gleichgewicht der Region gestört, da es vor allem umgesiedelte Javaner sowie Minahasa aus Nord-Sulawesi waren, welche die hohen Posten in der Verwaltung besetzten. Daraus resultierte eine wachsende Unzufriedenheit mit der Regierung in Jakarta, die schließlich die Rebellion Kahar Muzakkars und ihre Vereinigung mit der *Darul Islam*-Bewegung zur Folge hatte. Die Bekämpfung dieser Rebellion verhinderte die Umsetzung der Pläne zu einer Provinzgründung in Luwu.[290] Aber auch nach der endgültigen Niederschlagung der Bewegung im Jahre 1965 war die Zentralregierung nicht dazu bereit, Pläne zur Bildung einer Provinz „Groß-Luwu" zu unterstützen (vgl. ICG 2003: 6f.; zur Darul Islam-Bewegung vgl. auch S. 10 dieser Arbeit (Fußnote 3), Bünte 2003b: 76). Mit einer Art „Divide et impera"-Taktik wurden die Mitglieder der lokalen Elite von den neuen Machthabern gegeneinander ausgespielt und schließlich in andere Regionen Indonesiens zwangsversetzt, sodass das Vorhaben der Provinzgründung bis in die Post-Soeharto-Ära hinein völlig zum Erliegen kam.[291]

Ab Mitte der 1960er Jahre setzten massive Migrationsbewegungen innerhalb Sulsels ein, in deren Folge vor allem Toraja und Bugis aus benachbarten Regionen massenhaft nach Luwu einwanderten. Dieser Trend verstärkte sich noch durch den Beginn des Nickelabbaus in Soroako im heutigen Luwu Timur im Jahre 1968 sowie des Kakaoanbaus in der Gegend um Palopo ab 1978. Der wachsende wirtschaftliche Erfolg dieser Migranten sowie die Entmachtung der lokalen Elite durch die Gesetze zur Regionalautonomie von 1974 und 1979 (vgl. Kapitel 3.4.3 dieser Arbeit) werden von vielen Experten als tieferliegende Ursachen für die blutigen Konflikte betrachtet, die in Luwu ab 1998 ausbrachen (vgl. ICG 2003: 8f.).

7.4.1 Gewaltsame Konflikte und aktuelle Dezentralisierungsprozesse

Die gewaltsamen Konflikte, die zwischen 1998 und 2002 in Luwu tobten, wurden besonders in den nationalen indonesischen Medien oft vereinfacht als Auseinandersetzungen zwischen verschiedenen ethnischen und religiösen Gruppen oder auch zwischen indigener Bevölkerung und Einwanderern dargestellt. Doch

---

[290] Vgl. Aramula: *Gema Luwu Raya*, unter: http://nostalgia78.blogspot.com/2006/10/gema-luwu-raya.html; Zugriff: 29.12.2006;
http://www.pu.go.id/humas/media%20massa/april/mi0204012.htm.

[291] Vgl. http://nostalgia78.blogspot.com/2006/10/gema-luwu-raya.html.

sind die wahren Hintergründe der Konflikte weit komplexer und setzen sich aus Landstreitigkeiten, sozialer und wirtschaftlicher Frustration, einer schwachen Präsenz lokaler Sicherheitskräfte sowie dem generellen Chaos der Post-Soeharto-Ära zusammen. Die Konflikte wurden vor allem in den *kecamatan* Baebunta, Sabbang und Malangke in Luwu Utara sowie Lamasa in Luwu ausgetragen. Oft verliefen die Konfliktlinien innerhalb der indigenen Bevölkerung, und die beteiligten Banden setzten sich in vielen Fällen aus verschiedenen Ethnien zusammen.[292] Die *International Crisis Group* (ICG) nennt vier Hauptursachen für den Ausbruch der Konflikte:

- Das Problem nicht vorhandener Landbesitz-Urkunden bei zahlreichen eingewanderten Bauern, die im Laufe der 1990er Jahre allmählich die Früchte ihrer Arbeit zu genießen begonnen hätten, habe zu **Landkonflikten** geführt, da viele der indigenen Bauern Land, das nach traditionellen Besitzrechten ihr Eigentum gewesen wäre, von den Migranten zurückgefordert hätten. Einen vergleichbaren Effekt hätten auch die Veränderung lokaler Grenzen in Folge von Dezentralisierungs-, aber auch Vereinigungsprozessen gehabt, in deren Folge oftmals Unklarheiten hinsichtlich der administrativen Zugehörigkeit einzelner Dörfer entstanden seien.
- Der wachsende Erfolg eingewanderter bzw. in die Region umgesiedelter Bauern habe zu einem starken Neidgefühl bei der indigenen Bevölkerung geführt, besonders als in Folge der asiatischen Wirtschaftskrise von 1997/98 die Preise für Kakao auf dem Weltmarkt drastisch angestiegen und die erfolgreichen Kakaobauern Luwus – überdurchschnittlich häufig Rongkong, Bugis und Toraja – dadurch plötzlich zu unverhofftem Wohlstand gelangt seien. Daraus seien **soziale Probleme** erwachsen, die in Kombination mit der traditionellen „Bandenkultur" und der starken Identifikation mit dem eigenen Dorf zu offenen Konflikten geführt hätten.
- Das **allgemeine Chaos der Post-Soeharto-Ära** habe zu einer generell angespannten, von Misstrauen zwischen verschiedenen Bevölkerungsgruppen geprägten Lage geführt. Zusätzlich hätten Konflikte in Poso und auf den Molukken einen „Nachahmungs-Effekt" ausgelöst, und Provokateure aus Jakarta hätten im Auftrag des alten Regimes interethnische Konflikte gezielt angeheizt, um das Militär als Garant für Sicherheit auftreten

---

[292] Eine Chronologie der Konflikte findet sich bei ICG 2003: 9ff.

lassen zu können und der alten Elite dadurch wieder zu mehr Macht und Einfluss zu verhelfen.
- Eine **unzureichend ausgerüstete Polizei** sei mit der Eindämmung der Konflikte überfordert gewesen und habe besonders bei ihren Ermittlungstätigkeiten große Schwächen gezeigt. Auch die oft **zu milde Rechtsprechung** hätte nicht nur ihr Abschreckungspotential eingebüßt, sondern sogar die Konflikte weiter geschürt, da die jeweilige Opferpartei in vielen Fällen auf eigene Faust Rache an der gegnerischen Partei genommen hätte. Ein generelles Problem liege auch darin, dass sowohl die innere Sicherheit als auch die Rechtsprechung weiterhin Angelegenheiten der Zentralregierung geblieben seien, sodass den lokalen Regierungsoberhäuptern bei Ausbruch gewaltsamer Konflikte oft die Hände gebunden zu sein scheinen (vgl. ICG 2003: 15ff.).

Für die *pemekaran*-Prozesse, die ab 1999 in Luwu stattfanden, wurden vor allem administrative Gründe angegeben. Die ursprüngliche Größe des *kabupaten* und die mangelnde Infrastruktur mache eine Verwaltung für das gesamte Territorium schwierig und erfordere die Aufspaltung in kleinere administrative Einheiten. Das gleiche Argument wurde später auch für die Abspaltung Luwu Timurs von Luwu Utara vorgebracht. Jedoch glauben viele Beobachter eher an eine ökonomische Motivation für die Dezentralisierungsprozesse, da Luwu Utara durch die Abspaltung von Luwu von den Einnahmen aus der Nickelmine in Soroako habe profitieren wollen, diese jedoch nach der Teilung Luwu Utaras an Luwu Timur verloren habe. Hier setzten die Bedenken der meisten *pemekaran*-Gegner an: Viele von ihnen waren nicht generell gegen die Abspaltung Luwu Timurs, fürchteten aber, dass Luwu Utara nicht genug Zeit hätte, sein wirtschaftliches Potential auszubauen, wenn die Einnahmen aus der Nickelförderung zu schnell wegfallen würden (vgl. ICG 2003: 20ff.).

Dennoch setzten sich die *pemekaran*-Befürworter durch, ohne dass die Kontroverse zu gewaltsamen Konflikten führte. Als Gründe für diese friedliche Konfliktlösung nennt die ICG neben der vorsichtigen Vorgehensweise der stets um ihren Machterhalt bemühten Lokalpolitiker und der in Luwu nicht übermäßig stark ausgeprägten Identifikation mit der eigenen Ethnie vor allem die Pläne zur Gründung einer Provinz Luwu, die für ein starkes Integrationsgefühl zwischen den einzelnen Distrikten Luwus sorgten und sie alle untereinander bestehenden Rivalitäten vergessen ließen.

7.4.2 Die Pläne zur Gründung einer eigenständigen Provinz Luwu Raya

Diese in den 1960er Jahren vorerst gescheiterten Pläne erfuhren im Zuge der *otonomi daerah* eine Wiederbelebung. So erklärten am 1. April 2001 einflussreiche Persönlichkeiten aus den *kabupaten* Luwu, Tana Toraja und Luwu Utara das Ziel der *pemekaran* einer Provinz Luwu Raya. Die oben bereits erwähnte *pemekaran* des *kabupaten* Luwu Timur und der *kotamadya* Palopo stand einer entschlossenen Verfolgung dieses Ziels jedoch im Wege und wirkte sich somit kontraproduktiv auf diese Pläne aus, sodass sie bis zum heutigen Tage noch nicht verwirklicht werden konnten.[293]

Für die Pläne werden vor allem politische und ökonomische Gründe angegeben. Luwu sei in der politischen Administration Sulsels deutlich unterrepräsentiert und werde von der Provinzregierung wirtschaftlich benachteiligt, da Sulsel von den Einnahmen aus dem Nickelabbau sowie landwirtschaftlichen Produkten aus Luwu stark profitiere, jedoch nur einen geringen Teil wieder an Luwu zurückzahle. Basierend auf den historischen Grenzen des Königreichs Luwu sollte auch der vor allem von Toraja bewohnte *kabupaten* Tana Toraja Teil einer Provinz „Luwu Raya" (Groß-Luwu) werden. Religiöse und ethnische Vorbehalte führten jedoch dazu, dass Tana Toraja wieder ausgeschlossen wurde, nachdem sich in einer Umfrage 95 Prozent aller *Badan Perwakilan Desa* (BPD = Dorfversammlungen) in Luwu gegen eine Aufnahme Tana Torajas in die geplante neue Provinz ausgesprochen hatten (vgl. ICG 2003: 22f.). Der Name der angestrebten Provinz wurde damit wieder in „Luwu" umgeändert. Die Verschärfungen der *pemekaran*-Bestimmungen durch Gesetz 32/2004 machten jedoch ein erneutes Werben um Tana Toraja nötig. Im November 2004 erklärte der DPRD Tana Toraja dann auch seine grundsätzliche Bereitschaft, einer neuen Provinz Luwu beizutreten (vgl. Morrell 2005: 19). Aktuell steht allerdings die offizielle Zustimmung Tana Torajas noch aus, genauso wie auch die Luwu Utaras und Luwu Timurs. Lediglich die DPRD der Distrikte Palopo und Luwu haben bereits ihre definitive Zusage gegeben, sich an der Formierung einer neuen Provinz, die nun doch wieder den Namen „Luwu Raya" tragen soll, zu beteiligen. Doch scheint der Optimismus der *pemekaran*-Befürworter ungebrochen. Auch eine Stellungnahme des indonesischen Präsidenten Susilo Bambang Yudhoyono, in der er sich gegen weitere Neugründungen administrativer Einheiten in der Region Luwu – ungeachtet auf welcher administrativen Ebene – ausspracht, änderte daran nichts. Schließlich sind die *pemekaran*-Befürworter überzeugt davon, dass

---

[293] Vgl. http://nostalgia78.blogspot.com/2006/10/gema-luwu-raya.html.

die Region Luwu alle demographischen, geographischen und ökonomischen Voraussetzungen erfülle, um zukünftig eine Provinz Luwu Raya zu bilden.[294] Das letzte Wort scheint hier noch nicht gesprochen, und besonders im Hinblick auf die Gouverneurswahlen, die im November 2007 in Sulsel anstehen, könnte die Diskussion an Brisanz zunehmen.[295] Einige Beobachter sprechen in diesem Zusammenhang auch von einer Instrumentalisierung der *pemekaran*-Pläne als politisches Druckmittel, um die Wahlchancen der aus Luwu stammenden Kandidaten zu erhöhen.[296]

Noch weitere Dezentralisierungsprozesse sind in der Region Luwu im Gange: So wurde im Januar 2006 die Aufteilung der im Norden des *kabupaten* Luwu gelegenen *kecamatan* Walenrang und Lamasi (Walmas) in insgesamt fünf *kecamatan* beschlossen. Aus diesem Beispiel wird auch ersichtlich, wie sehr in vielen Fällen im Zusammenhang mit *pemekaran*-Bestrebungen taktiert wird, denn die Aufspaltung von Walmas erhöht gleichzeitig die Chancen auf die baldige Bildung eines eigenen *kabupaten* Luwu Tengah, das aus Walmas und dem in Luwu Utara gelegenen *kecamatan* Malangke bestehen soll, da mit den nun insgesamt fünf *kecamatan* von Walmas und Malangke die gesetzlich vorgeschriebene Mindestanzahl von *kecamatan* ja bereits vorhanden ist. Eben diese taktischen Manöver werden in dem Kommentar eines Lesers zum online erschienenen Artikel der regionalen Tageszeitung *Fajar*„Luwu Dimekarkan Jadi 18 Kecamatan"[297] auch als „*intrik politik*" („politische Intrige") und „*kepentingan sekelompok*" („Eigeninteresse einer bestimmten Gruppe") heftig kritisiert.[298] Über die vor allem mit dem Argument einer effizienteren und volksnäheren Verwaltung begründete *pemekaran*-Bewegung wird seit dem 13. Januar 2007 im DPRD Luwu beraten. Eine positive Entscheidung würde wiederum die Aussichten auf eine Provinz Luwu Raya erhöhen, da mit den voraussichtlich be-

---

[294] Vgl. Tribun Timur: *Rahmat Optimis Luwu Raya Terbentuk*, 01-09-2006, unter http://www.tribun-timur.com/view.php?id=32222&jenis=Palopo.

[295] Vgl. Balai Pengkajian&Pengembangan Informasi Wil. VII Makassar: *Jelang Pilgub, Provinsi Luwu Raya Menguat*, 26-07-2006, unter http://www.bppimks.web.id/view.php?id=1887&jenis=Polhukam.

[296] Vgl. z. B. Kompas: *Menakar Pertarungan Politik Pilkada Sulsel*, 11 Agustus 2006, unter: http://www.kompas.com/kompas-cetak/0608/11/Politikhukum/2873549.htm; Zugriff: 29.12.2006.

[297] „Ein zukünftiges Luwu würde aus 18 *kecamatan* bestehen"

[298] Fajar Online: *Luwu Dimekarkan Jadi 18 Kecamatan*, 12 Jan 2006, unter http://fajar.co.id/new.php?newsid=15329#bacakomen

teiligten Distrikten Luwu, Luwu Utara, Luwu Timur, Palopo, Tana Toraja und dem neuen *kabupaten* Luwu Tengah die gesetzlich vorgeschriebene Mindestanzahl von *kabupaten* bzw. *kotamadya* ebenfalls erreicht wäre.[299]

7.4.3 Stimmen aus der Bevölkerung zur angestrebten Provinzgründung

Wie steht es aber um den Rückhalt in der Bevölkerung hinsichtlich der Pläne zur Bildung einer Provinz Luwu Raya? Auf die Stimmung in der Bevölkerung wird in den meisten Quellen nicht eingegangen, sodass der Eindruck entsteht, dass sie von vielen Lokalpolitikern nicht wirklich ernstgenommen wird. Angesichts der anstehenden Gouverneurswahlen könnte sich dies aber noch drastisch ändern. Falls die Bildung einer Provinz Luwu Raya zu einem entscheidenden Wahlkampfthema werden sollte, ist einerseits zu hoffen, dass die Politiker die reale Stimmung in der Bevölkerung stärker berücksichtigen werden, andererseits jedoch auch zu befürchten, dass sie das Thema im Wahlkampf instrumentalisieren werden, um damit Wählerstimmen zu gewinnen und die eigenen Wahlchancen zu erhöhen.

Im oben bereits als Quelle angegebenen Artikel *„Jelang Pilgub, Provinsi Luwu Raya Menguat"*[300] treffen der Vorsitzende der *Komisi IX DPR RI*[301] Charles J Mesang und der stellvertretende Vorsitzende der *Komisi IV DPR RI*[302] Fachri Andi Leluasa sich einander widersprechende Aussagen zu der Frage nach dem tatsächlichen Willen der Bevölkerung. Während Charles der Meinung ist, dass der Wunsch nach einer Provinz Luwu Raya weitgehend verstummt sei, behauptet Fachri das Gegenteil, nämlich dass der *„desakan pembentukan provinsi Luwu Raya memang semakin menguat. Terutama, di kalangan tokoh pemuda di daerah itu".*[303] [304]

Nimmt man Leserkommentare zu den zum Thema erschienenen *Fajar Online*-Artikeln als Indiz für die tatsächliche Stimmung in der Bevölkerung, so bleibt das Bild kontrovers, und die Bevölkerung scheint in nahezu gleichgroße Grup-

---

[299] Vgl. ebd.

[300] „Im Vorfeld der Gouverneurswahlen werden die Bestrebungen nach einer Provinz Luwu Raya stärker"

[301] Kommission IX des Parlaments der Republik Indonesien

[302] Kommission IV des Parlaments der Republik Indonesien

[303] „[...] [öffentliche] Druck nach der Gründung einer Provinz Luwu Raya in Wirklichkeit immer stärker wird. Besonders unter den jungen Leuten in dieser Region."

[304] http://www.bppimks.web.id/view.php?id=1887&jenis=Polhukam

pen von Befürwortern und Gegnern einer Provinz Luwu Raya gespalten. Als Pro-Argumente werden genannt, dass eine *pemekaran* dem Wohl der Bevölkerung diene, ausreichendes wirtschaftliches Potential vorhanden sei, dass auch andere *pemekaran*-Bewegungen in Polmas und Mamuju erfolgreich gewesen seien, dass der Wunsch nach einer Provinz Luwu Raya bereits seit Jahrzehnten bestehe und dass Luwu es auf Grund seiner Verdienste im indonesischen Unabhängigkeitskampf schon seit langem verdient habe, Provinzstatus zugestanden zu bekommen. Die letztgenannte Argumentationsgrundlage macht sich auch ein Bürger aus Luwu zunutze, der in seinem *Weblog* die Geschichte der *pemekaran provinsi* Luwu Raya-Bewegung ausführlich rekapituliert, um dann mit leidenschaftlichen Worten zur Verwirklichung der *pemekaran*-Pläne aufzurufen:[305]

> Wija to Luwu, marilah melakukan sesuatu untuk tanah Luwu. Kalau kita tidak berbuat untuk hal tanah Luwu, siapa diharap akan melakukan untuk kita. Kalau kita belum wujudkan sekarang, kapan lagi akan terjadi.[306]

Die Gegner einer Provinzgründung begründen ihre Ablehnung damit, dass sie einen Anstieg der Korruption befürchten, dass mit einer Provinzgründung lediglich der Wunsch einer kleinen Interessensgruppe verfolgt werde, dass Dezentralisierungsprozesse für unnötige Spannungen in der Bevölkerung sorgen würden und dass sich an der Armut weiter Teile der Bevölkerung durch eine *pemekaran* nichts ändern würde und man die dafür erforderlichen finanziellen Mittel doch besser zur Förderung besonders armer *kecamatan* und Dörfer nutzen sollte.[307]

Vergleicht man die einzelnen Pro- und Contra-Argumente miteinander, so dominieren auf der Pro-Seite die wirtschaftlichen und historischen Argumente. Eine *pemekaran* solle die Situation der Bevölkerung verbessern, entsprechendes wirtschaftliches Potential sei vorhanden. Bei den historischen Argumenten beziehen sich zumindest die *Fajar Online*-Leser weniger auf das einstige Königreich Luwu, sondern mehr auf die Verdienste Luwus um die indonesische Unabhängigkeit. Weniger idealistisch scheinen dagegen die Contra-Argumente, die

---

[305] http://nostalgia78.blogspot.com/2006/10/gema-luwu-raya.html

[306] „Bewohner Luwus, lasst uns etwas für das Land Luwu tun. Wenn wir uns nicht für die Sache des Landes Luwu einsetzen, von wem erwarten wir dann, dass er es für uns tut? Wenn wir es jetzt nicht Wirklichkeit werden lassen, wann soll es dann geschehen?"

[307] Vgl. http://fajar.co.id/new.php?newsid=15329#bacakomen; Fajar Online: *IPMIL Desak DPRD Keluarkan Rekomendasi*, 02 Jun 2006, unter http://www.fajar.co.id/news.php?newsid=24239.

vor allem mögliche negative Folgen sowie ausbleibende positive Effekte des *pemekaran*-Prozesses benennen. Hier entsteht der Eindruck, dass weite Teile der Bevölkerung von den zahlreichen Dezentralisierungsprozessen in Luwu ermüdet und desillusioniert sind und dass in ihren Augen die drängenden Probleme der Region, wie die weitverbreitete Armut, auf andere Art und Weise als durch fortschreitende Dezentralisierungsprozesse zu lösen sind.

7.5 Fazit

Die Dezentralisierungsprozesse, die in Sulsel bzw. Sulbar in Gang sind, sind von einer mindestens ebenso großen Komplexität wie die in Tapanuli. Während aber in Tapanuli ökonomische und ethnisch-religiöse Beweggründe für bzw. gegen eine Provinzgründung als wichtigste Dynamiken nebeneinanderher zu existieren scheinen, scheinen ethnisch-religiöse Motive in Mamasa und Luwu nicht die primär entscheidenden zu sein. Es scheint vielmehr so, dass auf Grund der stark heterogenen ethnischen und religiösen Zusammensetzung der Bevölkerung beider Regionen Konflikte, die sich in Wahrheit auf der administrativen und ökonomischen Ebene abspielen, bei oberflächlicher Interpretation leicht als ethnisch-religiöse Auseinandersetzungen missdeutet werden, jedoch gleichzeitig die heterogene Zusammensetzung der Bevölkerung von Provokateuren gezielt genutzt wird, um die Konflikte eskalieren zu lassen, indem sie die verschiedenen Bevölkerungsgruppen gegeneinander aufhetzen. Hier wird auch die gesamte Problematik in der offiziellen Begründung eines Dezentralisierungsprozesses mit ethnisch-religiösen Argumenten deutlich. Dies kann sehr schnell zu blutigen Konflikten führen, die sich oft nicht mehr eindämmen lassen und auch auf andere Regionen des Landes übergreifen können. Dem einhelligen Urteil in den wissenschaftlichen Konfliktanalysen und den Leserkommentaren auf *Fajar Online* zufolge spielten ethnische und religiöse Disparitäten in einem fortgeschrittenen Stadium der in Mamasa und Luwu ausgebrochenen Konflikte zwar eine Rolle, sind aber nicht als ihre Auslöser oder gar als eigentliche Beweggründe hinter den Dezentralisierungsprozessen in den Regionen zu werten.

Der Vergleich der Fälle Mamasa und Luwu zeigt auch den Einfluss von Dezentralisierungsprozessen auf Konflikte: Während in Mamasa ein halbherzig durchgeführter Dezentralisierungsprozess erst zum Ausbruch gewaltsamer Konflikte führte, so liefen in Luwu Konflikte und Dezentralisierungsprozesse teilweise zeitgleich miteinander ab, ohne einen direkten Einfluss aufeinander zu nehmen. Die Bestrebungen nach der Gründung einer Provinz Luwu Raya hatte im Gegenteil sogar einen positiven Effekt, da sie verschiedene ethnische und religiöse

Gruppen dazu bewegte, ihre Konflikte beizulegen und einem größeren Ziel unterzuordnen. Hinweise auf eine gemeinsame Geschichte mit dem Königreich Luwu und dessen Vorreiterrolle im indonesischen Unabhängigkeitskampf mögen hier ebenfalls eine Rolle gespielt haben, jedoch wohl nicht die entscheidende, die ihnen in den offiziellen Statements der *pemekaran*-Befürworter immer wieder zugestanden wird.

Durch die fortschreitenden Dezentralisierungsprozesse scheint die Bevölkerung teilweise frustriert worden zu sein, zumindest aber „pragmatisiert", da sie die Effekte dieser Prozesse zu spüren bekam und daher auch in ihrem Gefühl bestärkt worden ist, dass Dezentralisierungsprozesse oft nur von bestimmten Lokalpolitikern zur Erfüllung eigener Interessen vorangetrieben werden und nicht unbedingt einen positiven Effekt für die Bevölkerung mit sich bringen.

Der in Kapitel 1 vorgestellten Grundthese dieser Arbeit werden am Beispiel der Dezentralisierungsprozesse auf dem (ehemaligen) Gebiet der Provinz Sulsel ihre Grenzen aufgezeigt. Es kann der Schluss gezogen werden, dass ethnische, religiöse und historische Erklärungsansätze allein für Dezentralisierungsprozesse und ihre gewaltsame Eskalation nicht immer ausreichen. Zwar spielen Faktoren wie Ethnie, Sprache, Kultur, Geschichte und Religion in den weitaus meisten Fällen der Dezentralisierungsprozesse eine Rolle, oftmals jedoch erst in einem fortgeschrittenen Stadium, sodass es eine gefährliche Verkennung der wahren Ursachen wäre, diese Faktoren als alleinigen Motor hinter sämtlichen Dezentralisierungsprozessen im Post-Soeharto-Indonesien zu vermuten – gefährlich aus dem Grund, dass eine unvorsichtige öffentliche Äußerung solcher Vermutungen ethnisch und religiös begründete Konflikte zum Ausbruch bringen kann. Diese könnten sich wie ein Lauffeuer verbreiten, sehr leicht auf andere Regionen übergreifen und damit den sozialen Frieden und den nationalen Zusammenhalt in ganz Indonesien gefährden – dies umso mehr, da das SARA-Prinzip, wie oben bereits erwähnt, seine Rolle als Garant für einen sozialen Frieden zwischen den verschiedenen Gruppen des Landes offensichtlich mehr und mehr zu verlieren scheint.

8 Schlussbetrachtung und Ausblick

Bei den Entwicklungen, die im Post-Soeharto-Indonesien im Zuge der *otonomi daerah* stattfanden und -finden, handelt es sich um äußerst komplexe Prozesse. Dies wird auch aus den drei Fallstudien in dieser Arbeit ersichtlich, deren wichtigste Ergebnisse im Folgenden noch einmal kurz zusammengefasst werden sollen:

Am Beispiel von Banyumas wurde deutlich, dass Faktoren wie Geschichte, Kultur, vor allem aber Sprache, bei den aktuellen Dezentralisierungstendenzen in Indonesien eine entscheidende Rolle spielen können. Es ist in erster Linie eine Dezentralisierung auf kulturellem Gebiet, also eine stärkere Förderung des regionalen Dialekts und lokaler Traditionen, die sowohl bei Intellektuellen als auch bei der Bevölkerung im Allgemeinen Anklang findet. Eine politisch-administrative Dezentralisierung in Form einer eigenen Provinzgründung wird zwar von einer großen Gruppe unter den lokalen Politikern ebenfalls angestrebt, aber nicht von der gesamten Bevölkerung unterstützt. Daher ist es eher unwahrscheinlich, dass es in näherer Zukunft zur Gründung einer Provinz Banyumas kommen wird.

In Tapanuli hingegen entzündet sich die gesamte Dezentralisierungsdebatte fast ausschließlich an der Frage, ob die Gründung einer eigenen Provinz sinnvoll sei oder nicht. Von den Befürwortern werden generell ökonomische Argumente im Sinne einer fiskalischen Dezentralisierung hervorgebracht, während die Gegner stärker auf ethnische und religiöse Faktoren – also die negativen Folgen einer mit der Provinzgründung zwangsläufig einhergehenden kulturellen Dezentralisierung – abzielen. Da die Pläne zur Provinzgründung vonseiten der Befürworter unter den lokalen Politikern bisher mit einer großen Entschlossenheit verfolgt wurden und auch die gesetzlichen Bestimmungen bereits erfüllt sind, ist die Wahrscheinlichkeit, dass die Gründung einer Provinz Tapanuli tatsächlich eintritt, recht hoch.

In Mamasa und Luwu kam es zeitgleich mit den Dezentralisierungsprozessen zu Gewaltakten, die in Mamasa als Folge einer fahrlässig durchgeführten Dezentralisierung ausbrachen, während sie in Luwu höchstens indirekt mit gleichzeitig ablaufenden Dezentralisierungsprozessen im Zusammenhang stehen. Durch die heterogene ethnische und religiöse Zusammensetzung beider Regionen entstand der Eindruck, dass es sich bei den Konflikten, die sich zuerst an administrativen Fragen entzündet hatten, um primär ethnisch und religiös motivierte Konflikte handele. In Luwu hatten die – vor allem politisch und ökonomisch, in geringerem Maße auch historisch begründeten – Pläne zur Gründung einer eigenen Provinz schließlich einen integrierenden und konflikteindämmenden Einfluss. Dennoch scheint die Bevölkerung in Befürworter und Gegner dieser Pläne gespalten. Obwohl die gesetzlichen Voraussetzungen derzeit noch nicht sicher erfüllt werden können (Stand: 5.12.2006) und der indonesische Präsident seine Abneigung gegen die *pemekaran*-Pläne signalisierte, werden diese mit einer großen Entschlossenheit weiter verfolgt. Eine endgültige Entscheidung steht noch aus. Derzeit scheinen die Erfolgsaussichten eher gering, was sich aber besonders im Hinblick auf die 2007 in Sulsel anstehenden Gouverneurswahlen auch schnell ändern könnte.

Was bedeuten diese Ergebnisse hinsichtlich der übergeordneten These dieser Arbeit? Im Fall von Banyumas wird die These eindrucksvoll bestätigt, während der Fall Sulawesi Selatan ihre Grenzen aufzeigt: Können Dezentralisierungstendenzen in Banyumas durch ein Gefühl der Andersartigkeit in Folge regionaler Spezifika wie den charakteristischen Dialekt erklärt werden, so reichen sprachliche, kulturelle, ethnische, religiöse oder historische Argumente als alleinige Erklärungsfaktoren weder für die fortschreitenden Dezentralisierungstendenzen im Süden Sulawesis noch für die parallel abgelaufenen Gewaltakte aus. Tapanuli steht zwischen den beiden Fällen, da die *pemekaran*-Pläne sowohl ökonomisch als auch ethnisch-religiös einleuchtend erklärt werden können.

Aus diesen Gründen möchte ich das abschließende Fazit ziehen, dass es neben der offiziell meistens vorgebrachten politischen, administrativen und ökonomischen Begründung eine Reihe weiterer Faktoren gibt, die als Motive hinter Dezentralisierungstendenzen im Allgemeinen und *pemekaran*-Prozessen im Besonderen eine herausragende Rolle spielen können. Diese Faktoren sind von Fall zu Fall unterschiedlich und können sprachlicher, kultureller, ethnischer, religiöser oder historischer Natur sein. Jedoch wäre es unzureichend und in manchen Fällen sogar eine gefährliche Verkennung der Tatsachen, derartige Faktoren als alleinigen Antrieb hinter jeglichen in Indonesien stattfindenden Dezentralisierungsprozessen zu vermuten. Vielmehr koexistieren sie mit den offiziell vorgebrachten Faktoren, und es muss von Fall zu Fall entschieden werden, welche Faktoren als Triebfeder für den jeweils untersuchten Prozess die entscheidenden sind. Dass die inoffiziellen Faktoren bisher oft unzulänglich berücksichtigt worden sind, mag sein, doch sollte man auch nicht ins gegenteilige Extrem verfallen und ihnen die Rolle als einzig gültige Faktoren hinter jedem Dezentralisierungsprozess in Indonesien zubilligen.

Zu guter Letzt: Welchen Schluss auf die zukünftige Entwicklung des indonesischen Staates hinsichtlich seines administrativen Aufbaus und seiner nationalen Einheit lassen die Ergebnisse meiner Arbeit zu? Auch wenn dies nicht auf alle Dezentralisierungsprozesse in Indonesien zutrifft, so wird doch in keinem der untersuchten Fälle eine Loslösung vom indonesischen Staat angestrebt. Im Gegenteil scheint sogar die Möglichkeit zu bestehen, dass sich durch eine erfolgreiche Provinzneugründung das oftmals angespannte Verhältnis der Bevölkerung und der lokalen Administration zur ehemaligen Provinzregierung und gleichzeitig auch zur Zentralregierung bessert, wenn sie die jeweiligen Dezentralisierungsbestrebungen ernstgenommen und sich ihnen nicht in den Weg gestellt hat. Es entspricht sicherlich der natürlichen Heterogenität Indonesiens, dass die Zentralregierung in den letzten Jahren so viele Provinz- und Distriktsneugründungen genehmigt hat. Und doch liegen hierin auch die Gefahren, dass diese Prozesse in völlige Willkür und nationale Desintegration ausarten oder dass mit der Neugründung ethnisch oder religiös *homogener* Provinzen die Kluft zwischen verschiedenen Bevölkerungsgruppen eher zu- als abnimmt – ein Vorwurf, der ja gerade im Fall Tapanuli vonseiten der Provinzgründungsgegner immer wieder erhoben wird.

Die sich seit 1998 im Gange befindlichen Dezentralisierungsprozesse haben einen experimentellen Charakter, da eine derart weitreichende Dezentralisierung in der bisherigen Geschichte Indonesiens einmalig ist. Die Erfahrungen insbesondere der Kolonialzeit und der Soeharto-Ära haben zwar bewiesen, dass sich Niederländisch-Indien bzw. Indonesien autoritär und zentralistisch verwalten lässt – zum Preis der Einschränkung politischer Freiheiten und der Unterdrückung jeglicher Opposition. Dagegen fehlen die historischen Erfahrungen eines dezentral regierten indonesischen Staates, sodass nicht mit Sicherheit vorausgesagt werden kann, wohin der eingeschlagene Pfad führen wird.

Dass eine zu rasch vollzogene und zu weitreichende Dezentralisierung in Chaos und Gewalt münden kann, hat die Zentralregierung bereits zur Kenntnis genommen und darauf mit der Rücknahme einiger Dezentralisierungsreformen reagiert. Die angemessene Kompetenzenverteilung zwischen Zentrum und Regionen wird sich vermutlich erst mit der Zeit in einem langwierigen und sicherlich oftmals auch konfliktreichen Prozess herausstellen, sodass Bünte mit seiner Zukunftsprognose einer „chaotischen Dezentralisierung" (vgl. Bünte 2004:69; Kapitel 4.4 dieser Arbeit) unter Bewahrung der nationalen Einheit durchaus Recht behalten könnte.

Das Argument, dass es sich bei dem Vielvölkerstaat Indonesien in seinen heutigen Grenzen nur um ein zufälliges Konstrukt der niederländischen Kolonialzeit handelt, ist sicher wahr, doch spricht es aus meiner Sicht nicht zwingend gegen die nationale Einheit Indonesiens, da sich in den über sechs Jahrzehnten seit der Unabhängigkeit mit Sicherheit eine nationale Identität herausgebildet hat, und sei es nur durch die gemeinsame Nationalsprache *Bahasa Indonesia,* die für einen großen Teil der Indonesier inzwischen die Erstsprache darstellt. Auch Tendenzen der Wiederbelebung regionaler Sprachen müssen dem nicht unbedingt entgegenwirken, da ein stärkeres Bewusstsein für regionale Sprachen und Traditionen nicht zwangsläufig in eine politische Loslösung münden muss und im Gegenteil sogar die Zufriedenheit mit der Zentralregierung, die solche Entwicklungen zulässt, erhöhen könnte.

Derzeit scheint es nicht so, dass eine umfassende Rezentralisierung oder ein Auseinanderbrechen des indonesischen Nationalstaates als ihr extremes Gegenteil unmittelbar bevorstehen würde. Zukunftsprognosen abzugeben fällt allerdings schwer, da in der heutigen Situation Indonesiens auch scheinbar regional beschränkte Ereignisse einen dramatischen Einfluss auf die Entwicklung im gesamten Land nehmen können. Einsetzende Rezentralisierungstendenzen bis hin zur Wiedererrichtung eines autoritären Regimes, die weitere Radikalisierung religiöser Gruppen bis hin zur Ausrufung eines religiösen Staats, eine fortschreitende nationale Desintegration bis hin zur Auflösung des indonesischen Nationalstaats – all diese Zukunftsszenarien sind nicht auszuschließen. Und doch ist es ebenso denkbar und zum jetzigen Zeitpunkt auch gar nicht unwahrscheinlich, dass sich Indonesien langfristig zu einem dezentral verwalteten Staat mit einer stabilen, demokratisch gewählten Regierung entwickeln wird. Eines zumindest kann abschließend festgestellt werden: Es bleibt hochinteressant, die weitere Entwicklung Indonesiens aufmerksam mitzuverfolgen.

Literaturverzeichnis

Allgemeine Einführungen zum Themenbereich „Dezentralisierung in Indonesien"

Beier, Christoph 1995: Dezentralisierung und Entwicklungsmanagement in Indonesien, Saarbrücken

Beier, Christoph 1998: *Auswirkungen der Dezentralisierung auf die ländliche Entwicklung – Beispiel Indonesien*, In: *Entwicklung und ländlicher Raum Jg. 32, Nr. 3*, S. 24-28, Frankfurt a. M.

Bünte, Marco 2003a: *Dezentralisierung in Indonesien. Teil 1: Initiation und Inhalt*, In: *Südostasien aktuell Jg. 22, Nr. 6*, S. 565-579, Hamburg

Bünte, Marco 2003b: *Regionale Autonomie in Indonesien. Wege zur erfolgreichen Dezentralisierung*, Hamburg

Bünte Marco 2004: *Dezentralisierung in Indonesien. Teil 2: Bilanz und Perspektiven*, In: *Südostasien aktuell Jg. 23, Nr. 1*, S. 60-71, Hamburg

Diederich, Matthias 2000: *Politische Parteien und Dezentralisierung in Indonesien*, In: Ziegenhain, Patrick (Hg.): *Politischer Wandel in Indonesien 1995-2000*, für die Südostasien-Informationsstelle, Essen

Eissel, Dieter / Grasse, Alexander 2006: *The Vertical Dimension of Democracy and Development: Federalism, Regionalism, and Local Autonomy – Experiences from Europe,*

In: *International Conference: Democracy in Indonesia: Challenges of Consolidation*, Jakarta and Bandung, February 23-25, 2006, funded by Fritz-Thyssen-Foundation, Programme

Friedrich-Ebert-Stiftung Hengstenberg, Peter/ (Red.) 1999: *Dezentralisierung und kommunale Selbstverwaltung. Zur kommunalpolitischen Projektarbeit der Friedrich-Ebert-Stiftung in Afrika, Asien, Lateinamerika. (Materialien zur Praxis der Entwicklungszusammenarbeit; 3)*, S. 51-60, Bonn / Selbstverlag

Hoffmann, Esther 2000: *Strategie-Spiele. Bemühungen zur Dezentralisierung nach dem Machtwechsel in Indonesien*, In: *Südostasien Jg. 16, Nr. 1*, S. 59-60, Essen

Marquardt, Klaus 2000: *Nationalismus vs. Autonomie? Anmerkungen zu keinem Gegensatz*, In: *Südostasien Jg. 16, Nr. 3*, S. 13

Nitibaskara, Prof. Dr. Tubagus Ronny Rahman 2002: *Paradoksal Konflik dan Otonomi Daerah. Sketsa bayang-bayang konflik dan prospek masa depan otonomi daerah*, Jakarta

Nugroho, Grace P. 2000: *Spielraum schaffen für den Rat der autonomen Regionen*, In: *Südostasien Jg. 16, Nr. 3*, S. 49-50, Essen

Oetama, Jacob (Hg.) 1999: *Federalisme untuk Indonesia*, Jakarta

Richards, Gareth Api 2000: *Alles nur eine Management-Frage? Die Politik von Sezession und Dezentralisierung in Südostasien: Eine Skizzierung des Problems*, In: *Südostasien Jg. 16, Nr. 3*, S. 4-7, Essen

Schreiner, Klaus 2000: *Regionale Autonomie und Dezentralisierung in Indonesien. Königsweg oder Sackgasse?*, In: Ziegenhain, Patrick (Hg.): *Politischer Wandel in Indonesien 1995-2000*, für die Südostasien-Informationsstelle, Essen

Thürer, Daniel 1995: *Autonomie statt Sezession? Sieben Prinzipien zur adäquaten Lösung von Minderheitenkonflikten*. In: *E+Z. Entwicklung und Zusammenarbeit Jg. 36, Nr. 3*, S. 79-80, Berlin

Volbracht, Renate 2005: *Bringt Dezentralisierung Autonomie in den Regionen?*, In: *Indonesien Information Jg. 14, Nr. 1*, S.24-31, Berlin

Widjaja, Prof. Drs. HAW 2002: *Otonomi daerah dan daerah otonom*, Jakarta

Zakaria, R. Yando 1999a: *Ringkasan Hasil Sarasehen Otonomi Daerah*, In: Kartika, Sandra / Gautama, Candra (Hg.) 1999: *Menggugat Posisi Masyarakat Adat terhadap Negara*, S. 137-175, Yogyakarta

Zakaria, R. Yando 1999b: *Kembalikan Kedaulatan Hak Ulayat Masyarakat Adat Utama Sandjaja*, In: Kartika, Sandra / Gautama, Candra (Hg.) 1999: *Menggugat Posisi Masyarakat Adat terhadap Negara*, S. 137-175, Yogyakarta

Zakaria, R. Yando 1999c: *Negara, Mayarakat Adat, dan Demokrasi: Beberapa Telaah Eksploratif tentang Hubungan Negara dengan Masyarakat Adat*, In: Kartika, Sandra / Gautama, Candra (Hg.) 1999: *Menggugat Posisi Masyarakat Adat terhadap Negara*, S. 137-175, Yogyakarta

Zellmer, Martha 1995: *Workshop "Kooperation, Regionalismus und Integration im asiatisch-pazifischen Raum"*. In: *Asien Nr. 56*, S. 74-79, Hamburg

Regionalanalysen zum Themenbereich "Dezentralisierung in Indonesien"

Donohoe, Jennifer 2004: *Opponents of Islamic Law*, In: Indonesia Resources and Information Program (IRIP): *Inside Indonesia No. 79, July-September 2004*, Collingwood Vic

Heidbüchel, Esther 2006: *Political Violence and Separatist Movements in Indonesia. The Case of West Papua,* In: *International Conference: Democracy in Indonesia: Challenges of Consolidation,* Jakarta and Bandung, February 23-25, 2006, funded by Fritz-Thyssen-Foundation, Programme

Hütz-Adams, Friedel 2005: *Indonesien: West-Papua fordert Autonomie. Wirtschaftliche, soziale und kulturelle Rechte eines gefährdeten Volkes,* Siegburg

ICG (International Crisis Group) 2003: *Indonesia. Managing Decentralisation and Conflict in South Sulawesi,* In: *ICG Asia Report No 60,* 18 July 2003, Jakarta/Brussels, S. i-44

ICG (International Crisis Group) 2005: *Decentralisation and Conflict in Indonesia: The Mamasa Case,* In: *Update Briefing. Asia Briefing No 37,* 3 May 2005, Singapore/Brussels, S. 1-12

Ipenburg, At / Zöllner, Siegfried (Übers.) 2002: *Autonomie für Papua – Bedrohung oder Chance,* In: *West Papua Rundbrief Nr. 21,* S. 26-27, Wuppertal

Morrell, Elizabeth 2002: *How Many Degrees of Seperation? Observations from South Sulawesi,* In: *ANTROPOLOGI INDONESIA Special Volume, 2002,* S. 33-43

Morrell, Elizabeth 2005: *Re-drawing Sulawesis's map. New provincial borders don't solve old problems,* In: *Inside Indonesia/ April-June 2005,* S. 18-19

Nothofer, Bernd 2006: *The role of cultural and linguistic features in the creation of new provinces in Indonesia – the case of West and Central Java,* In: *International Conference: Democracy in Indonesia: Challenges of Consolidation,* Jakarta and Bandung, February 23-25, 2006, funded by Fritz-Thyssen-Foundation, Programme

Pradadimara, Dias/Burhaman, Junedding 2002: *Who is calling for Islamic Law?*, In: Indonesia Resources and information Program (IRIP): *Inside Indonesia No 72 October-December 2002*, Collingwood Vic

Prasetyo, Pius S. 2006: *Decentralization and its Impact on Local Democracy in Indonesia: A Case Study from West Java,* In: *International Conference:*

Democracy in Indonesia: Challenges of Consolidation, Jakarta and Bandung, February 23-25, 2006, funded by Fritz-Thyssen-Foundation, Programme

Volbracht, Renate 2005: *Konfliktreiche Dezentralisierungspolitik in West-Sulawesi oder: Sind Flächenbrände vermeidbar?*, In: *Indonesien Information Jg. 14, Nr. 1,* S. 24-31, Berlin

Zöllner, Siegfried 2000: *Föderation, regionale Autonomie oder Unabhängigkeit? Eine Grundfrage staatlicher Gestaltung am Beispiel Indonesiens und West Papuas,* In: *Südostasien Jg. 16, Nr. 3,* S. 47-49, Essen

Sonstige Literatur

Alimuddin, Muhammad Ridwan 2005: *Orang MandarOrang Laut. Kebudayaan Bahari Mandar Mengarungi Gelombang Perubahan Zaman,* Jakarta

Carle, Rainer (Hg.) 1987: *Cultures and Societies of North Sumatra,* Dietrich Reimer Verlag, Berlin/Hamburg

Castles, Lance 1972: *The Political Life of a Sumatran Residency: Tapanuli 1915-1940,* Yale

Drechsler, Hanno/ Hilligen, Wolfgang/ Neumann, Franz 2003: *Gesellschaft und Staat. Lexikon der Politik,* 10. Auflage, München

Green, Marshall: *Indonesia Crisis and Transformation 1965-1968*, 1990

Hardjosoediro, Drs. Soejitno 1980: *Berita Buana*

Landengerg, Michael V. 1990: *Gestapu and State Power in Indonesia, in: Cribb: "The Indonesian Killings 1965-1966"*

Lebar, Frank M. (Hg.) 1972: *Ethnic groups of insular Southeast Asia (Volume 1: Indonesia, Andaman, Islands and Madagascar),* New Haven

Pigeaud, Theodore G. Th/ De Graaf, H.J. 1976: *Islamic States in Java 1500-1700. A Summary, Bibliography and Index,* The Hague – Martinus Nijhoff

Rickleffs, M.C. 1974: *Jogjakarta under Sultan Mangkubumi 1749-1792,* London Oxford University Press

Sibata, T. 1958: *Nihon no Hogen* [Dialect in Japan]. Tokyo: Iwanami.

Internetquellen

Aramula: *Gema Luwu Raya*, unter:
http://nostalgia78.blogspot.com/2006/10/gema-luwu-raya.html; Zugriff: 29.12.2006

Balai Pengkajian&Pengembangan Informasi Wil. VII Makassar: *Jelang Pilgub, Provinsi Luwu Raya Menguat*, 26-07-2006, unter
http://www.bppimks.web.id/view.php?id=1887&jenis=Polhukam; Zugriff: 29.12.2006

Basyral Hamidy Harahap: *Tribalisme : Sisi gelap otonomi daerah*, unter http://www.basyral-hamidy-harahap.com/blog/index.php?itemid=18; Zugriff: 30.8.2006

Berita Kita, Bukit Sitompul: *Propinsi Tapanuli kini waktunya*, July 5, 2006, unter http://beritakita.blogspot.com/2006/07/propinsi-tapanuli-kini-waktunya.html; Zugriff: 30.8.2006

Berita Kita, Johnson BS Rajagukguk: *Provinsi Tapanuli: Dari Siapa untuk Siapa?*, unter http://beritakita.blogspot.com/2006/06/provinsi-tapanuli-dari-siapa-untuk.html; Zugriff: 30.8.2006

Berita Kita: *Sumatera Utara*, June 8, 2006
http://beritakita.blogspot.com/2006/06/sumatera-utara_08.html; Zugriff: 5.10.2006

Berita Sore: *PDP Targetkan Raih 30 Persen Suara Pada Pemilu 2009*, 12 Agustus 2006, unter
http://www.beritasore.com/index.php?option=com_content&task=view&id=7303Ite; Zugriff: 9.10.2006

Fajar Online: *IPMIL Desak DPRD Keluarkan Rekomendasi*, 02 Jun 2006, unter http://www.fajar.co.id/news.php?newsid=24239; Zugriff: 29.12.2006

Gramedia Pustaka Utama, *Detail Pengarang: Ahmad Tohari*, unter http://www.gramedia.com/author_detail.asp?id=EBDP2528; Zugriff: 15.9.2006

Harian Global: *Sekdaprovsu : Provinsi Tapanuli sudah di ambang pintu*, 18 September 2006, unter http://www.harian-global.com/news.php?item.4520.21; Zugriff: 9.10.2006

Hariansib, Sanco Manullang: *Menghapus "Peta Kemiskinan" Melalui Provinsi Tapanuli*, 22 Agustus 2006, unter http://www.hariansib.com/index.php?option=com_content&task=view&id=11484< Zugriff: 9.10.2006

Harian SIB Online: *Tujuh Kepala Daerah Tandatangi Persetujuan Siborongborong Ibukota Propinsi Tapanuli*, 2 Oktober 2006, unter http://aktualita.blogspot.com; Zugriff: 12.10.2006

IndonesiaViews, Joko Suprianto: *Propinsi Banyumas,* unter http://www.library.ohiou.edu/indopubs/2000/05/16/0040.html; Zugriff: 30.8.2006

Indonesia Views, Joko Suprianto: *Propinsi Banyumas : Apa yg Harus Dilakukan ?*, unter http://www.hamline.edu/apakabar/basisdata/2000/05/19/0003.html; Zugriff: 30.8.2006

Kompas: *Belum Ada Rekomendasi. Tiga Daerah Belum Sepakat*, 18 September 2006, unter http://www.kompas.com/kompas-cetak/0609/18/sumbagut/2960995.htm; Zugriff: 9.10.2006 ;

Kompas: *Menakar Pertarungan Politik Pilkada Sulsel*, 11 Agustus 2006, unter: http://www.kompas.com/kompas-cetak/0608/11/Politikhukum/2873549.htm; Zugriff: 29.12.2006

Kompas: *Pemekaran Tapanuli. SDM dan SDA Masih Sangat Minim*, 22 Agustus 2006, unter http://www.kompas.com/kompas-cetak/0608/22/sumbagut/2893829.htm; Zugriff: 30.8.2006

Kompas: *Rencana Pemekaran Banyumas Masuki Tahap Perhitungan Aset*, unter http://www.kompas.com/kompas-cetak/0305/01/jateng/289464.htm; Zugriff: 19.9.2006

Kompas Cyber Media, Andy Riza Hidayat: *Pemekaran. Pembentukan Provinsi Tapanuli Dipertanyakan*, unter http://www.kompas.com/ver1/Nasional/0608/19/174549.htm; Zugriff: 30.8.2006

Liputan Bona Pasogit: *Kader Partai Golkar Tapanuli Utara Desak Pembentukan Provinsi* Tapanuli, unter http://www.bonapasogit.tv/index.php?mod=berita&edisi=I-Jul-2006&id=1264&PHPSESSID=2c065aefef4cfaf84e94b0acad216416; Zugriff: 4.10.2006

Media Indonesia, *Provinsi Luwu Raya Dideklarasikan*, unter: http://www.pu.go.id/humas/media%20massa/april/mi0204012.htm, 2 April 2001; Zugriff: 29.12.2006

NiasIsland.com: *Bersatu Menolak Nias Gabung dalam Prov Tapanuli*, unter http://niasisland.com/home/discuss_desc_inq.php?caller=&file_option=discuss; Zugriff: 30.8.2006

Official Website Pemerintah Provinsi Sulawesi Selatan: *Penduduk & Ketenagakerjaan*, unter http://www.sulsel.go.id/wilayah/luwu; Zugriff: 17.11.2006

Pakpak Online: *Mari ikut berpikir. Tokoh Ulayat Pakpak Bharat Tolak Gabung dengan Propinsi Tapanuli*, unter http://www.pakpakonline.com/detail.php?ses=&id=71; Zugriff: 4.10.2006

Perwira Forum : Propinsi Banyumas, unter: http://www.purbalingga.go.id/forum/printer_friendly_posts.asp?FID=4&TID=16; Zugriff: 19.9.2006

Pikiran Rakyat, Ahmad Tohari: *Dialek Banyumas Diambang Kepunuhan*, 17. October 2002, unter: http://www.pikiran-rakyat.com/cetak/1002/17/0504.htm; Zugriff: 30.8.2006;

Portal Banyumas: *Bahasa dan Sastra*, unter http://www.portalbanyumas.com/portal/moduled.php?name=News&file=article&sid=16; Zugriff: 4.9.2006

Portal Banyumas: *Panggung Lebih Luas buat Banyumas*, unter http://www.portalbanyumas.com/portal/modules.php?name=News&file=article&sid=43; Zugriff: 30.8.2006

Sejarah Berdirinya Kabupaten Banyumas, unter http://www.banyumas.go.id/bmskita/sejarah2.php; Zugriff: 4.9.2006

Sinar Harapan: *Dialek Banyumasan Dipinggirkan Masyarakatnya Sendiri*, 16 Oktober 2002, unter http://www.sinarharapan.co.id/berita/0210/16/nus06.html; Zugriff: 30.8.2006

Sinar Harapan, Marzuki Usman: *Dampak Positif dari Pemekaran Wilayah*, unter http://www.sinarharapan.co.id/ekonomi/Keuangan/2005/0411/keu3.html; Zugriff: 30.8.2006

Sinar Indonesia Baru Online, John Anta Siagian: *Wacana Provinsi Tapanuli Dan Anomali PP Pemekaran*, 18 Juli 2006, unter http://www.hariansib.com/index.php?option=com_content&task=view&id=9094&Ite; Zugriff: 30.8.2006

Suara Merdeka: *Ahmad Tohari "Gugat" anggota DPRD*, unter http://www.suaramerdeka.com/harian/0404/29/nas11.htm; Zugriff: 30.8.2006

Suara Merdeka: *DPRD Tetap Lanjutkan Pemekaran*, unter http://www.suaramerdeka.com/harian/0404/20/ban1.htm; Zugriff: 30.8.2006

Suara Merdeka, Ahmad Tohari: *Andai Tidak Disubkulturkan,* unter http://www.mail-archive.com/kmnu2000@yahoogroups.com/msg03241.html; Zugriff: 30.8.2006

Suara Merdeka: *Gubernur Minta Pemekaran Dihentikan*, 19. April 2004, unter http://www.suaramerdeka.com/harian/0404/19ban9.htm; Zugriff: 30.8.2006

Suara Pembaruan Daily: *Kasus Aralle, „Buah" Pemekaran Setengah Hati*, 22/10/2004, unter http://www.suarapembaruan.com/News/2004/10/22/Editor/edi02.htm; Zugriff: 29.12.2006

The Official Site Of Aksara Jawa: *Logat Banyumasan*, unter http://hanacaraka.fateback.com/logat_bms.htm; Zugriff: 19.9.2006

Tribun Timur: *Rahmat Optimis Luwu Raya Terbentuk*, 01-09-2006, unter http://www.tribun-timur.com/view.php?id=32222&jenis=Palopo; Zugriff: 29.12.2006

Waspada Online: *DPRD Sibolga Tarik Dukungan Pembentukan Provinsi Tapanuli*, 19 Sep 06, unter http://www.waspada.co.id/cetak/index.php?article_id=79884; Zugriff: 9.10.2006

Waspada Online: *Tokoh Dan Ormas Tapteng Tolak Provinsi Tapanuli*, 09 Okt 06, unter http://www.waspada.co.id/cetak/index.php?article_id=80301, http://id.wikipedia.org/wiki/Dialek_Banyumas; Zugriff: 19.9.2006

Waspada Online: *Usman Pelly: Pertimbangkan Aspek Sosial Budaya Dalam Pemekaran*, 21 Aug 06, unter http://www.waspada.co.id/berita/medan/artikel.php?article_id=79216; Zugriff: 30.8.2006

http://de.wikipedia.org/wiki/Batak; Zugriff: 30.8.2006

http://de.wikipedia.org/wiki/G30S/PKI; Zugriff: 12.1.2006

http://de.wikipedia.org/wiki/subsidiarität; Zugriff: 30.8.2006

http://en.wikipedia.org/wiki/Batak_%28Indonesia%29; Zugriff: 30.8.2006

http://id.wikipedia.org/wiki/Berkas:Banyumasan.JPG; Zugriff: 14.1.2007

http://id.wikipedia.org/wiki/Berkas:Banyu2.jpg; Zugriff: 14.1.2007

http://en.wikipedia.org/wiki/User_talk:Slamet_Serayu; Zugriff: 30.8.2006

http://id.wikipedia.org/wiki/Jawa_Tengah; Zugriff: 19.9.2006

http://id.wikipedia.org/wiki/MPR; Zugriff: 30.8.2006

http://id.wikipedia.org/wiki/Provinsi_Flores; Zugriff: 30.8.2006

http://id.wikipedia.org/wiki/Sulawesi_Selatan; Zugriff: 29.12.2006

http://www.indonesia-tourism.com/north-sumatra/index.html; Zugriff: 14.1.2007

http://www.menlh.go.id/usaha-kecil/prop/sulsel.htm; Zugriff: 14.1.2007

Persönliche E-Mails

Silaban, Elyeser, 5.11.2006; 12.11.2006

Anhang

Karte 1: Die Lage der angestrebten Provinz Banyumas auf Java
Quelle: http://id.wikipedia.org/wiki/Berkas:Banyu2.jpg; Zugriff: 14.1.2007

Karte 2: Die angestrebte Provinz Banyumas
Quelle: http://id.wikipedia.org/wiki/Berkas:Banyumasan.JPG; Zugriff: 14.1.2007

Karte 3: Die Provinz Sumatera Utara
Quelle: http://www.indonesia-tourism.com/north-sumatra/index.html; Zugriff: 14.1.2007

Karte 4: Die Provinz Sulawesi Selatan vor der Abspaltung Sulawesi Barats
Quelle: http://www.menlh.go.id/usaha-kecil/prop/sulsel.htm; Zugriff: 14.1.2007

E-Mail von Elyeser Silaban (5.11.2006)

Halo bere,

Kami semua baik baik saja termasuk ompung dan seluruh keluarga kita di Indonesia. Kami sangat gembira mendengar kemajuanmu dalam perkuliahan yang telah dalam proses penyusunan skripsi. Apalagi skripsimu mengenai sesuatu yang lagi ramai dibicarakan di kampung kita ini, yakni tentang otonomi daerah dan rencana pembentukan propinsi tapanuli.

1. Argumentasi dari yang pro-pembentukan yang menyebut pembentukan provinsi akan mempercepat pembangunan Tapanuli adalah lebih benar secara teoritis, dengan uraian sbb:

    - Selama ini tapanuli merupakan daerah yang lebih banyak mengekspor sumber daya pembangunan (manusia produktif dan uang) keluar tapanuli dibanding menerima, sehingga kalau keadaan tapanuli tetap seperti itu pembangunan di daerah ini tidak akan berjalan karena kekurangan sumberdaya. Tenaga kerja banyak meninggalkan tapanuli karena sulitnya lapangan pekerjaan disini (hanya pertanian). Investasi swasta sangat sedikit karena kurangnya rangsangan/stimulasi yang diberikan. Otoritas untuk memberi izin disertai rangsangan/stimulasi (investment credit) masih dipegang pemerintah pusat dengan rekomendasi pemerintah provinsi. Demikian juga uang dan calon intelektual muda yang ada di masyarakat terus berkurang. Hal itu terjadi tammatan SMA yang akan kuliah dan uang kuliahnya yang merupakan alokasi pengeluaran terbesar dari sebagian besar rumah tangga di tapanuli (sesuai motto masyarakat: "Anakkonhi do hamoraon di ahu" = anakkulah kekayaanku. Biar miskin tapi anak harus disekolahkan sampai setingi-tingginya), harus dikirim keluar daerah karena belum ada universitas negeri di daerah ini. Pengeluaran pemerintah (government expenditure) untuk membangun gedung pemerintah yang bisa mendorong perputaran ekonomi di tapanuli juga masih kurang. Hal ini terjadi karena keputusan untuk alokasi pengeluaran pemerintah banyak ditentukan pemerintah provinsi sebagai wakil pemerintah pusat. Kalau nanti tapanuli menjadi provinsi banyak kesulitan otoritas dan kesulitan sarana prasana pembangunan tersebut akan teratasi.

    - Kurangnya potensi ekonomi di tapanuli untuk menjadi satu provinsi juga kurang tepat, karena potensi sumber daya alamnya banyak hanya saja belum terkelola. Pertanian (tanah luas dan subur), pertambangan (emas di Dolok Pinapan-Kab. Dairi) batubara dan semen di sekitar Batuharang (liang gordangan) dan Nagasaribu Kab. Tapanuli utara, belerang di namora di langit-Tapanuli tengah) pariwisata (tourism) di danau toba, dll. Pengelolaan sumberdaya ini justru bisa dilakukan bila tapanuli menjadi provinsi. Kemiskinan provinsi tapanuli akan terangkat tingkat nasional dan program pembangunan yang diperlukan untuk mengatasinya akan dikelola sendiri dengan dana bantuan yang disediakan pemerintah pusat sesuai undang undang otonomi daerah. Sekarang ini sumber pembiayaan Kabupaten dan Kota rata-rata 90% masih merupakan subsidi APBN (Budget Pemerintah pusat) hanya sekitar 10% yang dihasilkan sendiri pemerintah daerah (Pendapatan asli daerah=PAD). Sumber dana tersebut adalah:

i. APBD kabupaten/kota yg terdiri dari:

1. PAD (pajak dan restribusi yang dipungut berdasarkan otoritas yang dimiliki Kabupaten dan kota, laba perusahaan daerah, dll)   10%

2. Dana Perimbangan: Dana Alokasi Umum (DAU), Dana Alokasi Khusus (DAK), Bagi hasil   90%

(DAU diberikan dari APBN agar Kabupaten/kota dapat membayar gaji pegawai negeri daerah dan membangun gedung pemerintah berdasarkan jumlah penduduk, luas daerah, tingkat kemiskinan, dll. DAK diberikan dari APBN untuk membiayai program spesifik yang tidak berhubungan dengan jumlah penduduk, luas daerah, tingkat kemiskinan, misalnya jembatan yang banyak rusak di satu kabupaten karena banjir, gempa bumi, dll. Bagi hasil diberikan berdasarkan %tase tertentu dari penerimaan pemerintah pusat karena eksploitasi sumber daya alam di kabupaten/kota yang bersangkutan, baik lewat perusahaan negara (Badan Usaha Milik Negara=BUMN: misalnya Pertamina, PT. Pupuk Sriwijaya, PT. Perkebunan) maupun yang dikontrakkan kepada persahaan swasta, misalnya Mobil Oil, PT. Freeport, dll.

ii. Dana Dekonsentrasi: tugas pemerintah pusat yang dilimpahkan ke propinsi melaksanakan pembangunan di kabupaten/kota dengan pemberian anggaran dari APBN.

iii. Tugas Pembantuan: tugas pemerintah pusat di kabupaten/kota yg dilaksanakan sendiri oleh pemerintah pusat.

Jadi alasan kurangnya potensi ekonomi tapanuli untuk menjadi provinsi tidak benar karena:

- Potensi yang belum tergali sangat banyak hanya otoritas dengan kucuran dana untuk mengelolanya yang belum dimiliki.
- Banyak daerah miskin sumber daya alam di Indonesia sudah menjadi provinsi seperti provinsi Kepulauan Bangka Belitung, provinsi Banten, provinsi Bengkulu,dll karena sumber dana pembangunan masih banyak ditanggung pemerintah pusat.

2. Pembentukan provinsi baru bisa dilaksanakan bila ada minimal 6 kabupaten/kota yang bergabung. Sejauh ini yang konsisten mendukung pembentukan provinsi tapanuli adalah: Kab Tapanuli utara, kab Tobasa, kab samosir, kab humbang hasundutan (penduduknya adalah batak toba yg beragama kristen). Yang tidak menolak dan cenderung menyetujui adalah kab dairi, kab pakpak barat, kab Nias, kab Nias Selatan (penduduknya lebih banyak kristen). Kab Mandailing natal, kab Tapanuli Selatan, dan kota Padang sidempuan dengan jelas tidak mau bergabung takut menjadi minoritas. Penduduknya mayoritas beragama Islam sebenarnya masih suku batak tapi menyebut diri mandailing karena menganggap orang batak identik dgn agama kristen. Batak mandailing sering mengalahkan batak toba dalam kompetisi merebut jabatan pemerintahan yang diintervensi pemerintah pusat. Kabupaten Tapanuli tengah dan Kota Sibolga masih tanda tanya. Mereka mau bergabung kalau sibolga menjadi ibu kota provinsi. Penduduknya menyebut diri batak angkola dan perbandingannya sekitar 45% kristen, 55% Islam. Elit politiknya lebih dikuasai Islam. Sibolga kurang cocok dijadikan ibukota provinsi karena sempitnya tanah datar disana. Kota itu berada di pinggir pantai yang sangat curam dengan jalan masuk yang sangat sulit dari arah tarutung dan daerah tapanuli lainnya. Harap diingat penyebutan batak mandailing, batak angkola, batak dairi tidak otomatis bermakna suku dengan nenek moyang berbeda. Penyebutan itu lebih tepat kepada

pembagian geografis sebagai warisan politik devide et impera belanda (pecah belah dulu baru kuasai). Jadi seandainya tulang arnold menetap di tapanuli selatan dia akan menyebut dirinya batak mandailing. Sayang sekali bahwa primordialisme unsur agama lebih menonjol dari pada genealogis sama orang di Indonesia. Jadi batak mandailing merasa lebih dekat dengan suku melayu deli atau bahkan dengan bangsa arab dari pada dengan suku batak toba yang beragama kristen. Tetapi mengingat kecenderungan kab dairi, kab pakpak barat, kab Nias, kab Nias Selatan untuk bergabung, serta posisi Rudolf Pardede putra Kab Tobasa yang saat ini menjadi gubernur sumatera utara maka prospek pembentukan provinsi tapanuli semaikin besar, dan saat ini dalam proses pengusulan DPRD Provinsi Sumatera utara kepada Gubernur Sumatera utara untuk selanjutnya disampaikan kepada pemerintah Pusat.

Frank inilah dulu yang bisa tulang sampaikan sekarang, kalau ada pertanyaanmu tulang sangat senang menjawabnya. Harapan disertai doa kami penulisan skripsimu cepat selesai dengan hasil terbaik, ya Bere !

Horas ma Bere. Salam dari Tulang Elyeser dan Nantulang dan Lia.

E-mail von Elyeser Silaban (12.11.2006)

Hallo Bere, disini saya jawab pertanyaanmu. Selamat membaca.

1. Saya luruskan sedikit: "menurut Tulang sebaiknya provinsi Tapanuli dibentuk supaya orang Tapanuli lebih bisa mengembangkan potensi sumber daya daerah Tapanuli yang sebenarnya banyak tapi selama ini telantar oleh pemerintah provinsi Sumut. Sedangkan pikiran kelompok yang kontra-pembentukan (kebanyakan Batak Mandailing) berdasarkan rasa etnis dan agama karena mereka merasa lebih nyaman bila tetap bergabung dalam provinsi Sumatera utara yang selama ini didominasi elit politik beragama Islam dari pada bergabung dengan provinsi tapanuli yang berpenduduk didominasi agama kristen. Walaupun Batak Mandailing itu sebenarnya masih satu nenek moyang dengan Batak toba (banyak marga yang sama di Batak Mandailing dengan di Batak Toba) namun karena perbedaan agama Batak Mandailing menganggap diri mereka lebih dekat dengan orang muslim lain dari luar suku Batak.

2. Perpanjangan APBD = Anggaran Pendapatan dan Belanja Daerah. (Regional Revenue and Expenditure Budget Plan). Tiap Provinsi, Kabupaten atau Kota menyusun APBD masing masing.

3. Dana Dekonsentrasi dan Tugas Pembantuan tidak termasuk Dana Perimbangan. Dana Perimbangan dibagikan berdasarkan rumus tertentu sesuai kondisi Kabupaten atau Kota penerima dari APBN(egara) dan dimasukkan menjadi sumber penerimaan pada APBD daerah penerima (Penerimalah membelanjakan dan mempertanggungjawabkannya kepada DPRD (Dewan Perwakilan Rakyat Kabupaten atau Kota). Dana Dekonsentrasi dan Tugas Pembantuan tetap dikelola (dibelanjakan untuk program Pemerintah Pusat dan dipertanggungjawabkan) oleh kementerian Pemerintah pusat. Walaupun penerima manfaat juga masyarakat di Kabupaten atau Kota juga.

4. Proses pembentukan: Gubernur memeriksa syarat administratif sesuai peraturan perundangundangan. Bila sudah lengkap lalu Gubernur menyampaikan kepada DPRD Provinsi Sumut untuk dibahas dan disetujui. Setelah mendapat persetujuan Gubernur dan DPRD Provinsi lalu disampaikan ke Departemen dalam negeri untuk disetujui dan di sampaikan ke DPR Pusat untuk dibahas. Apabila DPR menyetujuinya maka persetujuan itu dituangkan dalam bentuk Undang undang pembentukan

Provinsi Tapanuli. Undang undang ini baru berlaku bila sudah disahkan Presiden.

5. Apakah mungkin pemerintah pusat menolak pembentukan walaupun pemerintah Sumut sudah setuju? Selama ini belum pernah pemerintah pusat menolak usulan pemekaran provinsi.
6. Kota (Sibolga) maupun Kota (Padangsidempuan) dipimpin oleh walikota (major) satu level dengan Bupati. Ibukota Kabupaten Tapteng/Tapsel belum dipindahkan ke wilayah diluar kota. Mungkin ibukota Tapteng adalah Pandan dan ibukota Tapsel adalah kota lain di wilayah itu (Maafkan Tulang belum sempat bertanya tentang Ibukotanya). Kekurangan dana untuk membangun gedung baru menjadi penyebab ibukota daerah tertentu belum dipindahkan.
7. Kota Pandan terletak di pinggir pantai barat Tapanuli tengah yang lebih landai, hanya berjarak 15-20 km di sebelah tenggara kota Sibolga.

Oke Frank, nanti tulang lengkapi nama ibukota kedua daerah itu yah ! Tulis lah terus skripsimu nanti kalau ada pertanyaanmu biar tulang jawab lagi. Selamat Bekerja.

Dari Tulang Elyeser.

Die Rolle des Islam im religiösen Pluralismus Indonesiens

Katharina Werner, 2009

1 Einleitung

Indonesien, das größte muslimische Land der Welt, propagiert den religiösen Pluralismus. Seit der Sukarno-Ära ist der eigentlich aus einem altjavanischen Gedicht stammende Slogan *Bhinneka tunggal ika* („Einheit in Vielfalt"[308]) zum Staatsmotto geworden. Anhänger verschiedenster Religionen leben in Indonesien weitgehend friedlich nebeneinander. Feste aller anerkannten Religionen werden als nationale Feiertage begangen. Am Feiertag einer Religion gratuliert man den Anhängern dieser Religion auch, wenn man ihr selbst nicht angehört. Hillary Clinton zeigte bei ihrer Indonesien-Reise Anfang dieses Jahres große Begeisterung: „Hier können Islam, Demokratie und Moderne nicht nur koexistieren", so die neue US-Außenministerin, „sondern gemeinsam florieren."[309]

Auf der anderen Seite stehen terroristische Attentate wie die Bali-Anschläge der Jahre 2002 und 2005 sowie das neue Pornographie-Gesetz, das weltweit für Aufsehen sorgte. In verschiedensten Gebieten kommt es immer wieder zu Konflikten und Gewalt zwischen Muslimen und Anhängern anderer Religionen.

Daher stellt sich die Frage: Wie dominant ist der indonesische Islam und wie weit reicht der religiöse Pluralismus Indonesiens wirklich?

---

[308] oder auch: „obwohl unterschiedlich, trotzdem eins"
[309] Mühlmann 30.03.2009

2 Begriffliche Abgrenzungen

Zunächst möchte ich die Begriffe Pluralismus, Pluralität und Toleranz voneinander abgrenzen. Pluralität bezeichnet einen Gesellschaftszustand, nämlich das Bestehen einer Vielfalt. Pluralismus und Toleranz hingegen drücken individuelle oder kollektive konzeptionelle Positionen aus. Pluralismus ist weit mehr als Toleranz, denn er geht nicht nur vom sich gegenseitigen Tolerieren aus, sondern von einer Gleichberechtigung. Damit lässt er jedem Individuum Spielraum für eine alternative Identitätsfindung.[310]

Bei Toleranz muss man zusätzlich zwischen einem positiven und einem negativen Toleranzbegriff unterscheiden: der negative Toleranzbegriff verlangt nur, dass andere in Ruhe gelassen oder nicht verfolgt werden. Der positive Toleranzbegriff hingegen erfordert zusätzlich noch gegenseitige Hilfe und Unterstützung.[311]

---

[310] Schulze 2008, S. 65
[311] Abdillah 1997, S. 121

3 Religiöser Pluralismus und Toleranz in Indonesien

> Nicht nur die Nation Indonesiens sollte einen Herrn anerkennen, sondern jeder Indonesier sollte an seinen eigenen Herrn glauben. Christen ehren den Herrn, gemäß der Lehre von Jesus Christus. Muslime glauben gemäß dem Propheten Muhammad s.a.w.; die Buddhisten gestalten ihren religiösen Dienst nach ihren eigenen Büchern. Aber lasst uns alle zusammen an einen Herrn glauben. Der Staat Indonesien soll ein Staat sein, in dem jeder Mensch seinen Herrn in freier Manier verehren kann. Das ganze Volk sollte seinen Herrn verehren auf die eigene kulturelle Art und Weise, d.h. ohne religiösen Egoismus. Und Indonesien sollte ein Staat sein, der einen Herrn anerkennt![312]

Indonesien versteht sich als ein Nationalstaat, der allen Staatsbürgern die Freiheit der religiösen Überzeugung gewährt. Das bedeutet, dass es keine Sonderregelungen geben darf, die irgendwelche Gruppen aus ethnischen oder religiösen Gründen diskriminieren würden. Auch wenn Indonesien als das Land mit der weltweit größten muslimischen Bevölkerung bekannt ist, ist es kein Islamstaat und die Mehrheit der Indonesier lehnt die Einführung der Shari'ah ab.[313]

Politisch und ideologisch gründet sich Indonesien auf der Staatsphilosophie der Pancasila.[314] Lange Zeit galt es als Paradebeispiel für ein friedliches Zusammenleben einer muslimischen Mehrheit mit Minderheiten anderer Religionen.[315]

Seit dem Ende des autoritären Regimes von Suharto im Mai 1998 befindet sich Indonesien in einem Demokratisierungsprozess. Auch wenn seitdem immer wieder mit Sorge beobachtet wird, wie gewaltbereite Gruppierungen wie Laskar Jihad, Front Hizbullah. Hizbut Tharir und die Front Pembela Islam in Erscheinung treten, sind diese Gruppen eine absolute Minderheit. Auch die Zahl derjeniger, die die Errichtung eines Islamstaats fordern, ist sehr gering.[316]

Obwohl das politische System noch zahlreiche Einschränkungen und Defizite aufweist, ist in den letzten Jahren eine spürbare Veränderung zu sehen und nach allgemeiner Expertenmeinung wird Indonesien eher als demokratisch denn als

---

[312] Sukarno, Lahirnya Pancasila, zitiert bei Schindehütte 2006, S. 52

[313] Evers, S. 251

[314] Azra 2008, S. 116

[315] Evers, S. 249

[316] Ottendörfer, Ziegenhain 2008, S. 47

autoritär eingestuft. Mittlerweile gilt es sogar als das demokratischste Land in Südostasien.[317]

3.1 Die Stellung der Religion in Indonesien

In Indonesien ist der Islam (anders als beispielsweise in Malaysia) nicht Staatsreligion. Indonesien ist aber auch kein säkularer Staat, denn der Glaube an eine der Weltreligionen ist verpflichtend und wird unter anderem im Personalausweis vermerkt.[318] Nach dem Prinzip des Glaubens an den alleinigen Gott muss jeder Indonesier an einen Gott glauben und im Einklang mit seiner jeweiligen Religion seinen Gott verehren. Anerkannte Religionen sind Islam, Katholizismus, Protestantismus, Hinduismus und mittlerweile auch der Konfuzianismus. Muslime machen circa 88 % der Bevölkerung aus.[319]

Die in Religiosität und dem Glauben an einen Gott begründete Weltanschauung bildet eine gemeinsame Grundlage für die heterogene Gesellschaft Indonesiens. Für atheistische (*anti-Tuhan*) Gruppen ist in einer solchen religiösen Gemeinschaft kein Platz.

Obwohl der Glaube an einen Gott vorgeschrieben ist, ist kein absoluter Monotheismus wie im Islam vorgeschrieben, sondern auch ein relativer Monotheismus möglich. Dabei wird die Gottesgestalt aufgespalten ohne ihren ganzheitlichen Charakter zu verlieren. Im Christentum spricht man von Vater, Sohn und Heiligem Geist, im Hinduismus von der *Trimurti*, den personifizierten göttlichen Prinzipien Brahma, Vishnu und Shiva.[320]

Indonesische Angehörige verschiedener Religionen respektieren einander weitgehend und arbeiten gemeinsam daran, die Harmonie und das Nebeneinanderexistieren der verschiedenen Religionen zu ermöglichen. Man entwickelte die Ansicht, Religion sei etwas Persönliches und man solle anderen seinen Glauben nicht aufzwingen. Jeder Mensch soll die Freiheit haben, seinen Gott im Einklang mit seiner Religion zu verehren und Gottesdienste abzuhalten.[321]

---

[317] Ottendörfer, Ziegenhain 2008, S. 43-44

[318] Ottendörfer, Ziegenhain 2008, S. 45

[319] Auswärtiges Amt Juni 2009

[320] Wandelt 1989, S. 165

[321] Wandelt 1989, S. 161

3.2 Bhinneka Tunggal Ika und die javanische Toleranz

In der javanischen Gesellschaft werden Unterschiede nicht als etwas Negatives sondern als unvermeidbare Gegebenheiten angesehen, die akzeptiert und sich zu eigen gemacht werden müssen.[322] Die Javaner sind sehr stolz auf ihre Toleranz und Großzügigzeit. Aber dies bedeutet nicht, dass Javaner unendlich tolerant gegenüber anderen Religionen, Werten und Glaubensrichtungen sind. Alles, was in javanische Erklärungsmuster passt oder an den javanischen Lebensstil angepasst werden kann, wird akzeptiert; passt es nicht, wird es schwieriger.[323]

Die Mehrheit der Indonesier sieht einen gemeinsamen Glauben nicht als zwingend notwendig an, um zusammen leben zu können.[324] Nach dem Grundsatz ‚*lain ladang lain belalang*' (anderes Feld, andere Heuschrecke) wird toleriert, dass jede Gemeinschaft ihre eigenen Gewohnheiten und Traditionen hat. Toleranz meint in diesem Fall, jeden nach seinen eigenen Vorstellungen leben zu lassen. Javaner können es meistens gut tolerieren, wenn Menschen, die nicht ihrer Gesellschaft angehören, sich anders verhalten als erwünscht. Verhält sich aber ein Javaner entgegen der javanischen Werte, wird das gar nicht gerne gesehen. Jeder muss nach seinen eigenen Gepflogenheiten und Traditionen leben, die für ihn in seiner Kultur ‚*cocok*' (passend, angebracht) sind.[325]

Das Staatsprinzip Indonesiens *Bhinneka Tunggal Ika* („Einheit in Vielfalt") ist nicht nur eine Bezeichnung für die Pluralität der indonesischen Gesellschaft, sondern begreift diese Pluralität sogar als eine ihrer wesentlichen Besonderheiten.[326]

3.3 Der javanische Synkretismus

Inseln und Inselstaaten sind aufgrund ihrer exponierten Lage meist den verschiedensten Einflüssen ausgesetzt. So war es auch in Indonesien und daher ist es nicht verwunderlich, dass die 17.000 Inseln Indonesiens sehr unterschiedlich geprägt sind und mit verschiedenen Religionen in Kontakt kamen.[327] Viele der indonesischen Muslime praktizieren daher einen eher synkretistischen Glauben.

---

[322] Darmaputera 1982, S. 224

[323] Darmaputera 1982, S. 239-241

[324] Darmaputera 1982, S. 344

[325] Darmaputera 1982, S. 241

[326] Schulze 2008, S. 67

[327] Schott 2005

Auf Java soll der Islam im 15. und 16. Jahrhundert von den *Wali Songo*, den 9 Heiligen, verbreitet worden sein. Sie gründeten Islamschulen (*pesantren*) und Moscheen. Besonders Sunan Kalijaga soll die Tradition des alten javanischen Schattenspiels (*wayang*) und andere Traditionen genutzt haben, um den Islam in Java zu verbreiten und populär zu machen. Er gilt als Modell für die synkretistische Vermischung von hindu-javanischer und islamischer Tradition.

In der javanischen Mystik des Volksislam findet man bis heute noch Spuren von früheren Stammesreligionen, altjavanischen Mythen und Animismus sowie Elemente aus Hinduismus und Buddhismus. Der javanische Islam wird daher von puristischen Muslimen oft kritisiert.[328]

Große Bedeutung für das interreligiöse friedliche Zusammenleben hat der traditionelle Ritus des Slametan auf Java. Ein Slametan kann zu vielen Gelegenheiten gegeben werden, wenn jemand etwas feiern oder heiligen will oder auch in individuellen Problemsituationen. Anlässe sind zum Beispiel eine Geburt, Hochzeit, Tod, ein Umzug, Krankheit, Beschneidung uvm. Das Ziel dabei ist, das individuelle Wohlergehen und den Frieden in der Gemeinschaft zu sichern, wenn diese durch Krankheit, Streit und andere Ereignisse gefährdet erscheinen. Es gibt spezielles Essen, Räuchermittel, islamischen Gesang und der Gastgeber hält eine Rede.[329]

Außerdem werden den Geistern der Ahnen Blumen oder Nahrung geopfert. Auch wenn puristische Kreise im Islam diesem Brauch kritisch gegenüberstehen, spielt der Ritus des Slametan auch heute noch eine wichtige Rolle, um über die Grenzen der Religionszugehörigkeit hinweg für Harmonie und Verständigung im Zusammenleben zu sorgen.[330] Im Slametan brauchen die Menschen keinen einheitlichen Glauben, sondern was jeder glaubt, ist ihm selbst überlassen. Solange er seinen Glauben für sich behält, wird die Gemeinschaft nicht gestört; im Gegenteil würde der Versuch, einen einheitlichen Glauben einzuführen, den Frieden und die Harmonie in der Gemeinschaft gefährden.[331]

In letzter Zeit gab es in Indonesien immer wieder staatlich initiierte interreligiöse Dialogprogramme, die aber leider oft nur zögerlich angenommen wurden. An der Staatlichen Islamischen Universität in Yogyakarta gibt es seit 2004 ein inter-

---

[328] Schott 2005

[329] Geertz 1964, S. 11-12

[330] Evers, S. 254

[331] Darmaputera 1982, S. 344

religiöses Dialogzentrum, das unter anderem Begegnungen für Angehörige verschiedener Religionen (auch außerhalb der Studentenschaft) organisiert. Außerdem gibt es Bestrebungen, interreligiöse (Internats-)Schulen nach dem Muster der islamischen Pesantren aufzubauen. Im Jahr 2005 gab es auf Java ein Programm, bei dem über 100 Jungen und Mädchen für einige Tage in einer Familie einer anderen Religionsgemeinschaft lebten und auch an deren religiösen Ritualen teilnahmen. Hinterher wurden die Erfahrungen und konkrete Maßnahmen zur Verbesserung des interreligiösen Zusammenlebens besprochen.[332]

3.4 Islam ja, Islamstaat nein

Die Mehrheit der indonesischen Muslime unterstützt generell islamische Regeln und die Shari'ah, lehnt aber deren Institutionalisierung und einen indonesischen Islamstaat ab.[333]

In ihren Augen wurde Indonesien von seinen Gründungsvätern als moderner Staat der Gleichberechtigung aufgebaut. Die Rechte und Autorität des Staates waren begrenzt und konnten vom Volk zurückgerufen werden. Unterschiede hinsichtlich Abstammung, Religion, Rasse, sozialem oder und kulturellem Hintergrund spielten keine Rolle. Ein Islamstaat hingegen verträte die Interessen der muslimischen Mehrheit und wäre an diese gebunden. Für Indonesien würde dies bedeuten, dass die Vorstellung der Gleichberechtigung aller Bürger vor dem Gesetz verworfen werden müsste. Auch wenn Nicht-Muslime immer noch als Bürger angesehen und beschützt würden, erhielten sie in der Gesellschaft die Stellung einer zweiten Klasse.[334]

Seit der indonesischen Unabhängigkeit dominierten in der Politik immer die Akteure, die eine Islamisierung ablehnten.[335] Versuche, einem dogmatischen antipluralistischen Islam zum Sieg zu verhelfen, sind bisher letztendlich immer gescheitert.[336]

Im Jahr 1970 sorgte Nurcholish Madjid für großen Aufruhr, als er die Trennung von Staat und Religion forderte. Mit der Parole „Islam ja, islamische Parteien nein" sprach er sich gegen einen islamischen Staat und für eine Desakralisierung

---

[332] Evers, S. 254

[333] Azra 2008, S. 193

[334] Azra 2008, S. 19

[335] Schuck 2008, S. 131

[336] Schröter 2008, S. 1

all dessen aus, was in seinen Augen nichts mit Religion im eigentlichen Sinne zu tun hatte. In seinen Argumentationen benutzte er unter anderem Begriffe wie Säkularisierung, Desakralisierung und Liberalismus, die in den Augen vieler Muslime für einen westlichen Irrweg standen und somit negativ besetzt waren. Trotz allen Widerstands, auf den seine Forderungen stießen, öffnete er damit aber trotzdem das Tor zu einer dynamischen Entwicklung, die sich auch auf die großen Massenorganisationen Nahdlatul Ulama und Muhammadiya ausdehnte.[337][338]

Sowohl bei den Wahlen im Jahr 1999 als auch im Jahr 2004 demonstrierten die 105,7 bzw. 118,7 Millionen Indonesier, die ihre Stimme abgegeben hatten, dass trotz der nominellen Überlegenheit der Muslime explizit islamische Parteien bei weitem nicht die absolute Bevölkerungsmehrheit Indonesiens repräsentieren.[339] [340] Durch die Attentate von Bali und Jakarta wurde diese Tendenz weiter verstärkt. Die Attentate riefen Abscheu der Bevölkerung hervor und verstärkten zusätzlich die Distanzierung von Islamisten. Leider wurde dieser Effekt aber durch die Mohammed-Karikaturen und den Irakkrieg wieder etwas relativiert.[341]

---

[337] Islamische Massenorganisationen wie Nahdlatul Ulama und Muhammadiyah fungieren als nicht-politische Interessengruppen. Sie versuchen, auf die öffentliche Politik Einfluss zu nehmen und sie ihren islamischen Werten anzupassen, ohne sich aktiv zu beteiligen. Ihre Hauptaktivitäten liegen in der Erziehung, Familienfürsorge und Einkommenserzeugung. Während die NU in der Vergangenheit auch schon als politische Organisation in Erscheinung trat, verstand sich die Muhammadiyah nie als politische Partei. Die Muhammadiya wurde 1912 als Reformbewegung des Islam gegründet und zählt heute circa 30 Millionen Mitglieder. Nahdlatul Ulama bedeutet „Erwachen der Religionsgelehrten" und bezeichnet die stärkste muslimische Organisation in Indonesien). Die Mitglieder der Muhammadiyah gehören größtenteils der städtischen Mittelklasse an, während die Anhänger der NU in der Regel vom Land stammen.

[338] Schulze 2008, S. 69

[339] Ufen 2002, S. 447-457

[340] Stange 2005, S. 80-92

[341] Schuck 2008, S. 132-133

4 Historische Hintergründe

4.1 Ausbreitung der Religionen

Seit dem 5. Jahrhundert breiteten sich Hinduismus und Buddhismus in Indonesien aus. Die beiden Religionen vermischten sich jedoch von Anfang an miteinander sowie mit alten lokalen Traditionen.[342]

Die Ausbreitung des Islams in Indonesien vollzog sich im Gegensatz zur christlichen Zwangsmissionierung vieler Länder eher sanft und über einen langen Zeitraum. Muslimische Seefahrer, die zwischen Arabien, Indien und dem Süden Chinas umher reisten und dabei Java und Sumatra passierten, brachten ab dem 12. Jahrhundert die bis dahin hauptsächlich hinduistische beziehungsweise animistische Bevölkerung mit dem Islam in Kontakt.[343] Die Ausbreitung wurde dadurch erleichtert, dass der Islam Zugang zu überseeischen Handelsnetzen und einem einheitlichen islamischen Rechtsraum eröffnete und somit ökonomische Transaktionen erleichterte.[344] Auch sah er im Gegensatz zum hinduistischen Kastensystem keine Bevorzugung oder Benachteiligung bestimmter Bevölkerungsgruppen vor.[345] Da der Islam in einer sufistischen Form[346] eingeführt wurde und sich daher an die örtlichen Gegebenheiten anpassen konnte, ließ er sich relativ gut mit dem existierenden animistischen Glauben verbinden. Daher erfolgte seine Ausbreitung weitgehend gewaltlos.[347] Bis heute sind als wichtige Folge der sanften Ausbreitung eine auf Toleranz basierende Koexistenz von Muslimen und Nicht-Muslimen und ein besonderer Synkretismus erkennbar.[348]

---

[342] Schott 2005

[343] Schuck 2008, S. 130

[344] Schröter 2008, S. 2-3

[345] Schuck 2008, S. 130

[346] Sufismus bezeichnet die mystische Richtung des Islams. Im Allgemeinen wird dem Sufismus ein pantheistisches Gottesbild nachgesagt. Der Sufismus will den Koran nicht nur äußerlich verstehen und sein Leben nach ihm richten, sondern dessen „innere" Seite entdecken und dadurch die Hingabe an Gott vollständig erfüllen. Wer ihm folgt, ist nicht auf bestimmte Dogmen, Rituale oder spirituelle Techniken festgelegt, sondern kann das göttliche in vielen Erscheinungen der Welt sehen und auf unterschiedliche Weise verehren.

[347] Schröter 2008, S. 2-3

[348] Schuck 2008, S. 130

In den Gebieten, die nicht islamisiert waren, wurde zunächst von den portugiesischen Kolonisatoren und später von den Holländern das Christentum verbreitet.[349]

4.2 Sukarno und die Piagam Jakarta

Im 20. Jahrhundert bildeten sich in Indonesien drei große ideologische Strömungen heraus: Nationalismus, Kommunismus und Islamismus.[350] Sukarno schaffte es schließlich, diese drei Strömungen in einem gemeinsamen erfolgreichen Unabhängigkeitskampf zu vereinen.

Am 1. Juli 1945 stellte er die Staatsphilosophie Pancasila[351] vor. Auf Drängen der Muslime wurde sie aber nochmals überarbeitet und mit der Piagam Jakarta ein Kompromiss formuliert, der die Rolle der Religion stärken sollte. Der Kompromiss sah vor, das ursprünglich fünfte Prinzip – den Glauben an Gott – nun als erste Säule der Pancasila festzusetzen, und verpflichtete Muslime zur Einhaltung der Shari'ah.[352] Außerdem hatte Sukarno den Muslimen versprochen, dass der Präsident des Landes Muslim sein müsse. Aufgrund des Widerstands von Christen, die teilweise sogar mit der Abspaltung christlicher Regionen drohten, und weniger streng gläubigen Nationalisten wurden diese Ideen jedoch schnell wieder verworfen.[353] Daraufhin wurde die Verpflichtung der Muslime zur Einhaltung der Shari'ah gestrichen und der Begriff „*Ketuhanan*" (göttliche Herrschaft) durch Hinzufügung von „*Yang Maha Esa*" (die All-Eine) erweitert. Mit der Formulierung „der Anerkennung des Prinzips einer All-Einen göttlichen Herrschaft" stand nun die erste Grundlage auch den anderen Glaubensgemeinschaften offen. Weitere Forderungen, wie beispielsweise, dass der Präsident Muslim sein müsse, wurden ebenfalls verworfen.[354] Dies führte selbstverständlich zu Unmut seitens der Muslime.

---

[349] Schröter 2006, S. 359-360

[350] Azra 2008, S. 48

[351] Die Pancasila besteht aus fünf Prinzipien: dem indonesischen Nationalismus (*nationalisme*), Internationalismus bzw. Humanismus (*internationalisme* bzw. *perikemanusian*), gemeinsamer Beratung bzw. Demokratie (*Mufakat* bzw. *demokrasi*), Sozialer Wohlfahrt (*Kesejahteraan sosial*), und dem Prinzip der all-Einen göttlichen Herrschaft (*Ketuhanan Yang Maha Esa*).

[352] Schindehütte 2006, S. 125-127

[353] Schröter 2006, S. 361

[354] Schindehütte 2006, S. 125-127

Während der Regierungszeit Sukarnos, besonders aber in der gelenkten Demokratie von 1959-1965, wurde das Verhältnis zwischen Staat und Muslimen nicht gerade besser.[355] Sukarno hielt die Macht zentralisiert in Form einer sozialistischen Demokratie. Einige Parteien wurden verboten[356] und andere durften zwar ihre Meinung äußern, aber nicht mehr an Wahlen und Abstimmungen teilnehmen. Die Repräsentation erfolgte durch so genannte funktionale Gruppen, die verschiedene Elemente der Gesellschaft vertraten, wie Arbeiter, Künstler, Frauen und das Militär. Einige politische Parteien, die funktionellen Gruppen ähnelten, durften bestehen bleiben. Der politische Einfluss des Islam wurde hierdurch geschwächt.[357]

Viele islamische Gruppierungen fühlten sich durch den Nationalismus und den präsidialen Personenkult betrogen und es kam zu Aufständen und Versuchen der Abspaltung in einigen Regionen. Je schwieriger das Verhältnis zwischen Staat und Islamisten wurde,[358] desto mehr wurden die islamischen Ansprüche zurückgedrängt und die säkulare Ideologie der Pancasila wurde zu einer Art nationalen Doktrin.[359]

4.3 Orde Baru

Als Suharto mit einem Staatsstreich 1966 die Macht übernahm, hofften viele Muslime mit der Einführung der Neuen Ordnung (*Orde Baru*, 1966-1998) auf eine Renaissance des politischen Islam. Aber in dieser Periode wuchsen wieder die Auseinandersetzungen über die Rolle der Religion im Pancasila-Staat.[360] Schon bald wurde klar, dass das neue Militärregime keineswegs dazu bereit war, die politische Macht im Land zu teilen.[361] Die Glaubensfreiheit, zu der sich Indonesien grundsätzlich bekennt, wurde unter der „Neuen Ordnung" stark eingeschränkt. Durch eine neue Interpretation des ersten Grundsatzes der Pancasila wurde die Angehörigkeit zu einer von fünf anerkannten Religionen (Islam, ka-

---

[355] Besonders als 1964/65 die PKI in einseitigen Aktionen (aksi sepihak) die 1960 vom Parlament beschlossene Landreform durchzusetzen begann, wuchsen die Spannungen.

[356] Besonders schmerzhaft für Muslime war das Verbot von Masyumi (Majelis Syurah Muslimin Indonesia – dem indonesischen Rat der Verkündung des Islams).

[357] Hosen 2007, S. 144

[358] Abdillah 1997, S. 144-145, 150-151

[359] Schröter 2006, S. 361

[360] Schindehütte 2006, S. 49

[361] Stange 2005, S. 44

tholisches oder protestantisches Christentum, Hinduismus oder Buddhismus) vorgeschrieben. Dabei wurde der animistische Glauben vieler indigener Völker ebenso übergangen wie der Konfuzianismus, dem viele ethnische Chinesen angehörten. Suharto verbreitete die Meinung, die PKI[362] sei gefährlich und Kommunisten seien grundsätzlich Atheisten.[363] So sahen sich viele Indonesier gezwungen, anderen Religionen – oft dem Islam – beizutreten.[364] Ethnische Chinesen wählten vielfach das Christentum. Bis heute ist in Indonesien Atheismus nahezu gleichbedeutend mit Kommunismus.[365]

1982 Suharto die Pancasila sogar zur *asas tunggal* (alleinigen Grundlage) und verlangte damit ihre Verankerung als alleinige Grundlage in den Statuten aller sozialen und politischen Organisationen.[366]

Der globale Trend zunehmender Islamisierung, der in den 1970er- und 1980er-Jahren in vielen muslimischen Ländern sichtbar wurde, ging auch nicht an Indonesien vorüber. Innerhalb der intellektuellen Elite Indonesiens entwickelte sich zu dieser Zeit ein relativ moderater Islam,[367] der als sozialer, ethischer und religiöser Richtungsgeber in der indonesischen Gesellschaft populär wurde. Als Suhartos Macht zu bröckeln begann, reagierte er auf diese gesellschaftlichen Veränderungen, indem auch er sich mehr und mehr dem Islam zuwandte. Durch einen zunehmend islamischen Lebenswandel versuchte er die indonesischen Muslime zu vereinnahmen und bei islamischen Organisationen Verbündete zu gewinnen. Im Jahr 1991 unternahm er sogar mit seiner Familie eine Pilgerreise (*hadj*) nach Mekka.[368]

Während des autoritären Regimes von Suharto waren Spannungen zwischen Arm und Reich, Muslimen und Christen[369] und allgemein zwischen gegensätzlichen Volksgruppen weitgehend verdrängt worden.[370] Eine wesentliche Ursache

---

[362] Partai Komunis Indonesia – Kommunistische Partei Indonesiens

[363] Azra 2008, S. 203

[364] Kommunisten und die PKI wurden besonders nach den Landreformen der gelenkten Demokratie als gefährlich angesehen.

[365] Watch Indonesia! e.V. 1999

[366] Schröter 2006, S. 361-362

[367] Ottendörfer, Ziegenhain 2008, S. 45-46

[368] Stange 2005, S. 47

[369] Es hatte nämlich durchaus Auseinandersetzungen gegeben, die aber vertuscht wurden.

[370] Evers, S. 249

für Spannungen zwischen Christen und Muslimen war die von der Suharto-Regierung arrangierte Umsiedlungs-Politik (*transmigrasi*). Muslime wurden gezielt in von Christen bewohnte Gebiete umgesiedelt, vor allem auf die Molukken, nach Süd-Sulawesi und Papua. Dadurch wurden die gesellschaftlichen und politischen Verhältnisse zu Ungunsten der Christen verändert. Es kam zu verschiedensten Gewaltakten und wachsendem Misstrauen zwischen Muslimen und Christen.[371]

4.4 Versuche der Umgestaltung und Demokratisierung nach der Suharto-Ära

Nach dem Fall Suhartos entstand ein Machtvakuum, das Raum für eine Neugestaltung Indonesiens und für Aushandlungsprozesse zwischen verschiedenen politischen Akteuren bot. Zu diesem Zeitpunkt kamen erneute Forderungen nach einem Islamstaat auf.[372]

Da mehr als 90 % der indonesischen Bevölkerung nominale Muslime sind, gingen sie davon aus, dass bei freien Wahlen in einem pluralistischen Umfeld viele Muslime islamisch ausgerichteten Parteien ihre Stimme geben würden. Da Indonesier jedoch gemäß ihrer Verfassung einer der anerkannten Konfessionen angehören müssen, die auch in ihrem Personalausweis vermerkt wird, kann man davon ausgehen, dass viele der registrierten Muslime nur auf dem Papier gläubige Muslime sind (sogenannte *„muslim KTP*[373]*"*). So kam es, dass die islamisch ausgerichteten Parteien bei den *founding elections* 1999 nicht einmal ansatzweise das erhoffte Ergebnis erreichten. Es kam zu großen Enttäuschungen, denn die nationalistischen Parteien, vor allem die PDI-P und Golkar, lagen deutlich vor den islamischen Parteien.[374] Die Präsidenten der ersten Jahre nach Suharto blieben nie lange an der Macht. Habibie hatte nur vorübergehend das Amt übernommen und weder Abdurrahman Wahid (abgesetzt durch ein Misstrauensvotum), noch seine Nachfolgerin Megawati Sukarnoputri (Amtszeit: drei Jahre) konnten für Stabilität sorgen.[375] Es kam außerdem des Öfteren zu Unruhen. Diese gesamte Phase der Unsicherheit war eine gute Gelegenheit für demokratische

---

[371] Evers, S. 249

[372] Schröter 2008, S. 9

[373] KTP = kartu tanda penduduk ist der indonesische Personalausweis

[374] PDI-P: Partai Demokrat Indonesia Perjuangan = Indonesische Demokratische Partei des Kampfes, deren Vorsitzende Megawati Sukarnoputri ist; Golkar steht für golongan karya = Partei funktioneller Gruppen

[375] Schuck 2008, S. 161-166

Vetoakteure – darunter auch Islamisten – ihre Meinung kund zu tun. Der Staat sei nicht fähig, seinen Verpflichtungen (wie dem Schutz der muslimischen Bevölkerung) nachzukommen und deshalb müssten „die wahren Muslime" eingreifen. In dieser Phase konnten daher islamistische Gruppierungen ihren Einfluss spürbar erweitern.[376]

Trotzdem sah es bei den Wahlen im Jahr 2004 nicht viel besser für die islamischen Parteien aus. Die einzige Ausnahme war die neu gegründete PKS[377], die für eine neue Partei mit 7,34 % erstaunlich viele Stimmen erhielt. Die Präsidentschaftswahlen gewann Susilo Bambang Yudhoyono, der weit stärker dem nationalistischen als dem islamistischen Lager zugeordnet werden kann. Die Ergebnisse beider Wahlen zeigen, dass sich der Großteil der indonesischen Bevölkerung keine Islamisierung von Politik und Gesellschaft wünscht, und dass auch nach dem Ende der Diktatur Nurcholish Madjids Slogan „Islam yes, partai Islam no" eine weit reichende Gültigkeit beanspruchen kann.[378]

---

[376] Schuck 2008, S. 166-167

[377] Partai Keadilan Sejahtera = Gerechtigkeits- und Wohlfahrtspartei

[378] Schuck 2008, S. 161-166

5 Der indonesische Islam

Der Ausdruck „Die Islamische Welt" bezeichnet kein vom Westen willkürlich gebildetes Konstrukt, sondern hat eine viel größere Bedeutung. Muslime verschiedenster Herkunft verwenden stolz diesen Begriff, wenn sie von sich und ihrer großen Gemeinschaft reden. Dass sich Muslime verschiedenster Länder verbunden fühlen, ist kein Wunder, wenn man bedenkt, dass sich alle Gläubigen auf der Welt fünfmal am Tag betend in Richtung Mekka wenden. Das Gemeinschaftsgefühl erreicht seinen Höhepunkt am Ende einer *Haj* beim gemeinsamen Gebet Tausender Gläubiger aller Rassen und Farben vor der Großen Moschee in Mekka.[379]

Dennoch ist Islam nicht immer gleich Islam. Der indonesische Islam ist im wesentlichen ein sehr toleranter, moderater Islam des „Mittelwegs" (*ummah wasat*[380]), der sich gut mit Pluralismus vereinbaren lässt.[381]

Oft wird der indonesische Islam zu wenig differenziert wahrgenommen. Einerseits muss man beachten, dass sich die Formen des Islams, wie sie in Indonesien praktiziert werden, signifikant vom Islam das Nahen und Mittleren Ostens unterscheiden. In den Medien wird Islam häufig mit Islamismus, Terrorismus und Extremismus gleichgesetzt, was falsch und überzogen ist. Auf der anderen Seite wird der indonesische Islam häufig als eine „unreinere", fast unislamische Form betrachtet und in Frage gestellt, ob das überhaupt noch eine Form des Islams sei. Beide Ansichten sind nicht zutreffend oder zu wenig differenziert. Es ist richtig, dass der Islam in Indonesien für sein hohes Maß an Toleranz und Inklusivität sowie eine ausgeprägte Diskursbereitschaft bekannt ist.[382] Seine Ausbreitung in Indonesien verlief mit Rücksicht auf die Vielfalt der ethnischen, kulturellen und sozialen Gegebenheiten. Die Mehrheit der indonesischen Muslime gehört großen Massenorganisationen wie der Nahdlatul Ulama und Muhammadiyah oder kleineren regionalen Organisationen an, die Modernität und Demokratie befürworten und sich gegen einen Islamstaat aussprechen.[383] Abgesehen von einigen Ausnahmeregionen wird eine weitgehende Trennung von Religion und Politik unterstützt. Die überwältigende Mehrheit der indonesischen Muslime sind bei

---

[379] Ricklefs 1991, S. 70-71

[380] Gemeinschaft der Mitte

[381] Azra 2008, S. 5

[382] Schuck 2008, S. 129-130

[383] Azra 2008, S. 5

weitem keine Islamisten und wünschen sich weder einen Islamstaat noch die Einführung der Shari'ah.[384] Dennoch hat auch die Toleranz in Indonesien ihre Grenzen und es kommt immer wieder zu Auseinandersetzungen aufgrund der religiösen Vielfalt.

5.1 Abangan und Santri

Die Umsetzung islamischer Vorschriften ins indonesische Leben war kein linearer, zusammenhängender Prozess. Daher gibt es in Indonesien kein einheitliches Verständnis der Religion, sondern verschiedenste Glaubensformen und Interpretationen des Islam hinsichtlich der lokalen Kultur.[385]

Die Mehrheit der fast 200 Millionen registrierten indonesischen Muslime beherzigt zwar die wichtigsten muslimischen Vorschriften und Rituale. Dennoch fühlen sich beispielsweise viele Javaner im tiefsten Inneren mehr javanisch denn als Muslim.[386] Geertz teilt die javanischen Muslime in zwei Gruppen ein: *Abangan* bezeichnet eher nominelle indonesische Anhänger des Islam, die den Islam nicht so streng sehen.[387] Ihr Glaube vereint den islamischen Glauben mit einem lokal-traditionellen, oft spirituell-animistisch geprägten Verhaltensystem. In dieser Mischform finden hinduistische Götter, muslimische Propheten sowie lokale Geister und Dämonen ihren Platz. Javanische Bräuche und Rituale sind für die Gruppe der Abangan sehr wichtig.

Die orthodoxeren Muslime hingegen werden als *Santri* bezeichnet. Sie halten sich streng an Glaubensregeln wie beispielsweise das fünfmal tägliche Beten, den freitäglichen Besuch der Moschee, den Fastenmonat Ramadan etc. Die *Abangan* machen aber den weit größeren Bevölkerungsanteil aus. Während den *Santri* ein korrektes Verständnis islamischer Doktrinen sehr wichtig ist, legen *Abangan* mehr Wert auf Tradition und Rituale. In den Augen vieler *Santri* sind die *Abangan* keine wahren Muslime; in den Augen vieler *Abangan* hingegen sind *Santri* keine richtigen Javaner, da sie zu intolerant und engstirnig sind. Aus diesem Grund treten manchmal Konflikte auf.[388]

---

[384] Schuck 2008, S. 129-130

[385] Hooker 2003, S. 11

[386] Evers, S. 250

[387] Diese Gruppe ist vor allem auf dem Land zu finden.

[388] Geertz 1964, S. 11-118

Dennoch sollte man die Spannungen zwischen *Abangan* und *Santri* nicht überbewerten und beachten, dass auch oft Einigkeit herrscht und es eine gewisse gegenseitige Abhängigkeit gibt. Zum Beispiel kann nur ein *Santri* das Gebet im zentralen Ritual der *Abangan*, dem *slametan*, leiten. Die *Santri* und *Abangan* sind sich sowohl ihrer Unterschiede als auch ihrer gegenseitigen Abhängigkeit bewusst und leben friedlich und einander unterstützend zusammen.[389]

5.2 Gründe für Frust der Muslime und Eifer islamistischer Bewegungen

Während der Kolonialzeit hatte sich in den Gebieten, die nicht islamisiert waren, das Christentum ausgebreitet. Christliche Missionsgesellschaften wurden von der holländischen Kolonialregierung zwar eingeschränkt, um Schwierigkeiten mit den indonesischen Muslimen zu vermeiden, aber andererseits übertrug die Regierung den Missionsgesellschaften wichtige Aufgabengebiete wie das Bildungs- und Gesundheitswesen. Es bildete sich in vielen Regionen eine christlich indigene Elite heraus, die von einem guten Schulsystem profitierte und auch berufliche Privilegien hatte. Die indonesischen Muslime hingegen fühlten sich unterdrückt und benachteiligt. Diese Benachteiligung und die Assoziation von Christen mit dem Kolonialregime führte zu Ressentiments auf Seiten der indonesischen Muslime, die bis heute Spuren hinterlassen haben.[390]

Auch der von Sukarno geschlossene Kompromiss, in dem er doch nicht die Shari'ah zur Pflicht für Muslime gemacht und das Amt des Präsidenten auch für andere Religionen geöffnet hatte, sorgt bis heute bei vielen Muslimen für ein Gefühl der Ungerechtigkeit und den Eindruck hintergangen worden zu sein. Sukarno hatte es geschafft, Indonesien einen nicht-religiösen Charakter zu geben. Das Leitmotiv *bhinneka tunggal ika* (Einheit in Vielfalt), das er ausgegeben hatte, um die verschiedensten Gruppen zu vereinen, priorisierte bei näherem Hinsehen den Nationalismus.[391] Dieses Gefühl der Niederlage, das viele muslimische Führer hatten, prägte nachhaltig das Verhältnis zwischen Staat und Islam.[392]

Die Landreformen, mit denen Sukarno und die PKI 1963-1965 großen Landbesitzern Land wegnahmen, hatten ebenfalls weit reichende Folgen. Am stärksten davon betroffen waren Großgrundbesitzer, die in vielen Gegenden muslimische

---

[389] Darmaputera 1982, S. 156-164

[390] Schröter 2006, S. 359-360

[391] Schröter 2006, S. 361

[392] Stange 2005, S. 42

Führungspersönlichkeiten waren.[393] Dadurch bekamen die PNI[394] und die NU großen Zulauf.[395]

Den schwersten Schlag gegen den politischen Islam barg jedoch das Jahr 1984, als Suharto von allen politischen und sozialen Organisationen die Aufnahme der Pancasila als alleinige Grundlage (*asas tunggal*) in ihre Statuten forderte. Dass die Pancasila über göttlichen Prinzipien stehen sollte, sorgte für großen Protest.[396] Obwohl Muslime die Mehrheit der Bevölkerung darstellen, fühlten sich viele Muslime wie eine unterdrückte Minderheit. Es kam zu Demonstrationen sowohl von Christen als auch von Muslimen. 1984 gab es blutige Ausschreitungen zwischen dem Militär und muslimischen Demonstranten im Tanjung Priok Hafen in Jakarta, bei denen Hunderte Muslime erschossen wurden.[397]

5.3 Fortschreitende Islamisierung und beunruhigende Entwicklungen

Im 20. Jahrhundert fand in Indonesien eine fortschreitende Islamisierung der Gesellschaft statt. Eine wichtige Grundlage dafür waren der Aufbau von islamischen Schulen und Hochschulen und andere Aktivitäten islamischer Gruppierungen. Es entwickelte sich ein kritischeres, historisch reflektierteres islamisches Denken, das den Islam interessanter für junge Menschen machte. Aufgrund dessen und einer besseren Ausbildung junger Muslime wurden viele fromme Muslime zu Staatsbeamten und viele ehemalige *Abangan* entwickelten sich zu *Santri* (besonders Angehörige des Öffentlichen Dienstes und des Militärs).

Besonders seit den 1970er Jahren sind ein Wiederaufleben des Islams und eine stärkere islamische Prägung im Alltagsleben erkennbar. Die Zahl verschleierter Frauen hat deutlich zugenommen und immer häufiger wird anstatt der neutralen malaiischen Begrüßungen *selamat pagi/siang/malam* (Guten Tag/Mittag/Abend) der arabische Ausdruck *as-salamu 'alaikum* (Friede sei mit dir) verwendet. Auch das Fernseh- und Medienprogramm weist in den letzten Jahrzehnten eine deutlich islamischere Orientierung auf.[398]

---

[393] Dies ließ auch den Konflikt zwischen Abangan und Santri wieder aufleben, da viele Großgrundbesitzer Santri waren, während einige Abangan der PKI angehörten.

[394] PNI = Partai Nasional Indonesia (Indonesische Nationalistische Partei)

[395] Hosen 2007, S. 154-155

[396] Stange 2005, S. 46

[397] Schröter 2006, S. 361-362

[398] Ottendörfer, Ziegenhain 2008, S. 47

Dies alles ließ natürlich die Regierungspolitik nicht unbeeinflusst und seit Ende der 1980er Jahre werden mehr muslimische Interessen erfüllt.[399] Vereinzelt wurden politische Forderungen durchgesetzt, wie ein Verbot der staatlichen Lotterie, die Eröffnung einer islamischen Bank und die Einführung der Shari'ah-Gerichte in Aceh.[400] Islamische Sozialgerichte wurden 1989 mit dem Gesetz zur religiösen Rechtsprechung[401] gestärkt, das islamische Gerichte für Muslime zur ersten Instanz in Ehe- und Erbrecht machte.[402] Seit 1990 dürfen Schülerinnen in der Schule das *jilbab* (ein Tuch, das Kopf, Schultern und teilweise sogar den ganzen Oberkörper verdeckt) tragen.[403]

Einige jüngere Entwicklungen werden im Westen mit der Sorge beobachtet, der Islam in Indonesien würde sich zunehmend radikalisieren. Großes Aufsehen in den westlichen Medien erregten die im Jahr 2005 vom „Rat der islamischen Gelehrten" (*Majelis Ulama Indonesia*) erlassenen 11 *fatwas*.[404] In ihnen wurde beispielsweise die Ahmadiya-Bewegung als unislamisch verurteilt und ihren Anhängern verboten, sich Muslime zu nennen. „Pluralismus", „Säkularismus" und „Liberalismus" wurden außerdem als unislamisch und daher *haram*[405] bezeichnet. Darüber hinaus wurde es Muslimen verboten, sich an interreligiösen Gebetsveranstaltungen mit Angehörigen anderer Religionen zu beteiligen.[406]

Auch die teilweise gewalttätigen Protestkundgebungen gegen den Irakkrieg sorgten im Westen für Beunruhigung, genauso wie die zunehmende Islamisierung einzelner Provinzen, die die neuen Möglichkeiten der Dezentralisierungspolitik nutzten, um in ihrer Region Elemente der islamischen Rechtsprechung einzuführen.[407]

In den letzten Jahren wurden die Forderungen nach einer Stärkung islamischer Gesetze in Indonesien lauter. In einigen Regionen gibt es bereits Lokalgesetze,

---

[399] Abdillah 1997, S. 262-263

[400] Schröter 2006, S. 362

[401] Undang-Undang Nomor 7, Tahun 1989 tentang Peradilan Agama

[402] Ottendörfer, Ziegenhain 2008, S. 49

[403] Schröter 2008, S. 11

[404] *Fatwas* sind islamische Rechtsgutachten, die zwar nicht rechtlich bindend sind, aber für viele Muslime als wegweisende Orientierungshilfe gelten.

[405] Islamrechtlich verboten

[406] Evers, S. 251

[407] Schuck 2008, S. 133-134

die sich an islamischem Recht orientieren. Gleichzeitig hat sich in radikalen islamischen Kreisen eine Bewegung gebildet, die sich die Einführung der Shari'ah zum Ziel gemacht hat.[408]

Immer wieder gibt es außerdem öffentliche Debatten über zu freizügiges Auftreten von Frauen, die sich bei Tänzen zu erotisch bewegen oder bei Modenschauen knapp bekleidet sind und über deren Bestrafung.[409]

---

[408] Azra 2008, S. 21
[409] Schröter 2008, S. 17-18

6 Islamismus und islamistische Strömungen in Indonesien

Wie bereits in Kapitel 5 beschrieben, ist der indonesische Islam sehr heterogen und durch eine außergewöhnliche Fragmentierung gekennzeichnet. Die Befürworter einer Implementierung der Shari'ah stellen in Indonesien heute mehr denn je eine Minderheit dar.

Dennoch ist es Besorgnis erregend, dass seit 1998 eine zunehmende Radikalisierung mancher Bevölkerungsteile und eine angestiegene terroristische Gewalt erkennbar sind.[410]

Besonders einige kleine radikale Randgruppen ziehen große Aufmerksamkeit der Medien auf sich. Darunter fallen unter anderen die islamische Verteidigungsfront (FPI), die „Jihad-Truppen" (*Laskar Jihad*), die „Partei der Befreiung" (*Hizbut Tharir*, eine transnationale islamische Organisation) und der Rat der Jihadkämpfer (*Majelis Mujahidin Indonesia*). Trotzdem haben diese Gruppen nur einen beschränkten Einfluss in Indonesien.[411]

Einige der bekanntesten Bewegungen möchte ich hier kurz vorstellen:

6.1 Der Darul-Islam

Im *Darul-Islam* („Das Haus des Islam") liegen die historischen Wurzeln militanter Bemühungen um die Errichtung eines Islamstaates in Indonesien. Die Bewegung war aus einer Hizbullah-Miliz hervorgegangen, die zwischen 1945 und 1949 gegen die holländische Kolonialmacht gekämpft hatte. Sie war vor allem bis zum Anfang der 1960er Jahre aktiv. Allerdings berief sie sich nicht auf einen literalistischen Islam, sondern befürwortete den Sufi-Islam in seiner mystischen Ausprägung. Offiziell existiert die Gruppe heute nicht mehr, da sie als illegal gilt. Dennoch hat ihr zentrales Anliegen der Errichtung eines Islamstaates überlebt. Es sollen heute noch 13 lose assoziierte Gruppen in West-Java, Sumatra und Malaysia existieren, die nach eigenen Angaben 12 Millionen Mitglieder umfassen.[412]

6.2 Front Pembela Islam

Bei der Front Pembela Islam handelt es sich um eine Islamistengruppe, die unter dem Banner des Islams gegen den Sittenverfall der Gesellschaft ankämpft. Sie

---

[410] Stange 2005, S. 103-104

[411] Azra 2008, S. 5

[412] Stange 2005, S. 52

wurde 1998 in dem nach Suhartos Rücktritt entstandenen Machtvakuum gegründet und weist eine starke Verwurzelung mit der arabischen Halbinsel auf.[413] Ihre immer wieder betonten Hauptanliegen sind die Wahrung der Einheit Indonesiens und die Einführung der Shari'ah.[414] Auf sich aufmerksam machte die FPI während der letzten Jahre vor allem durch drei Arten von Gewalt: Erstens durch Gewalt gegen Indonesier, die in den Augen der FPI die Gesetze des Islams verletzten, wie zum Beispiel Betreiber von Bars mit Alkoholausschank, Nachtclubs oder Glücksspieleinrichtungen ebenso wie Essensverkäufer, die trotz des muslimischen Fastenmonats Ramadan ihre Tätigkeit aufrechterhielten. Die zweite Zielgruppe waren Ausländer, die Nationen angehören, deren Regierungen eine von der FPI als anti-islamisch empfundene Politik praktizieren. Drittens wurde die FPI bekannt durch Gewalt gegen Einrichtungen, die in den Augen der FPI gegen die Sitten und Gesetze des Islams verstoßen, wie Bars mit Alkoholausschank, Zeitschriften wie den Playboy, Gotteshäuser anderer Glaubensgemeinschaften oder Botschaften westlicher Staaten.

Legitimiert wurde dies in der Öffentlichkeit oft mit demokratischen Argumenten. Nach außen hin betonte man, die FPI wolle sich für die Einhaltung und Stärkung bestehender bürgerlicher Gesetze stark machen – wobei eindeutig ist, dass es ihr in Wirklichkeit um die Einführung der Shari'ah geht. Häufig wird dabei auch angeführt, dass es ein Verrat an der Demokratie gewesen sei, dass der vereinbarte Kompromiss der Jakarta-Charter nicht in die Verfassung einging. Die Einführung der Jakarta-Charter würde demokratische Prinzipien stärken und Minderheiten respektieren, da sie für Anhänger anderer Religionen keinerlei Verpflichtungen beinhalte. Dieser Versuch, sich nicht nur auf islamische, sondern auch auf moralische und soziale Aspekte zu beziehen, ist eine Argumentationsstruktur, die mittlerweile weltweit zu beobachten ist. Daran lässt sich erkennen, dass auch die FPI zunehmend von globalen islamistischen Entwicklungen beeinflusst wird. Obwohl sich das Primärziel der FPI, die Einführung der Shari'ah, auf Indonesien bezieht, setzt sie sich auch für internationale Belange ein.[415] [416]

---

[413] Schuck 2008, S. 184-190

[414] Stange 2005, S. 55

[415] So wurde sie beispielsweise aktiv bei Protestkundgebungen gegen die USA und ihre Kriege in Afghanistan und im Irak sowie bei Protesten gegen die Mohammed-Karikaturen. Wiederholt riefen sie auch zur Rekrutierung von Kämpfern auf, die man den Glaubensbrüdern in Afghanistan und im Irak zur Unterstützung schicken wollte.

Nach den Bali-Anschlägen im November 2002 gab die FPI offiziell ihre Auflösung bekannt. Dies geschah jedoch höchstwahrscheinlich auf Grund von Befürchtungen der Gruppierung, mit den Attentaten in Verbindung gebracht zu werden.[417]

6.3 Jemaah Islamiyah

Die Jemaah Islamiyah („Islamische Gemeinschaft") ist ein südostasiatisches Terrornetzwerk, das sich von den mehrheitlich muslimischen Pattani im Süden Thailands bis auf die Philippinen nach Mindanao und den Sulu-Archipel erstreckt. Ihre erklärten Ziele sind die Errichtung eines panislamischen Staates namens *Nusantara Raya*,[418] der Süd-Thailand, Singapur, das Sultanat Brunei, die Süd-Philippinen, Malaysia und Indonesien umfassen soll, sowie die Einführung der Shari'ah.[419] Die Organisation wurde vor allem bekannt als mutmaßliche Drahtzieherin der Bali-Attentate und der Anschläge auf christliche Kirchen im Dezember 2000 in Java. Basis ihrer Aktivitäten war die 1973 gegründete Islamschule *Pondok Ngruki*, deren Gründer Abu Bakar Ba'ashir einen modernen fundamentalistischen Islam vertrat.[420]

Stark inspiriert wurde die Bewegung durch den Darul Islam der 1950er Jahre. Ihre Gründer, Abu Bakar Ba'ashir und Abdullah Sungkar, flohen 1985 vor dem Verfolgungsdruck des Orde Baru Regimes nach Malaysia. Dennoch wurde der Kontakt nach *Pondok Ngruki* weiter aufrechterhalten und ein Netzwerk aufgebaut, das sich bis nach Jakarta und auch auf andere südostasiatische Staaten ausweitete. Gleichzeitig wurden Kooperationsstrukturen mit Ländern der arabischen Halbinsel aufgebaut, die vor allem für die finanzielle Unterstützung und zur Ausbildung neuer Mitglieder wichtig waren. Eine argumentative Vernetzung zwischen indonesischen Dschihadisten und ihren arabischen Glaubensbrüdern ist eindeutig erkennbar.

Erst nach dem Ende der Orde Baru kamen Ba'ashir und Sungkar nach Indonesien zurück. Sungkar verstarb 1999 kurz nach seiner Rückkehr.

In den Folgejahren machte die Jemaah Islamiyah durch zunehmend intensivierte militante Aktivitäten auf sich aufmerksam, wie die Bombenanschläge auf christ-

---

[416] Schuck 2008, S. 184-190

[417] Stange 2005, S. 55

[418] der große Archipel

[419] Stange 2005, S. 59-66

[420] Stange 2005, S. 59-66

liche Kirchen im Dezember 2000, die Bali-Anschläge der Jahre 2002 und 2005 sowie die Anschläge auf das JW Marriott Hotel (2003) und die australische Botschaft in Jakarta (2004). Auch in ihren Handlungsmustern orientierte sich die JI zunehmend an arabischen Dschihadisten. Dabei ging es darum, gleichzeitig mit dem fernen Feind (dem Westen und Nicht-Muslimen) durch Anschläge auf dem eigenen Territorium auch dem nahen Feind (muslimischen Regierungen, die nicht die Shari'ah unterstützen) zu schaden. Bei vielen der Anschläge wurden paradoxerweise vor allem Muslime getötet und verletzt. Auch wurde bei Anschlägen nicht zwischen Sicherheitskräften und Zivilisten unterschieden und Muslime, die mit dem nahen oder fernen Feind zusammenarbeiten, galten als legitime Opfer.[421]

6.4 Laskar Jihad

Laskar Jihad ist eine militante Islamisten-Organisation, die im April 2000 zum ersten Mal in Erscheinung trat. In Jakarta zogen ihre Mitglieder säbelschwingend durch die Straßen, auf den Molukken unterstützen sie Muslime gegen die christliche Mehrheit und auch auf Papua traten sie als Unruhestifter auf.[422] Entstanden ist diese Gruppierung aus dem Kommunikationsforum der Anhänger der Sunnah und der Gemeinschaft des Propheten (Forum Komunikasi Ahlus Sunnah wal Jama'ah, FKAWJ).

Das FKAWJ wurde 1998 gegründet. Gewalt lehnt das salafistische FKAWJ[423] grundsätzlich ab. Es sucht vielmehr gewaltfreie Wege, um seine Ziele durchzusetzen. Dennoch werden demokratische Mittel, wie die Partizipation an Wahlen, als unislamische Entwicklungen der Moderne ebenfalls abgelehnt. Bereits im Jahr 2000 bildete sich ein eigener militärischer Arm heraus, der Laskar Jihad, der über internationale Kontakte zu salafistischen Kreisen im arabischen Raum verfügte. Dennoch wurde der Laskar Jihad aus diesen Kreisen aufgrund seiner Militanz kritisiert, denn eine Bewaffnung von Salafisten widerspricht dem Prinzip der Gewaltfreiheit und auch die Schaffung einer institutionalisierten Gruppe mit einer hierarchischen Struktur steht nicht im Einklang mit salafistischen Überzeugungen. Trotzdem erhielt der Gründer des Laskar Jihad, Thalib zu-

---

[421] Schuck 2008, S. 171-184

[422] Schröter 2006, S. 368-369

[423] Das FKAWJ kann den neotraditionellen Salafisten zugeordnet werden; einer Gruppe, die Gewalt, aber auch demokratische Wege zur Durchsetzung ihrer Ziele ablehnt. Salafisten konzentrieren sich vor allem auf Predigt und die Bereitstellung von Bildungsangeboten, insbesondere in Pesantren.

nächst Unterstützung von salafistischen Instanzen in Saudi-Arabien. Die Notwendigkeit einer bewaffneten Gruppe hatte er damit begründet, dass Abdurrahman Wahid nicht dazu in der Lage sei, die muslimische Bevölkerung auf den Molukken vor Übergriffen der Christen zu schützen. Allerdings sollte sein Einsatz auf den Molukken rein defensiv sein und keine Muslime in Gefahr bringen; außerdem sollte er vorher die indonesische Regierung um Hilfe bitten und nur handeln, wenn nicht darauf eingegangen werden würde. Doch schon bald nach seiner Gründung entfremdete sich der Laskar Jihad von dieser ursprünglichen Absicht. Schnell geriet der bewaffnete Konflikt außer Kontrolle und führte zu einem Abschlachten der christlichen Bevölkerung. Die Auflage, nur bedrohte Muslime zu verteidigen, ignorierte Thalib ebenso wie die Bedingung, seinen Einsatz nur durch islamische Gründe zu rechtfertigen. Er argumentierte mit nationalistischen Zielen und behauptete, er wolle eine Separation der christlichen Bevölkerungsgruppen verhindern. Thalib löste im Jahr 2002 den Laskar Jihad auf - als Gründe dafür werden die zunehmende Ablehnung sowohl salafistischer Gelehrter als auch der indonesischen Sicherheitskräfte vermutet.[424]

---

[424] Schuck 2008, S. 190-200

7 Die Debatte um die Einführung der Shari'ah

Viele Islamisten sind davon überzeugt, dass nur durch eine Rückkehr zur reinsten Form des Islams der Sittenverfall und das Leben im Überfluss sowie die Gottlosigkeit vieler Muslime überwunden werden können. Nur durch eine kompromisslose Anwendung der göttlichen Gesetze des Islams (*Shari'ah*) und eine unauflösbare Verknüpfung mit Politik und Gesellschaft könne auch der zunehmenden internationalen Marginalisierung der Muslime sowie der Armut der breiten muslimischen Bevölkerung entgegengewirkt werden.[425]

Islamisches Recht hat zwei Ebenen: das persönliche Recht regelt wirtschaftliche Angelegenheiten, Ehen und Erbangelegenheiten. Das öffentliche Recht hingegen beinhaltet religiöse Praktiken (Alkohol- und Glücksspielverbot, Kleidungsvorschriften, etc.), Strafrecht und Anleitungen zur Regierungsführung. In Indonesien war islamisches Recht bisher immer nur eine Option und galt nicht verpflichtend; außerdem konnte es nur auf persönlicher Ebene angewandt werden. Die Shari'ah jedoch bezieht sich auf die Gesamtheit der Handlungen des Menschen.[426]

Besonders nach Suhartos Rücktritt versuchten einige islamische Parteien die notwendig gewordenen Verfassungsreformen zu nutzen um die Shari'ah einzuführen. Dieser Versuch scheiterte aber im Jahre 2001 am MPR (*Majelis Permusyawaratan Rakyat*, der Beratenden Volksversammlung), der über die Verfassungsänderungen zu entscheiden hatte.[427]

Infolge des Demokratisierungsprozesses wurde jedoch eine Dezentralisierung eingeleitet. Seither können Distrikte (*kabupaten*) und Städte (*kota*) ihre eigenen lokalen Gesetze[428] erlassen. So konnten Distrikte in Südsulawesi, Cianjur, Tasikmalaya, Westjava, Westsumatra und Südkalimantan auf kommunaler Ebene Regelungen einführen, die einer Auslegung islamischen Rechts gemäß der Shari'ah entsprechen. Diese Regelungen betreffen vor allem religiöse Pflichten und das Strafrecht. Mit den Regelungen soll Kriminalität – besonders Prostitution und Glücksspiel – bekämpft, die Einhaltung religiöser Pflichten stärker kontrolliert und eine Kleiderordnung durchgesetzt werden, die den muslimischen Maßstäben entspricht. Konkret bedeutet dies beispielsweise ein Ausgehverbot

---

[425] Schuck 2008, S. 30-31

[426] Ottendörfer, Ziegenhain 2008, S. 48

[427] Ottendörfer, Ziegenhain 2008, S. 49

[428] *perda = peraturan daerah*

für Frauen ohne männliche Begleitung, die Verpflichtung zum Tragen eines Schleiers, ein Verbot von Essen und Trinken in der Öffentlichkeit während des Ramadan, öffentliche Auspeitschungen von Glücksspielern, etc.[429] Besonders Frauen werden infolgedessen stark in ihrer Freiheit behindert und können nicht mehr sicher leben. Ihr Aussehen wird kontrolliert, sie dürfen das Haus nach Einbruch der Dunkelheit nicht verlassen und Freundschaften mit Männern sind unmöglich.[430]

Befürworter der Lokalgesetze betonen, dass die Mehrheit der Indonesier muslimisch sei und das Recht auf ihre religiöse Identität habe. Viele Menschen versprechen sich von den Gesetzen eine Erhöhung der öffentlichen Sicherheit.[431] Gegner der Lokalgesetze argumentieren, dass Indonesien säkular sei und bleiben müsse, obwohl der Islam die Mehrheit der Bevölkerung vertritt. Ohne die Integration anderer Religionen hätte der Nationalstaat nicht entstehen können und eine Einführung von Shari'ah-Gesetzen widerspräche der geltenden Verfassung, die eine Gleichberechtigung der Religionen vorsieht. Zudem würden Frauen in vielen der Gesetze diskriminiert und einige der Gesetze seien zu vage gefasst und ließen viel Interpretationsspielraum. Harsche Kritik ruft auch die Art der Bestrafung in vielen Distrikten hervor, die persönliche Freiheitsrechte verletzt und nicht mit demokratischen Grundrechten vereinbar ist.[432]

---

[429] Ottendörfer, Ziegenhain 2008, S. 49-50
[430] Schröter 2008, S. 15-16
[431] Ottendörfer, Ziegenhain 2008, S. 51
[432] Ottendörfer, Ziegenhain 2008, S. 51-52

8 Das Anti-Pornographiegesetz

Am 30. Oktober 2008 wurde in Indonesien ein Anti-Pornographiegesetz verabschiedet. Es verbietet unter Strafe Werke und Darbietungen, die als obszön erachtet werden und die öffentliche Moral gefährden könnten.

Im Februar 2004 wurde dem Parlament der Entwurf für dieses Gesetz vorgelegt, der auch „pornographische Handlungen" (*pornoaksi*) verbat. Unter pornographische Handlungen fallen beispielsweise das Zeigen bestimmter Körperregionen, erotische Tänze sowie das Küssen in der Öffentlichkeit. Der Entwurf verlangte auch die Bestrafung von homosexuellem, oralem und außerehelichem Sex mit bis zu 12 Jahren Haft. Als der Entwurf im Oktober 2005 der Öffentlichkeit vorgestellt wurde, kam es zu großen Diskussionen und Protesten.[433] Auf Widerstand stieß der Gesetzesentwurf vor allem bei Künstlern und NGOs, die durch das Gesetz die Freiheitsrechte – vor allem von Frauen – gefährdet und künstlerischen Ausdruck kriminalisiert sahen. Einige Volksgruppen würden außerdem in ihrer traditionellen Lebensweise eingeschränkt werden, wenn sie ihre traditionelle Kleidung nicht mehr tragen und ihre Tänze nicht mehr aufführen dürften.[434] Als die balinesische Provinzregierung damit drohte, bei Beschluss des Gesetzes den indonesischen Einheitsstaat zu verlassen, versuchte man, Regionen wie Bali mit der Einrichtung so genannter Ausnahmegebiete entgegenzukommen. Innerhalb dieser Gebiete jedoch sollten Kleidung und Handlungen, die dem Gesetz widersprechen, trotzdem nur an ausgewiesenen Plätzen und bei offiziell genehmigten Zeremonien erlaubt sein.[435]

Wegen der andauernden Proteste wurde der Gesetzesentwurf schließlich von ehemals 93 auf 30 Artikel gekürzt. Der Schutz von Kindern wurde in den Vordergrund gestellt und mit einer Studie begründet, nach der 80 % aller neun bis zwölfjährigen Kinder im Großraum Jakarta schon Kontakt zu pornographischem Material hatten.[436] Außerdem wurden die Bestimmungen zu „pornographischen

---

[433] Heufers 2008, S. 1-2

[434] Oft wurde zudem der Vorwurf geäußert, dass damit wirtschaftlich besser entwickelte Landesteile wie Sumatra und Java die dort vorherrschenden Moralvorstellungen anderen Landesteilen Indonesiens gewaltsam aufzwingen würden.

[435] Ottendörfer, Ziegenhain 2008, S. 55-56

[436] Allerdings ist fragwürdig, ob das Gesetz wirklich nur auf die Herstellung und Verbreitung von Pornographie abzielt, denn dieser Bereich ist durch andere Gesetze bereits ausreichend geregelt.[436]

Handlungen" herausgenommen. Das Gesetz erlaubt nun auch das Tragen von Bikinis in Touristenorten – ein Zugeständnis an Bali.[437]

Kritisiert wird neben der Einschränkung von Freiheitsrechten vor allem, das Gesetz lasse zu viel Raum für eine harsche Auslegung – das macht es in den Augen von Menschenrechtlern und liberalen Intellektuellen so gefährlich.[438] Doch wieso kam es überhaupt zur Durchsetzung dieses Gesetzes?

Umfragen ergaben erstaunlicherweise, dass bereits der Entwurf weitreichende Zustimmung der indonesischen Bevölkerung genoss. Dies sahen viele Kritiker als einen weiteren Beweis für einen allgemeinen Trend zu einem konservativen Islam. Die Zustimmung gründete sich aber eher auf Nichtwissen als auf ein kritisches Hinterfragen der Inhalte. Große Teile der Bevölkerung halten den Titel „Anti-Pornographie" für unterstützenswert, kennen aber die genauen Inhalte und Strafen nicht. Offen seine Ablehnung zu erklären ist schwierig, da man sich somit offiziell zu einem Befürworter von Pornographie erklären würde.[439] Dies machte es auch für viele moderate muslimische Politiker schwierig, sich dem Entwurf zu widersetzen. Der Vorwurf „unislamisch" zu sein, kommt in einem tiefreligiösen Land wie Indonesien einem Rufmord gleich. Aus diesem Grund schaffen es indonesische Islamisten immer wieder, moderate Muslime wegen ihrer angeblich mangelnden Religiosität in der Öffentlichkeit vorzuführen.[440]

Darüber hinaus versprechen sich viele Menschen von einer stärkeren Islamisierung eine größere Sicherheit und Orientierung. Muslimische Parteien treten oft als Verfechter von Recht und Moral auf, während viele Menschen die weniger islamisch auftretenden Parteien und den „Rechtsstaat" unweigerlich mit Korruption und unmoralischen Lebensweisen in Verbindung bringen. Bei vielen Menschen (besonders in gebildeten Schichten) führte die Enttäuschung darüber, dass die 1998 eingeführte Demokratie nicht die erhofften Verbesserungen brachte, zu

---

[437] Heufers 2008, S. 1-2

[438] Die neue Norm definiert Pornographie als „vom Menschen geschaffenes Material mit sexueller Handlung in Form von Zeichnungen, Sketchen, Illustrationen, Fotografien, Texten, Ton, Filmen, Animationen, Cartoons, Poesie, Gesprächen oder jeder anderen Form kommunikativer Botschaft". Schon „angedeutete Nacktheit" ist strafbar. Sie könnte zu „Obszönitäten anregen" und „die Moral der Gesellschaft verletzen".

[439] Ottendörfer, Ziegenhain 2008, S. 55-56

[440] Heufers 2008, S. 1-2

einer Tendenz der Abwendung von westlichen Ideen zurück zum konservativen Islam.[441]

Ein weiterer Grund für die Verabschiedung des Gesetzes waren sicherlich die bevorstehenden Wahlen. Eigentlich widerspricht das Gesetz der Staatsphilosophie Pancasila, die sich deutlich gegen eine Dominanz des Islams ausspricht. Doch bei der Frage der Durchsetzung des Entwurfes ging es auch um die Stimmen der muslimischen Bevölkerung, die 87 % der Wähler ausmacht.[442]

---

[441] Ottendörfer, Ziegenhain 2008, S. 56-58
[442] Ottendörfer, Ziegenhain 2008, S. 56-58

9 Fazit

Obwohl der Islam in Indonesien sich mit den jeweiligen örtlichen Kulturen verband und Elemente aus den Geister- und Ahnenkulten übernahm, ist der indonesische Islam nicht unbedingt so offen und tolerant, wie er häufig gelobt wird. Oft genug kritisierten islamische Gelehrte vorislamische lokale Bräuche, aber bisher konnten sie sich meistens nicht durchsetzen.[443]

Es ist wichtig zu erkennen, dass viele der Konflikte und Gewaltakte in Indonesien der letzten Jahre aus religiösen Motiven stattfanden. Andererseits liegen die ursprünglichen Gründe dafür häufig in wirtschaftlichen und politischen Problemen, die aus der Regierungszeit Sukarnos und besonders aus der Neuen Ordnung stammen und bis heute nicht gelöst wurden. Religiöse Symbole und Parolen kamen in einigen Konflikten erst später hinzu. Die Wurzeln der Probleme liegen primär in sozialen Ungerechtigkeiten und wirtschaftlichen Verlusten, die viele Leute erleiden mussten.[444]

Auch die jüngsten Wahlergebnisse haben wieder gezeigt, dass ein Islamstaat nicht erwünscht ist und die islamischen Parteien nicht die Mehrheit der Bevölkerung repräsentieren. Von einer Dominanz des Islam in der Politik Indonesiens kann daher keine Rede sein.

Die zunehmend religiösen Argumentationsweisen in Konflikten und die wachsende Sichtbarkeit religiöser Symbole wie z. B. dem Schleier sind trotzdem nicht von der Hand zu weisen. Aber nicht nur der Islam gewann in den letzten Jahren an Bedeutung, sondern auch das Christentum zeigt teilweise fundamentalistische Tendenzen. Je konservativer einige Muslime werden, desto mehr scheinen sich auch viele Christen wieder alten Denkweisen und Traditionen zuzuwenden. Es ist folglich nicht nur eine Islamisierung, sondern eine Art Wettlauf der Religionen zu erkennen. Daher stellt sich die Frage, wohin das in den nächsten Jahren noch führen wird, in einem Land, wo die Religion eine so bedeutende Rolle spielt. Allerdings sollte man nicht vergessen, dass der religiöse Pluralismus in Indonesien bislang vergleichsweise gut funktioniert und die verschiedenen Religionen weitgehend friedlich nebeneinander existieren können. Das lässt hoffen, dass dies in Zukunft auch so bleibt.

---

[443] Schröter 2008, S. 2-3

[444] Azra 2008, S. 117

Literaturverzeichnis

Auswärtiges Amt (Juni 2009): Länderinformation Indonesien. Unter Mitarbeit von Stefan Bredohl. Herausgegeben von Auswärtiges Amt Internetredaktion. Online verfügbar unter http://www.auswaertiges-amt.de/diplo/de/Laenderinformationen/01-Laender/Indonesien.html, zuletzt aktualisiert am Juni 2009.

Abdillah, Masykuri (1997): Responses of Indonesian Muslim intellectuals to the concept of democracy. (1966 - 1993). Hamburg: Abera-Verl. Meyer (Austronesia, 2).

Azra, Azyumardi (2008): Islam beyond conflict. Indonesian islam and Western political theory. Aldershot: Ashgate (Law ethics and governance series).

Beatty, Andrew (1999): Varieties of Javanese religion. An anthropological account. 1. publ. Cambridge: Cambridge Univ. Press (Cambridge studies in social and cultural anthropology, 111).

Darmaputera, Eka (1982): Pancasila and the search for identity and modernity in Indonesian society. A cultural and eth. analysis. Kopie, erschienen im Verl. Univ. Microfilms Internat., Ann Arbor, Mich. - Newton Centre, Mass., Joint Graduate Program Boston College and Andover Newton Theol. School, Diss.

Evers, Georg: Gefährdete Koexistenz. Muslimische Mehrheit und christliche Minderheit in Indonesien. In: Herder Korrespondenz, Jg. 2006, H. 05, S. 249-255.

Geertz, Clifford (1964): The religion of Java. London: Free Press of Glencoe (Free Press paperback, 91146).

Geertz, Clifford (1988): Religiöse Entwicklungen im Islam. Beobachtet in Marokko und Indonesien. 1. Aufl. Frankfurt am Main: Suhrkamp.

Heufers, Rainer (2008): Indonesiens Anti-Pornographiegesetz möglicherweise ein islamistischer Pyrrhus-Sieg. Herausgegeben von Friedrich-Naumann-Stiftung für die Freiheit. Bereich Internationale Politik, Referat Politikberatung und internationale Politikanalyse. (68/08). Online verfügbar unter http://www.freiheit.org/files/62/N_68_Indonesien_Anti-Pornographiegesetz.pdf.

Hooker, M. B. (2003): Indonesian Islam. Social change through contemporary fatāwā. 1. publ. Crows Nest, NSW: Allen & Unwin [u.a.] (Southeast Asia publications series).

Hosen, Nadirsyah (2007): Shari'a & constitutional reform in Indonesia. 1. publ. Singapore: ISEAS (ISEAS series on Islam).

Mühlmann, Sophie (2009): Fehlende Vision. In: Das Parlament, Jg. 2009, Ausgabe 14, 30.03.2009. Online verfügbar unter http://www.bundestag.de/dasparlament/2009/14/EuropaWelt/24027781.html.

Ottendörfer, Eva; Ziegenhain, Patrick (2008): Islam und Demokratisierung in Indonesien: Die shari a-Gesetze auf lokaler Ebene und die Debatte um das so genannte Anti-Pornografie-Gesetz. In: Schulze, Fritz (Hg.): Religion und Identität. Muslime und Nicht-Muslime in Südostasien. Wiesbaden: Harrassowitz (Frankfurter Forschungen zu Südostasien, 4), S. 43-64.

Ricklefs, Merle C. (1991): Islam in the Indonesian social context. Clayton, Victoria: Monash Univ. (Annual Indonesian lecture series, 15.).

Riddell, Peter G. (2001): Islam and the Malay-Indonesian world. Transmission and responses. London: Hurst [u.a.].

Salim, Arskal; Azra, Azyumardi (Hg.) (2003): Sharia and Politics in Modern Indonesia: Institute of Southeast Asian Studies.

Schindehütte, Matti Justus (2006): Zivilreligion als Verantwortung der Gesellschaft. Religion als politischer Faktor innerhalb der Entwicklung der Pancasila Indonesiens. 1. Aufl. Hamburg: Abera.

Schott, Christina (2005): Wo sich der Islam mit alten Ritualen mischt. Synkretismus in Indonesien. Herausgegeben von Qantara.de.

Schröter, Susanne (2006): Politisierung von Religion und Sakralisierung von Politik. Lokale und nationale Konflikte zwischen Moslems und Christen in Indonesien. In: Franzmann, Manuel; Gärtner, Christel; Köck, Nicole (Hg.): Religiosität in der säkularisierten Welt. Theoretische und empirische Beiträge zur Säkularisierungsdebatte in der Religionssoziologie. 1. Aufl. Wiesbaden: VS Verl. für Sozialwissenschaften, S. 357-374.

Schröter, Susanne (2008): Religiöser Pluralismus in Indonesien. In: Schulze, Fritz (Hg.): Religion und Identität. Muslime und Nicht-Muslime in Südostasien. Wiesbaden: Harrassowitz (Frankfurter Forschungen zu Südostasien, 4), S. 1-22.

Schuck, Christoph (2008): Die Entgrenzung des Islamismus. Indonesische Erfahrungen im globalen Kontext. 1. Aufl. Baden-Baden: Nomos (Transformation, Development, and Regionalization in Greater Asia, 2).

Schulze, Fritz (2008): Die Konzeption von Pluralismus im neo-modernistischen Islam Indonesiens. In: Schulze, Fritz (Hg.): Religion und Identität. Muslime und Nicht-Muslime in Südostasien. Wiesbaden: Harrassowitz (Frankfurter Forschungen zu Südostasien, 4), S. 65-76.

Schwarz, Adam (2000): A nation in waiting. Indonesias search for stability. 2. ed. Boulder: Westview Press.

Stange, Gunnar (2005): Islamistischer Terrorismus vor dem Hintergrund der Demokratisierung in Indonesien. Berlin: Humboldt-Univ. zu Berlin Phil. Fak. III Inst. für Asien- und Afrikawiss. Seminar für Südostasien-Studien (Südostasien-Working-Papers, 28).

Sukma, Rizal (2003): Islam in Indonesian foreign policy. 1. publ. London: RoutledgeCurzon (Politics in Asia series).

Ufen, Andreas (2002): Herrschaftsfiguration und Demokratisierung in Indonesien. 1965 - 2000. Hamburg: Inst. für Asienkunde (Mitteilungen des Instituts für Asienkunde Hamburg, 348).

Wandelt, Ingo (1989): Der Weg zum Pancasila-Menschen. Die Pancasila-Lehre unter dem P4-Beschluss des Jahres 1978 ; Entwicklung und Struktur der indonesischen Staatslehre. Frankfurt am Main: Lang (Europäische Hochschulschriften. Reihe XXVII, Asiatische und afrikanische Studien, 23).

Watch Indonesia! e.V. (1999): Indonesien-Handbuch. Unter Mitarbeit von Sabine Fussy Esther Hoffmann Silke Karcher Pipit Kartawidjaja Robert Priyanto Monika Schlicher Iwan Setiabudi und Lojang Soenario Alexander Flor. Herausgegeben von Watch Indonesia! Online verfügbar unter http://home.snafu.de/watchin/Handbuch/Religion_Kapitel.html.

Einzelbände

Claudia Draemann (2007): Wechselnde Interpretationen religiöser Freiheiten nach Einführung der Pancasila in Indonesien

ISBN: 978-3-638-91515-1

Annegret Vogel (2012): Terrorismus in Indonesien. Politische und ökonomische Folgen der Bali-Anschläge 2002

ISBN: 978-3-656-32678-6

Frank Lutz (2007): Regionale Autonomie als Folge politischer Entwicklungen in Indonesien seit 1998

ISBN: 978-3-640-33260-1

Katharina Werner (2009): Die Rolle des Islam im religiösen Pluralismus Indonesiens

ISBN: 978-3-640-94780-5